国家出版基金资助项目
全国高校出版社主题出版项目
重庆市出版专项资金资助项目
中国人民大学科学研究基金重大规划项目：
实现小农户与现代农业发展有机衔接研究

三农蓝图

——乡村振兴战略

孔祥智　张怡铭　等　著

杜志雄　审稿

SANNONG LANTU

XIANGCUN ZHENXING

ZHANLÜE

重庆大学出版社

内容简介

党的十九大提出的乡村振兴战略内涵丰富,除第一章具有导论性质外,本书从四个方面深入分析乡村振兴战略的精神、内涵和内容。一是推进乡村振兴战略的基础。党的十九大提出乡村振兴战略,其最终目标是推进城乡融合。讨论我国城乡关系格局形成的历史过程,对于读者深刻理解乡村振兴战略提出的背景以及实施的路径具有重要意义。这是第二章的内容。二是乡村振兴战略的核心内容。第三至七章围绕习近平总书记提出的产业振兴、人才振兴、文化振兴、生态振兴、组织振兴展开。三是优化乡村振兴的制度环境。第八至十一章主要讨论农村基本经营制度、农村集体产权制度、农业支持保护制度和农村财政金融制度对乡村振兴的促进作用。四是乡村振兴和新型城镇化的关系问题。最后一章围绕这一问题展开,既是对2021年中央一号文件的解读,也是对我国未来城乡关系的展望。

图书在版编目(CIP)数据

三农蓝图:乡村振兴战略 / 孔祥智等著. -- 重庆:
重庆大学出版社,2022.3
(改革开放新实践丛书)
ISBN 978-7-5689- 2844-1

Ⅰ.①三… Ⅱ.①孔… Ⅲ.①三农问题—研究—中国
Ⅳ.①F32

中国版本图书馆 CIP 数据核字(2021)第 130167 号

改革开放新实践丛书
三农蓝图
——乡村振兴战略
孔祥智 张怡铭 等著
策划编辑:马 宁 尚东亮 史 骥
责任编辑:龙沛瑶 尚东亮 版式设计:尚东亮
责任校对:夏 宇 责任印制:张 策

*

重庆大学出版社出版发行
出版人:饶帮华
社址:重庆市沙坪坝区大学城西路 21 号
邮编:401331
电话:(023) 88617190 88617185(中小学)
传真:(023) 88617186 88617166
网址:http://www.cqup.com.cn
邮箱:fxk@ cqup.com.cn (营销中心)
全国新华书店经销
重庆升光电力印务有限公司印刷

*

开本:720mm×1020mm 1/16 印张:18.75 字数:272 千
2022 年 3 月第 1 版 2022 年 3 月第 1 次印刷
ISBN 978-7-5689- 2844-1 定价:99.00 元

丛书编委会

主　任：

王东京　中央党校（国家行政学院）原副校（院）长、教授

张宗益　重庆大学校长、教授

副主任：

王佳宁　大运河智库暨重庆智库创始人兼总裁、首席研究员

饶帮华　重庆大学出版社社长、编审

委　员（以姓氏笔画为序）：

车文辉　中央党校（国家行政学院）经济学教研部教授

孔祥智　中国人民大学农业与农村发展学院教授、中国合作社研究院院长

孙久文　中国人民大学应用经济学院教授

李　青　广东外语外贸大学教授、广东国际战略研究院秘书长

李　娜　中国国际工程咨询有限公司副处长

肖金成　国家发展和改革委员会国土开发与地区经济研究所原所长、教授

张志强　中国科学院成都文献情报中心原主任、研究员

张学良　上海财经大学长三角与长江经济带发展研究院执行院长、教授

陈伟光　广东外语外贸大学教授、广东国际战略研究院高级研究员

胡金焱　青岛大学党委书记、教授

以历史视角认识改革开放的时代价值

——《改革开放新实践丛书》总序

改革开放是决定当代中国命运的关键一招。在中国共产党迎来百年华诞、党的二十大将要召开的重要历史时刻,我们以历史的视角审视改革开放在中国共产党领导人民开创具有中国特色的国家现代化道路中的历史地位和深远影响,能够更深刻地感悟改革开放是我们党的一个伟大历史抉择,是我们党的一次伟大历史觉醒。

改革开放是中国共产党人的革命气质和精神品格的时代呈现。纵观一部中国共产党历史,实际上也是一部革命史。为了实现人类美好社会的目标,一百年来,中国共产党带领人民坚定理想信念,艰苦卓绝,砥砺前行,实现了中华民族有史以来最为广泛深刻的社会变革。这一壮美的历史画卷,展示的是中国共产党不断推进伟大社会革命同时又勇于进行自我革命的非凡过程。

邓小平同志讲改革开放是中国的"第二次革命",习近平总书记指出,"改革开放是中国人民和中华民族发展史上一次伟大革命"。改革开放就其任务、性质、前途而言,贯穿于党领导人民进行伟大社会革命的全过程,既是对具有深远历史渊源、深厚文化根基的中华民族充满变革和开放精神的自然传承,更是中国共产党人内在的革命气质和精神品格的时代呈现,因为中国共产党能始终保持这种革命精神,不断激发改革开放精神,在持续革命中担起执政使命,在长期执政中实现革命伟业,引领中华民族以改革开放的姿态继续走向未来。

改革开放是实现中国现代化发展愿景的必然选择和强大动力。一百年来,我们党团结带领人民实现中国从几千年封建专制向人民民主的伟大飞跃,实现中华民族由近代不断衰落到根本扭转命运、持续走向繁荣富强的伟大飞跃,实现中国大踏步赶上时代、开辟中国特色思想道路的伟大飞跃,都是致力于探索中国的现代化道路。

改革开放,坚决破除阻碍国家和民族发展的一切思想和体制障碍,让党和人民事业始终充满奋勇前进的强大动力,孕育了我们党从理论到实践的伟大创造,走出了全面建成小康社会的中国式现代化道路,拓展了发展中国家走向现代化的途径,为解决人类现代化发展进程中的各种问题贡献了中国实践和中国智慧。党的十九大形成了从全面建成小康社会到基本实现现代化,再到全面建成社会主义现代化强国的战略安排,改革开放依然是实现中国现代化发展愿景的必然选择和前行动力,是实现中华民族伟大复兴中国梦的时代强音。

改革开放是顺应变革大势集中力量办好自己的事的有效路径。习近平总书记指出,"今天,我们比历史上任何时期都更接近、更有信心和能力实现中华民族伟大复兴的目标。中华民族伟大复兴,绝不是轻轻松松、敲锣打鼓就能实现的。"当前,我们面对世界百年未有之大变局和中华民族伟大复兴战略全局,正处于"两个一百年"奋斗目标的历史交汇点。

改革开放已走过千山万水,但仍需跋山涉水。我们绝不能有半点骄傲自满,固步自封,也绝不能有丝毫犹豫不决、徘徊彷徨。进入新发展阶段、贯彻新发展理念、构建新发展格局,是我国经济社会发展的新逻辑,站在新的历史方位的改革开放面临着更加紧迫的新形势新任务。新发展阶段是一个动态、积极有为、始终洋溢着蓬勃生机活力的过程,改革呈现全面发力、多点突破、蹄疾步稳、纵深推进的新局面,要着力增强改革的系统性、整体性、协同性,着力重大制度创新,不断完善和发展中国特色社会主义制度,推进国家治理体系和治理能力现代化;开放呈现全方位、多层次、宽领域,要着力更高水平的对外开放,不断推动共建人类命运共同体。我们要从根本宗旨、问题导向、忧患意识,完整、准确、全面贯彻新发展理念,以正确的发展观、现代化观,不断增强人民群众的获得感、幸福感、安全感。要从全局高度积极推进构建以国内大循环为主体、国际国内双循环相互促进的新发展格局,集中力量办好自己的事,通过深化改革打通经济循环过程中的堵点、断点、瘀点,畅通国民经济循环,实现经济在高水平上的动态平衡,提升国民经济整体效能;通过深化开放以国际循环提升国内大循环效率和水平,重塑我国参与国际合作和竞争的新优势。

由上观之,改革开放首先体现的是一种精神,始终保持改革开放的革命精神,我们才会有清醒的历史自觉和开辟前进道路的勇气;其次体现的是一种方略,蕴藏其中的就是鲜明的马克思主义立场观点方法,始终坚持辩证唯物主义和历史唯物主义,才会不断解放思想、实事求是,依靠人民、服务人民;再次体现的是着眼现实,必须始终从实际出发着力解决好自己的问题。概而言之,改革开放既是方法论,更是实践论,这正是其时代价值所在,也是其永恒魅力所在。

重庆大学出版社多年来坚持高质量主题出版,以服务国家经济社会发展大局为选题重点,尤其是改革开放伟大实践。2008 年联合《改革》杂志社共同策划出版"中国经济改革 30 年丛书"(13 卷),2018 年联合重庆智库共同策划出版国家出版基金项目"改革开放 40 周年丛书"(8 卷),在 2021 年中国共产党成立 100 周年、2022 年党的二十大召开之际,重庆大学出版社在重庆市委宣传部、重庆大学的领导和支持下,联合大运河智库暨重庆智库,立足新发展阶段、贯彻新发展理念、构建新发展格局,以"改革开放史"为策划轴线,持续聚焦新时代改革开放新的伟大实践,紧盯中国稳步发展的改革点,点面结合,创新性策划组织了这套"改革开放新实践丛书"(11 卷)。丛书编委会邀请组织一批学有所长、思想敏锐的中轻年专家学者,围绕长三角一体化、粤港澳大湾区、黄河流域生态保护和高质量发展、海南自由贸易港、成渝地区双城经济圈、新时代西部大开发、脱贫攻坚、乡村振兴、创新驱动发展、中国城市群、国家级新区 11 个选题,贯穿历史和现实,兼具理论与实际,较好阐释了新时代改革开放的时代价值、丰硕成果和实践路径,更是习近平新时代中国特色社会主义思想在当代中国现代化进程中新实践新图景的生动展示,是基于百年党史背景下对改革开放时代价值的新叙事新表达。这是难能可贵的,也是学者和出版人献给中国共产党百年华诞、党的二十大的最好礼物。

中央党校(国家行政学院)原副校(院)长、教授　　　　　　重庆大学校长、教授

2021 年 7 月　　　　　　　　　　　　　　　　　　　　　2021 年 7 月

前　言

　　2017 年 10 月,中国共产党第十九次全国代表大会报告提出了乡村振兴战略,四年来,我国农村面貌发生了天翻地覆的变化。2020 年中央农村工作会议上,习近平总书记发表了重要讲话,提出要坚持用大历史观来看待农业、农村、农民问题,只有深刻理解了"三农"问题,才能更好地理解我们这个党、这个国家、这个民族;认为全面建设社会主义现代化国家、实现中华民族伟大复兴,最艰巨最繁重的任务依然在农村,最广泛最深厚的基础依然在农村。截至 2020年底,我国的脱贫攻坚取得决定性胜利,从 2021 年起,中央开始全面推进乡村振兴,这是"三农"工作重心的历史性转移。

　　我们很有幸,见证了这个伟大的时代。作为学人,我们能够为时代做出的最大贡献就是用文字记录这个时代的脚步。幸运的是,重庆大学出版社、重庆智库策划出版"改革开放新实践丛书",约我领衔撰写乡村振兴卷,给了我们把酝酿已久的想法写出来的机会。跟踪农业农村政策的演进,忠实记录乡村振兴的过程,是我们这个团队的重要科研任务之一。

　　乡村振兴战略包括农村经济、社会、文化发展的方方面面,也包括人的发展和人的现代化。2021 年中央一号文件提出全面推进乡村振兴,但依然要有重点、分层次、有步骤,不能眉毛胡子一把抓。2018 年 3 月 8 日,习近平总书记在全国人民代表大会期间参加山东代表团审议,提出了"五个振兴"的理念,即产业振兴、人才振兴、文化振兴、生态振兴、组织振兴,实际上是提出了五个切入点。总书记在山东代表团的讲话对于乡村振兴战略的深入推进具有重要意义。

　　本书按照"五个振兴"的理念,分别从产业振兴、人才振兴、文化振兴、生态振兴、组织振兴五个板块讨论新发展阶段下全面推进乡村振兴战略的角度和策略,然后讨论实现这五大振兴需要的制度环境,包括农村基本经营制度、农村集体产权制度、农业支持保护制度、农村财政金融体制和新型城镇化。应该说，支撑这五大振兴的制度不仅仅是这些，但限于篇幅，我们只能讨论这几个重要的制度创新了。

按照上述逻辑结构，本书分为十二章，各章的执笔人依次为：孔祥智（第一章、第二章），张怡铭（第三章），黄斌（第四章），杨习斌、纪元（第五章），卢洋啸（第六章），魏广成（第七章），谢东东、文鑫（第八章），赵昶（第九章），李琦（第十章），陈颖、仇雪婷（第十一章），张琛（第十二章）。

本书也是中国人民大学科学研究基金重大规划项目"实现小农户与现代农业发展有机衔接研究"的成果之一，在此，向给予大力支持的中国人民大学科研处和重庆大学出版社表示衷心感谢。

孔祥智

2021 年 3 月 23 日

目 录

第一章

1

新发展阶段下的乡村全面振兴

党的十九大报告指出："要坚持农业农村优先发展,按照产业兴旺、生态宜居、乡风文明、治理有效、生活富裕的总要求,建立健全城乡融合发展体制机制和政策体系,加快推进农业农村现代化。"党的十九大报告正式提出了乡村振兴战略并明确了其内涵和发展方向,具有深远的历史和现实意义。2020年,我国国内生产总值超过了100万亿元,人均GDP超过了10 000美元,进入了一个崭新的发展阶段。2021年1月11日,习近平总书记在省部级主要领导干部学习贯彻党的十九届五中全会精神专题研讨班开班式上发表重要讲话,认为党的十九届五中全会提出的全面建成小康社会、实现第一个百年奋斗目标之后,我们要乘势而上开启全面建设社会主义现代化国家新征程、向第二个百年奋斗目标进军,标志着我国进入了一个新发展阶段。认为新发展阶段是社会主义初级阶段中的一个阶段,同时是其中经过几十年积累、站到了新起点上的一个阶段。新发展阶段是我们党带领人民迎来从站起来、富起来到强起来历史性跨越的新阶段。并提出了新发展阶段的理念、任务和关键环节。2021年中央一号文件明确提出实现巩固脱贫攻坚成果与乡村振兴有效衔接,全面推进乡村振兴,标志着在实现农业农村现代化进程中新发展阶段的开始。[①] 习近平总书记在中央党校的讲话和2021年中央一号文件精神博大精深、内容全面。本章主要从两个角度展开讨论:一是党的十九大召开以来实施乡村振兴战略的进展如何;二是如何实现乡村全面振兴,开启农业农村发展新阶段和新发展格局。本章最后介绍本书的框架结构。

第一节　乡村振兴的实质、政策演进及未来走向

党的十九大报告提出乡村振兴战略并将其写入本次大会修改的党章,标志着这一战略成为未来相当长时期内全党的奋斗目标。按照中共中央、国务院颁

---

① 由于中央文件可以通过各种途径查询,本书不予注释,后同。

布的《乡村振兴战略规划（2018—2022 年）》，到 2020 年，乡村振兴的制度框架和政策体系基本形成；到 2022 年，乡村振兴的制度框架和政策体系初步健全。因此，从现在到 2020 年是乡村振兴制度框架形成的关键时期，能否打好基础，最重要的是要全面而正确地理解乡村振兴的实质。

一、正确理解乡村振兴的实质

提出乡村振兴战略的意图是什么？或者说最终要达到什么目标？这一点，2018 年中央一号文件说得很清楚，即到 2035 年，乡村振兴取得决定性进展，农业农村现代化基本实现；到 2050 年，乡村全面振兴，农业强、农村美、农民富全面实现。换句话说，十九大报告提出到 2035 年基本实现现代化的战略目标，包括农业农村现代化。因此，乡村振兴战略的最终目标，就是实现农业农村现代化。但中国农业农村面临的最大问题，就是十九大报告提出的"不平衡不充分的发展"，主要是城乡之间的不平衡、不充分，即城乡差距过大。因此，实现农业农村现代化只是手段，缩小城乡差距、实现城乡融合是目的，是乡村振兴战略要解决的实质性问题。当然，这里所说的"缩小"是在发展基础上，即在现代化基础上缩小，强调的是增量改革，而不是存量调整。城乡之间的各种差距缩小后，最终达到"融合"状态，这是乡村振兴的终极目标。

改革开放以来，中国城乡居民收入之间的差距呈现出先扩大后缩小的态势。1978 年，城乡居民收入之比为 2.57∶1；农村改革的前几年，家庭承包经营效应使农民收入增长快于城镇居民，1985 年，二者之比下降到 1.86∶1；1986 年开始上升至 2.12∶1；此后一路上升至 2009 年的 3.33∶1。2010 年起，农民收入增长速度再次快于城镇居民，二者之比 23 年来首次降低到 3.23∶1，此后一直呈下降态势，2018 年降到了 2.69∶1。按照党的十九大的规划，2035 年基本实现现代化，届时城乡居民收入之比应该达到什么水平？显然不能超过 2 倍，否则，现代化对于广大农民的意义就会大打折扣。我们判断，2035 年城乡居民收入之比可能会达到目前浙江、江苏、山东等地发达县市的水平，达到（1.8～2.0）∶1，甚至更低。因此,乡村振兴最重要的任务就是产业兴旺,通过发展农业农村的各类产业促进农民增收。当然,通过改革(如农村集体产权制度改革)使农民获得更多的财产性收入也是十分重要的一方面。

除了居民收入,城乡之间的差距表现在各个方面,如医疗保险、社会保障、基础设施等。早在2014年,国务院就颁布了《关于建立统一的城乡居民基本养老保险制度的意见》,提出在2020年之前建立城乡居民基本养老保险制度,当前实施的新型农村社会养老保险(简称"新农保")与城镇居民社会养老保险制度(简称"城居保")逐步合并。2016年1月,国务院颁布《关于整合城乡居民基本医疗保险制度的意见》,要求逐步推进城镇居民医保和新农合制度的整合,2020年,在全国范围内建立起统一规范的城乡居民医保制度。可以预测,城乡居民流动的制度性障碍将会被有效清除,这是乡村振兴制度框架的重要组成部分。

2019年4月15日,《中共中央 国务院关于建立健全城乡融合发展体制机制和政策体系的意见》(以下简称《意见》)发布,提出要"重塑新型城乡关系,走城乡融合发展之路,促进乡村振兴和农业农村现代化"。《意见》提出了到2035年城乡融合的目标任务:"城镇化进入成熟期,城乡发展差距和居民生活水平差距显著缩小。城乡有序流动的人口迁徙制度基本建立,城乡统一建设用地市场全面形成,城乡普惠金融服务体系全面建成,基本公共服务均等化基本实现,乡村治理体系更加完善,农业农村现代化基本实现。"这是在2018年中央一号文件基础上的具体化和深化。《意见》从城乡要素合理配置、城乡基本公共服务普惠共享、城乡基础设施一体化发展、乡村经济多元化发展和农民收入持续增长等五个方面构建了城乡融合发展体制机制的政策框架,是未来相当长时期内包括农业农村政策在内的各项政策制定的基础。

中国从城乡分割走向城乡融合经历了相当长的过程。新中国成立初期,特殊的工业化模式是城乡分割的滥觞。1958年1月9日开始施行的《中华人民共和国户口登记条例》构筑了城乡分割的基础性制度,双方在收入分配、社会福利、医疗保障、参军就业等方面的待遇差距越来越大。城乡分割造成要素不能流动，而要素是经济发展的必要条件。因此，改革开放的过程，就是拆除造成分割的藩篱、弥补差距的过程。从40多年改革开放的历程看，经过20多年的探索，2002年10月召开的党的十六大提出了统筹城乡经济社会的战略构想，并于2006年起废止了施行于1958年6月3日的《中华人民共和国农业税条例》；2007年10月召开的党的十七大提出了城乡经济社会发展一体化的新理念；2012年11月召开的党的十八大提出工业化、信息化、城镇化、农业现代化同步发展，推动城乡发展一体化；2017年10月召开的党的十九大提出："要坚持农业农村优先发展，按照产业兴旺、生态宜居、乡风文明、治理有效、生活富裕的总要求，建立健全城乡融合发展体制机制和政策体系，加快推进农业农村现代化。"从上面的政策沿革看，城乡统筹、城乡一体化、城乡融合是递进关系，既反映了我党对国家经济社会发展问题认识的深化，也反映了改革已经到了深水区。

二、政策演进

党的十九大以来，中央层面出台了相关政策，全国人大也通过或者修改了部分法律，这些政策、法律对于乡村振兴战略正在发挥着重要的推动作用（表1.1）。

表 1.1　有关乡村振兴的法律和中央层面出台的政策

法律、政策名称	发布者	发布时间	内容简介
决胜全面建成小康社会 夺取新时代中国特色社会主义伟大胜利——在中国共产党第十九次全国代表大会上的报告		2017年10月18日	要坚持农业农村优先发展，按照产业兴旺、生态宜居、乡风文明、治理有效、生活富裕的总要求，建立健全城乡融合发展体制机制和政策体系，加快推进农业农村现代化

续表

法律、政策名称	发布者	发布时间	内容简介
中共中央 国务院关于实施乡村振兴战略的意见	中共中央、国务院	2018年1月2日	对乡村振兴战略的实施进行了具体部署,提出了2020年、2035年、2050年三个阶段的目标任务
农村人居环境整治三年行动方案	中共中央办公厅、国务院办公厅	2018年2月5日	统筹城乡发展,统筹生产生活生态,以建设美丽宜居村庄为导向,以农村垃圾、污水治理和村容村貌提升为主攻方向,动员各方力量,整合各种资源,强化各项举措,加快补齐农村人居环境突出短板
乡村振兴战略规划(2018—2022年)	中共中央、国务院	2018年9月26日	按照产业兴旺、生态宜居、乡风文明、治理有效、生活富裕的总要求,对实施乡村振兴战略作出阶段性谋划,分别明确至2020年全面建成小康社会和2022年召开党的二十大时的目标任务,细化实化工作重点和政策措施,部署重大工程、重大计划、重大行动
中共中央 国务院关于坚持农业农村优先发展做好"三农"工作的若干意见	中共中央、国务院	2019年1月3日	坚持农业农村优先发展总方针,以实施乡村振兴战略为总抓手,对标全面建成小康社会"三农"工作必须完成的硬任务,深化农业供给侧结构性改革,坚决打赢脱贫攻坚战,充分发挥农村基层党组织战斗堡垒作用,全面推进乡村振兴
中国共产党农村基层组织工作条例	中共中央	2019年1月10日	对乡镇和村两级党组织的组织设置、职责任务及其在经济建设、精神文明建设、乡村治理、领导班子和干部队伍建设和党员队伍建设的职责、权限进行了规定
关于促进小农户和现代农业发展有机衔接的意见	中共中央办公厅、国务院办公厅	2019年2月21日	认为当前和今后很长一个时期,小农户家庭经营将是我国农业的主要经营方式。提出完善针对小农户的扶持政策,加强面向小农户的社会化服务,把小农户引入现代农业发展轨道

续表

法律、政策名称	发布者	发布时间	内容简介
中共中央 国务院关于建立健全城乡融合发展体制机制和政策体系的意见	中共中央、国务院	2019 年 4 月 15 日	到 2022 年,城乡融合发展体制机制初步建立;到 2035 年,城乡融合发展体制机制更加完善;到 21 世纪中叶,城乡融合发展体制机制成熟定型。城乡全面融合,乡村全面振兴,全体人民共同富裕基本实现
关于加强和改进乡村治理的指导意见	中共中央办公厅、国务院办公厅	2019 年 6 月 23 日	到 2020 年,现代乡村治理的制度框架和政策体系基本形成;到 2035 年,乡村公共服务、公共管理、公共安全保障水平显著提高⋯⋯乡村治理体系和治理能力基本实现现代化
国务院关于促进乡村产业振兴的指导意见	国务院	2019 年 6 月 17 日	力争用 5～10 年时间,农村一二三产业融合发展增加值占县域生产总值的比重实现较大幅度提高,乡村产业振兴取得重要进展
中国共产党农村工作条例	中共中央	2019 年 9 月 1 日	坚持党对农村工作的全面领导,确保党在农村工作中总揽全局、协调各方,保证农村改革发展沿着正确的方向前进
中共中央 国务院关于抓好"三农"领域重点工作确保如期实现全面小康的意见	中共中央、国务院	2020 年 1 月 2 日	集中力量完成打赢脱贫攻坚战和补上全面小康"三农"领域突出短板两大重点任务,持续抓好农业稳产保供和农民增收,推进农业高质量发展,保持农村社会和谐稳定,提升农民群众获得感、幸福感、安全感,确保脱贫攻坚战圆满收官,确保农村同步全面建成小康社会
关于加强法治乡村建设的意见	中央全面依法治国委员会	2020 年 3 月 25 日	到 2022 年,努力实现涉农法律制度更加完善,乡村公共法律服务体系更加完善,基层执法质量明显提高,干部群众尊法学法守法用法的自觉性明显提高,乡村治理法治化水平明显提高。到 2035 年,乡村法治可信赖、权利有保障、义务必履行,道德得遵守,乡风文明达到新高度,乡村社会和谐稳定开创新局面,乡村治理体系和治理能力基本实现现代化,法治乡村基本建成

续表

法律、政策名称	发布者	发布时间	内容简介
国务院办公厅关于防止耕地"非粮化"稳定粮食生产的意见	国务院办公厅	2020年11月4日	明确耕地利用优先序,加强粮食生产功能区监管,稳定非主产区粮食种植面积,有序引导工商资本下乡,严禁违规占用永久基本农田种树挖塘
中共中央 国务院关于全面推进乡村振兴加快农业农村现代化的意见	中共中央、国务院	2021年1月3日	坚持把解决好"三农"问题作为全党工作重中之重,举全党全社会之力全面推进乡村振兴,促进农业高质高效、乡村宜居宜业、农民富裕富足
中华人民共和国农村土地承包法	第十三届全国人民代表大会常务委员会	2018年12月29日	对原法进行了修正,落实了"长久不变"和"三权分置"政策思路,保护了进城务工人员的土地承包经营权益
中华人民共和国村民委员会组织法	第十三届全国人民代表大会常务委员会	2018年12月29日	对原法进行了修正,把村民委员会任期从三年延长到五年
中华人民共和国土地管理法	第十三届全国人民代表大会常务委员会	2019年8月26日	对原法进行了修正,将永久农田基本保护制度确定下来,允许集体经营性建设用地入市,明确国家要建立国土空间规划体系,规定耕地承包期为三十年,届满后再延长三十年

资料来源:根据相关政策文件整理。

可以看出,上述政策、法律涉及乡村振兴的许多重要方面,如产业、主体等。其中《中华人民共和国农村土地承包法》(以下简称《农村土地承包法》)和《中华人民共和国土地管理法》(以下简称《土地管理法》)就人们普遍关心的第二轮承包到期后的延包、"三权分置"中经营权的界定、农村集体经营性建设用地如何入市、农民宅基地使用和转让等问题作出了规定;中共中央办公厅、国务院办公厅印发的《关于加强和改进乡村治理的指导意见》总结了近年来各地乡村治理的做法和经验,是实现农村现代化的基础;《中国共产党农村基层组织工作条例》《中国共产党农村工作条例》把党管农业农村工作落到了实处,是实施乡村振兴战略的基础和保障。

从 2018 年、2019 年、2020 年、2021 年四个中央一号文件看,从乡村振兴战略的落实到分步推进,再到全面推进乡村振兴的提出,基本上一年一大步,每年都能够给农民带来看得见摸得着的实惠,城乡融合迈出了坚实的步伐。

除此之外,中央农村工作领导小组办公室(简称"中央农办")、农业农村部等相关部门也相继出台了一系列政策促进乡村振兴战略的实施。仅农村人居环境改造方面,在《农村人居环境三年整治行动方案》的指导下,中央农办等部门就出台了多个文件(表 1.2)。

表 1.2 中央农办等部门出台的有关农村环境整治的文件

文件名称	发布部门	发布时间	内容简介
农村人居环境整治村庄清洁行动方案	中央农办、农业农村部、国家发展和改革委员会、科技部、财政部、自然资源部、生态环境部、住房和城乡建设部、交通运输部、水利部、文化和旅游部、国家卫生健康委员会、国家能源局、国家林草局、全国供销合作总社、国务院扶贫办、共青团中央、全国妇联	2018 年 12 月 29 日	重点做好村庄内"三清一改",即清理农村生活垃圾、清理村内塘沟、清理畜禽养殖粪污等农业生产废弃物、改变影响农村人居环境的不良习惯
关于推进农村"厕所革命"专项行动的指导意见	中央农办、农业农村部、国家卫生健康委员会、住房和城乡建设部、文化和旅游部、国家发展和改革委员会、财政部、生态环境部	2018 年 12 月 25 日	提出了农村改厕的重点任务,即明确任务要求,全面摸清底数;科学编制改厕方案;合理选择改厕标准和模式;整村推进,开展示范建设;强化技术支撑,严格质量把关;完善建设管护运行机制;同步推进厕所粪污治理

续表

文件名称	发布部门	发布时间	内容简介
关于统筹推进村庄规划工作的意见	中央农办、农业农村部、自然资源部、国家发展和改革委员会、财政部	2019年1月4日	合理划分县域村庄类型、统筹谋划村庄发展、充分发挥村民主体作用、组织动员社会力量开展规划服务、建立健全县级党委领导政府负责的工作机制
关于金融服务乡村振兴的指导意见	中国人民银行、银保监会、证监会、财政部、农业农村部	2019年1月29日	到2035年,基本建立多层次、广覆盖、可持续、适度竞争、有序创新、风险可控的现代农村金融体系,金融服务能力和水平显著提升,农业农村发展的金融需求得到有效满足;到2050年,现代农村金融组织体系、政策体系、产品体系全面建立,城乡金融资源配置合理有序,城乡金融服务均等化全面实现
关于开展农村"厕所革命"整村推进财政奖补工作的通知	财政部、农业农村部	2019年4月12日	提出了奖补的基本原则,就奖补程序等具体工作进行了部署
关于推进农村生活污水治理的指导意见	中央农办、农业农村部、生态环境部、住房和城乡建设部、水利部、科技部、国家发展和改革委员会、财政部、银保监会	2019年7月3日	提出了到2020年农村污水治理的总体要求,部署了合理选择技术模式、统筹推进农村厕所革命、推进农村黑臭水体治理、完善建设和管护机制等八项重点任务
关于切实提高农村改厕工作质量的通知	中央农办、农业农村部、国家卫生健康委员会、文化和旅游部、国家发展和改革委员会、财政部、生态环境部	2019年7月15日	就领导挂帅、分类指导、群众发动、工作组织、技术模式、产品质量、施工质量、竣工验收、维修服务、粪污收集利用等方面作出具体规定

续表

文件名称	发布部门	发布时间	内容简介
关于实施家庭农场培育计划的指导意见	中央农办、农业农村部、国家发展和改革委员会、财政部、自然资源部、商务部、中国人民银行、市场监管总局、银保监会、全国供销合作总社、国家林草局	2019年8月27日	按照"发展一批、规范一批、提升一批、推介一批"的思路,加快培育出一大批规模适度、生产集约、管理先进、效益明显的家庭农场
关于进一步推进移风易俗建设文明乡风的指导意见	中央农办、农业农村部、中央组织部、中央宣传部、中央文明办、教育部、民政部、司法部、文化和旅游部、共青团中央、全国妇联	2019年9月4日	争取通过3到5年的努力,文明乡风管理机制和工作制度基本健全,农村陈规陋习蔓延势头得到有效遏制,婚事新办、丧事简办、孝亲敬老等社会风尚更加浓厚,农民人情支出负担明显减轻,乡村社会文明程度进一步提高,农民群众有实实在在的获得感
关于进一步加强农村宅基地管理的通知	中央农办、农业农村部	2019年9月11日	建立部省指导、市县主导、乡镇主责、村级主体的宅基地管理机制,严格落实"一户一宅"规定
美丽中国建设评估指标体系及实施方案	国家发展和改革委员会	2020年2月28日	面向2035年"美丽中国目标基本实现"的愿景,按照体现通用性、阶段性、不同区域特性的要求,聚焦生态环境良好、人居环境整洁等方面,构建评估指标体系
新型农业经营主体和服务主体高质量发展规划(2020—2022年)	农业农村部	2020年3月3日	到2022年,家庭农场、农民合作社、农业社会化服务组织等各类新型农业经营主体和服务主体蓬勃发展,现代农业经营体系初步构建,各类主体质量、效益进一步提升,竞争能力进一步增强

续表

文件名称	发布部门	发布时间	内容简介
农村土地经营权流转管理办法	农业农村部	2021年1月26日	按照《农村土地承包法》的要求，对2005年出台的《农村土地承包经营权流转管理办法》进行了修订

资料来源：根据相关政策文件整理。

表1.2所列的所有文件均为相关部委联合发布，最多的涉及18个部门，可见农业农村已经成为各个部门关注的重点领域。单就农村环境整治问题而言，相关部门连续出台了多个文件，这在历史上是绝无仅有的。由于乡村振兴涉及农业农村工作的方方面面，上述文件也涉及农村环境整治、美丽乡村建设、乡村治理、乡风文明、新型经营主体建设等各大重要问题。

除了中央和相关部门出台的法律、法规、政策外，各省均发布了乡村振兴规划及相关法规、政策，甚至一些市、县也纷纷制定了本级乡村振兴规划；一些省份还向县市派驻了乡村振兴工作队（组），协助县、乡解决乡村振兴战略实施过程中出现的问题；绝大多数乡村的环境和面貌发生了明显改变，农民的满意度大大提高。总的来看，党的十九大以来，乡村振兴战略的实施进展顺利，效果明显。

三、发展趋势

实现乡村振兴是我党相当长时期内要奋斗的目标，不可能一蹴而就，但要选择正确的路径，不能一开始就跑偏。

首先，要坚持农业农村优先发展。这是党的十九大提出的实施乡村振兴战略的前提条件，2019年中央一号文件对此作出了全面部署，包括优先考虑"三农"干部配备、优先满足"三农"发展要素配置、优先保障"三农"资金投入、优先安排农村公共服务。这四个优先是各级政府必须长期遵循的基本准则。在城乡融合的大背景下，《意见》要求城乡基本公共服务普惠共享，城乡基础设施统一规划、统一建设、统一管护，并且农村优先于城镇，这是实施乡村振兴战略的必要条件。

其次，产业兴旺是乡村振兴的基础。①农业现代化是乡村振兴的核心目标之一。中国是一个拥有 14 亿人口的大国，粮食安全始终是最大问题。近年来，中国进口的农产品越来越多，粮食安全的形势十分严峻；加上粮食产业的比较效益低，一些地方频频出现撂荒现象，这也是实施乡村振兴战略过程中需要解决的重大问题之一。新修正的《土地管理法》强化了对基本农田的管理，是强化农业基础地位的体现。大国小农是中国的基本国情，如何实现小农户与现代农业发展有机衔接是实施乡村振兴战略要解决的首要问题。②以农业为中心发展农村各类产业，包括农业生产服务业、农村生活服务业。发展乡村特色产业，倡导"一村一品""一县一业"，创响一批"土字号""乡字号"特色产品品牌。在此基础上，大力发展现代农产品加工业，延伸农业价值链。

最后，乡村治理现代化是乡村振兴的核心内容之一。农村现代化的核心就是乡村治理现代化。党的十九大报告提出要建立健全自治、法治、德治相结合的乡村治理体系，其关键在于农村德治体系的建立。从一些地方的经验看，深入挖掘农村传统文化中的精华部分，认真总结、提炼中国农村传统治理经验，也是乡村振兴的重要环节。

第二节　全面推进乡村振兴

2021 年中央一号文件强调，脱贫攻坚取得胜利后，要全面推进乡村振兴，这是"三农"工作重心的历史性转移。工作重心转移，在中国共产党历史上不是第一次，但明确提出"三农"工作重心转移则是第一次。实施乡村振兴战略的要义是全面振兴，要从产业兴旺、生态宜居、乡风文明、治理有效、生活富裕五大方面共同发力。但根据中央一号文件精神，近期内，要选择好重点领域和切入点，从点及面，由表及里，全面推进乡村振兴。

一、深入推进农业供给侧结构性改革

农业供给侧结构性改革是农业领域的一场深刻的革命,既包括农业经营体系改革,也包括根据国内外市场需求调整品种结构和质量结构。第一,突出抓好农民合作社和家庭农场两类新型农业经营主体。2020 年 3 月,农业农村部编制了《新型农业经营主体和服务主体高质量发展规划(2020—2022 年)》,提出了在规划期内提升农民合作社、家庭农场的具体举措。具体说来,就是要引导返乡劳动力和有意愿回到农村就业的大学生在农业领域创新创业,通过流转土地创办家庭农场,提升农业发展的整体质量;各地要建立完整的家庭农场名录管理制度,对纳入名录的家庭农场给予贷款、保险、用地、用电等方面的优惠政策,鼓励家庭农场之间的联合与合作;认真总结农民合作社质量提升整县推进行动的经验,瞄准产业发展需求促进合作社规范化和质量提升,提高合作社在市场上的话语权、对农民的带动水平和与企业的谈判能力;鼓励合作社的再合作,即成立农民合作社联合社,扩大合作社的影响力。第二,推进农业高质量发展。要推动品种培优、品质提升、品牌打造和标准化生产,不断提高农业的土地生产率、劳动生产率和资金生产率,提升农业的国际竞争力,实现我国由农业大国向农业强国转变。第三,促进农业新业态的形成和发展。通过市民农园、市民入股农民合作社、农产品直供直销等新业态的发展,提高农业生产端和消费端直接连接的水平,减少中间环节,把中间利润让给生产者和消费者,同时也减少农业生产的盲目性。第四,利用互联网、大数据等新的信息手段,让农业生产者及时掌握农产品消费信息,适时调整农业生产结构。

二、全面推进农业机械化

根据农业农村部提供的数据,截至 2019 年底,尽管我国农作物综合机械化率超过 70%,小麦、水稻、玉米三大粮食作物生产基本实现机械化,但这个数据只计算了主要农作物耕种收管等主要环节,并没有计算到全部环节和全部农作物,更没有计算到农林牧渔所有产业。从整体上看,我国农业生产方式中现代和传统并存,先进和落后同在。以种植业为例,在东北平原,农民合作社等经营主体正在使用着世界上最先进的农业机械;而在很多丘陵和山区,半机械化设备甚至耕牛却大行其道。在畜牧业中,近年来崛起的大型养殖企业大都采用世界最先进的养殖技术和设施,但大多数小规模养殖户却依然是劳动密集型。因此,我国农业机械化的重点是薄弱地区、薄弱品种和薄弱环节。薄弱地区主要是农业机械化水平低的山地和丘陵地区,要通过优惠政策引导农机制造企业研发高效、优质的小型机械;薄弱品种主要指油菜、甘蔗等由于农机农艺不配套而影响机械化水平的农作物,要从改良品种或者改进农机适应性等方面加以改进,一些丘陵、山区土地的宜机化整治也是提升一些品种(如甘蔗)农业机械化水平的重要措施;薄弱环节,单个作物的机械化水平低主要表现在薄弱环节上,如秸秆还田、保护性耕作、高效施肥和高效植保等增产增效、环境友好型农机化技术环节也是需要大力推广的薄弱环节。

三、加快发展乡村产业

党的十九大报告提出的乡村振兴战略,具体内容包括"产业兴旺、生态宜居、乡风文明、治理有效、生活富裕",其中,产业兴旺是基础。因此,在 2020 年中央农村工作会议上,习近平总书记提出了全面实施乡村振兴战略的七大措施,其中第一条就是"要加快发展乡村产业"。发展乡村产业,首先要确保粮食播种面积不下降,确保粮食安全。2020 年中央农村工作会议上,习近平总书记提出要牢牢把住粮食安全主动权,粮食生产要年年抓紧。2014 年中央一号文件提出了"谷物基本自给、口粮绝对安全"的新时期粮食安全基本方针,也是新时期我国粮食安全的底线。在目前的生产力水平下,确保粮食安全首先要确保粮食播种面积不减少。截至 2020 年,我国粮食实现了十七连丰,总产量达到了13 390亿斤(1 斤＝0.5 千克,下同),连续 6 年保持在 1.3 万亿斤以上,对国民经济的发展真正起到了"压舱石"的作用。尤其是 2020 年,全球新冠肺炎疫情肆虐,一些国家为了保证本国的粮食供给而暂时禁止粮食出口,曾一度引起我国居民的恐慌,但由于我国粮食储备充足,粮食市场并没有产生相应的波动。这一事件反向证明了粮食生产的极端重要性。确保粮食安全,就要确保18亿亩(1亩≈666.67平方米,下同)耕地红线不动摇,确保永久基本农田的法律地位不动摇。按照《土地管理法》的要求,永久基本农田要划定到地块,任何单位和个人不得擅自占用或者改变其用途。其次,大力发展乡村非农产业。主要包括两大方面:一是围绕农业产业链延伸以及为农业产前、产中、产后诸环节提供服务的相关产业,如农产品加工、储藏、运输、销售以及农业生产资料供应、金融服务等。二是为农民生活服务的产业。乡村产业的发展不能离开农业和农民,一个是核心产业,一个是发展主体。我们到一些地方调研乡村产业发展,政府领导带我们去看新建的化工企业,这样的企业应该建在指定的工业小区,而不是农村区域。总体看,全国各个县的农业主导产业基本形成,农业现代化最重要的内容就是围绕主导产业延长产业链,这是乡村产业发展的基本依托。否则,就会出现20世纪80年代发展乡镇企业时"村村点火、户户冒烟"的局面,结果必然得不偿失。

四、实施乡村建设行动

党的十九届五中全会通过了《中共中央关于制定国民经济和社会发展第十四个五年规划和二〇三五年远景目标的建议》,首次提出实施乡村建设行动,把乡镇建成服务农民的区域中心。乡村建设行动的内涵很丰富,但重点内容依然是农村环境整治。2018年2月,中共中央办公厅、国务院办公厅印发了《农村人居环境整治三年行动方案》,要求各地按照文件部署对农村人居环境进行整治。2020年12月20日农业农村部新闻办公室公布,农村人居环境整治三年行动方案目标任务基本完成,扭转了农村长期存在的脏乱差局面,基本实现干净整洁有序。全国农村卫生厕所普及率超过65%,2018年以来累计新改造农村户厕超过3500万户,农村生活垃圾收运处置体系已覆盖全国90%以上的行政村,农村生活污水治理水平有新的提高,95%以上的村庄开展了清洁行动,村容村貌明显改善。[①]"十四五"期间,要在此基础上重点解决道路、房屋、公共场所、基础设施等深层次问题,因此,需要压实属地责任,按照习近平总书记讲话要求,县委书记要把主要精力放在"三农"工作上,当好乡村振兴的"一线总指挥",当然也要当好农村人居环境整治总指挥;加强资金保障,强化财政资金支持,同时加强农村金融体制改革,研发新的金融产品用于支持农村人居环境整治,尤其是政策性金融机构,要把支持农村人居环境整治作为重要任务并列入考核指标。

乡村建设行动是一个巨大的系统工程,要按照 2019 年 4 月颁布的《中共中央 国务院关于建立健全城乡融合发展体制机制和政策体系的意见》和 2021 年中央一号文件,强化县级层面的统筹融合,"十四五"期间,要彻底破除妨碍城乡要素自由流动和平等交换的体制机制壁垒,促进各类要素更多向乡村流动,在乡村形成人才、土地、资金、产业、信息汇聚的良性循环,为实施乡村建设行动注入新动能。

乡村治理是乡村建设行动的重要内容。要按照习近平总书记讲话精神和 2019 年 6 月中共中央办公厅、国务院办公厅印发的《关于加强和改进乡村治理的指导意见》,强化基层党组织对乡村治理的领导和统筹作用,发挥党员的先锋模范作用,增强村民自治组织能力,丰富村民议事内容,践行社会主义核心价值观,发挥道德模范和优秀传统文化的引领作用,实行"法治、自治、德治"有机结合,不断提高乡村治理现代化水平。

五、深化农村改革

继续向改革要红利。第一,深化农村产权制度改革,在清产核资的基础上,明确集体资产所有权,有序推进经营性资产股份合作制改革,把集体资产量化到每一位合格的成员,同时,强化农村集体资产的运营与管理,确保集体资产的

[①]　农业农村部新闻办公室.农村面貌持续改善,社会事业稳步发展[EB/OL].(2020-12-20)[2021-01-10].中华人民共和国农业农村部网站.

保值增值,增加农民成员的财产性收入,并且可以有效解决乡村产业发展的用地、用房问题,同时,也为乡村治理打下经济基础。第二,深化农村宅基地制度改革,盘活农民的房屋资产,增加农民的财产性收入,同时可以解决缺乏宅基地的农民的住房问题。第三,深化农村集体经营性建设用地改革,总结试点地区经验,不仅可以增加城镇建设用地,还能够在一定程度上解决乡村建设用地问题。第四,深化农业补贴制度改革。针对目前实施的农机具购置补贴、农业支持保护补贴、农业保险补贴等方式中存在的问题,改革补贴方式;同时,对照世贸组织的要求,改革当前农业补贴中的黄箱部分,实现"黄变绿",并根据政府财力不断增加属于绿箱范围的补贴力度。第五,深化主要农产品价格形成机制改革。目前,国家对稻谷和小麦实行最低收购价格制度,对玉米和大豆实行生产者补贴制度,如何使前者在保护农民利益的前提下符合市场规则和世贸组织规则,使后者更加精准化并提高生产效率,是未来农产品价格改革要解决的关键问题。对于那些完全靠市场调节的农产品,要充分利用大数据等现代化工具为生产者提供信息,利用保险等工具保护生产者利益。

第三节 本书的基本框架

党的十九大报告提出的乡村振兴战略内涵丰富,其"五句话、二十个字"的总要求可以看作实现乡村振兴战略的措施和手段,城乡融合、农业农村现代化可以看作实施乡村振兴战略的终极目标,是目标和手段的统一。深刻领会乡村振兴战略的要义,就要深入学习习近平总书记在2018年、2020年两个年度中央农村工作会议的精神,学习2018年、2019年、2020年、2021年四个中央一号文件精神。当然,作为一本小书,其容量是有限的,我们只能抓住乡村振兴战略的核心内容。除了本章具有导论性质外,其余的内容可以概括为四个大的板块。

一是推进乡村振兴战略的基础是怎样的?党的十九大报告提出乡村振兴战略,其最终目标是推进城乡融合。2021年中央一号文件提出加快县域内城乡融合发展，即"把县域作为城乡融合发展的重要切入点，强化统筹谋划和顶层设计，破除城乡分割的体制弊端，加快打通城乡要素平等交换、双向流动的制度性通道"。那么，我国的城乡关系格局究竟是怎样的？是从什么样的历史方位演变过来的？习近平总书记多次提出，对于农村发展、农业制度变革要有历史耐心。在2020年中央农村工作会议上，习近平总书记强调要坚持用大历史观来看待农业、农村、农民问题，指出只有深刻理解了"三农"问题，才能更好地理解我们这个党、这个国家、这个民族。因此，讨论上述历史问题，对于读者深刻理解乡村振兴战略提出的背景以及实施的路径具有重要意义。这是第二章的内容。

二是乡村振兴战略的核心内容。2018年3月8日，习近平总书记参加十三届全国人大一次会议山东代表团审议时，提出了"五个振兴"，即产业振兴、人才振兴、文化振兴、生态振兴、组织振兴，作为乡村振兴战略的切入点。近年来，各地实施乡村振兴战略正是从这五个角度展开的。全国人大颁布的《乡村振兴促进法》也主要从这五个方面提出法律保障。因此，本书第三章至第七章就讨论如何从产业、人才、文化、生态、组织五个角度推进乡村振兴战略的实施。

三是优化乡村振兴的制度环境。改革开放以来的历史表明，制度变革是推动农业农村发展的最重要动力之一。按照2021年中央一号文件精神，本书第八章至第十一章主要讨论农村基本经营制度、农村集体产权制度、农业支持保护制度和农村财政金融制度对乡村振兴的促进作用，当然不是其他制度不重要，但限于篇幅，我们的讨论侧重于这四大制度。

四是2021年中央一号文件提出"推进以人为核心的新型城镇化，促进大中小城市和小城镇协调发展"，"加快小城镇发展，完善基础设施和公共服务，发挥小城镇连接城市、服务乡村作用。推进以县城为重要载体的城镇化建设，有条件的地区按照小城市标准建设县城"。这说明乡村振兴和新型城镇化是互相促进，互为条件，甚至是一体的关系。因此，本书的最后一章（第十二章）讨论乡村振兴和新型城镇化的关系问题，既是对2021年中央一号文件的解读，也是对我国未来城乡关系的展望。

2

乡村振兴的基础：
新中国成立以来城乡关系的演变

党的十九大报告提出乡村振兴战略，其内涵之一就是"建立健全城乡融合发展体制机制和政策体系"。可以理解为，乡村振兴和城乡融合互为因果，但在城乡割裂的状态下，乡村振兴是不可能的，因此，城乡融合体制机制和政策体系的建立是乡村振兴的基础。为了便于理解和深入讨论问题，本章首先回顾新中国成立直到改革开放前的城乡关系，在此基础上分析改革开放以来城乡关系的改善过程。

第一节　传统体制下严重偏斜的城乡关系：1949—1978 年

20 世纪 50 年代初期，百废待兴的新中国面临着工业化、城市化的资金来源问题。由于当时的工业基础十分薄弱，工业化、城市化的资金只能从农业中来，于是，20 世纪 50 年代，中国政府实行了以重工业为中心的"倾斜发展战略"以及包括价格、财政、金融和科学技术在内的较为完整的政策体系。[①] 在这个发展战略和政策体系下，政府从三个方面构建了农业农村经济运行的基本框架，即传统农业经营体制的"三大支柱"。[②]

一、统购统销制度

这一制度形成的主要原因是粮食供应局面的紧张。根据陈云在 1953 年 10 月全国粮食会议上的讲话，"全国粮食问题很严重"，主要是"收进的少，销售的多"，尽管全国粮食丰收，但收入提高后农民的消费水平提高了，自己吃掉的粮食数量增加了，因而卖出的反而减少了。在这种情况下，粮食产区的粮贩子大

① 孔祥智,程漱兰.中国农村经济体制变迁及其绩效的经济分析[J].教学与研究,1997(10):25-30,64-65.
② 孔祥智.改革开放以来国家与农民关系的变化:基于权益视角[J].中国人民大学学报,2018,32(3):16-25.

肆活动,开始跟国家抢购粮食;北京、天津的面粉不够供应。按照陈云的计算,即使完成了收购计划,1953年国家粮食销售也会比收购多87亿斤,这在当时是一个很大的数量。陈云认为:"在粮食问题上,有四种关系要处理好,这就是,国家跟农民的关系;国家跟消费者的关系;国家跟商人的关系;中央跟地方、地方跟地方的关系。……处理好了第一种关系,天下事就好办了,只要收到粮食,分配是容易的。""处理这些关系所要采取的基本办法是:在农村实行征购,在城市实行定量配给,严格管制私商,以及调整内部关系。"①根据陈云的建议和会议的决定,1953年10月16日,中共中央作出《关于实行粮食的计划收购与计划供应的决议》,确定在当年11月底之前完成动员和准备,12月初开始在全国范围内实现粮食统购统销。② 同年11月19日,政务院第194次政务会议通过,并于11月23日发布《政务院关于实行粮食的计划收购和计划供应的命令》,正式实行了粮食统购统销政策。1953年11月15日,中共中央作出《关于在全国实行计划收购油料的决定》;1954年9月9日,政务院发布《关于实行棉花计划收购的命令》,自此,粮棉油全部由国家统一收购和销售。1957年8月9日,国务院发布《关于由国家计划收购(统购)和统一收购的农产品和其他物资不准进入自由市场的规定》,正式规定烤烟、黄洋麻、苎麻、大麻、甘蔗、家蚕茧(包括土丝)、茶叶、生猪、羊毛(包括羊绒)、牛皮及其他重要皮张、土糖、土纸、桐油、楠竹、棕片、生漆、核桃仁、杏仁、黑瓜子、白瓜子、栗子、集中产区的重要木材、38种重要中药材(具体品种另由卫生部通知)、供应出口的苹果和柑橘、若干产鱼区供应出口和大城市的水产品,属于国家统一收购的农产品。1957年10月26日,国务院又将核桃列入统一收购物资。可见,国家计划收购和统一收购(后称"派购")的产品占农产品中的大多数。上述商品即使完成了国家计划收购或统一收购任务,也不能在市场上自由销售,必须卖给国家及其委托的收购商店。

但是,当时国家收购的价格都比较低,而且国家的收购计划或任务不仅仅

---

① 陈云.实行粮食统购统销[M]//陈云.陈云文选:第2卷.北京:人民出版社,1995:203-208.

② 由于中央文件可以通过各种途径查询,本文不予注明出处。下同。

是收购农民的剩余农产品,还收购必需品。陈云在全国粮食会议上曾谈道:"前几年,我们搞城乡交流,收购土产,农民增加了收入,生活改善了,没有粮食的多买一点粮食,有粮食的要多吃一点,少卖一点。结果我们越是需要粮食,他们越是不卖。"①"合作社为了大量掌握油饼,在产地就近榨油,因此农村供油量便增加了。农村销油增加,使城市的食油供应更加紧张。"②根据薄一波的回忆:"过去山区农民一年只吃得上十顿的白面,现在则每个月可以吃四五顿、七八顿,面粉需求量空前增大了,这是国家收购小麦困难的主要原因之一。"③国家强行征购,降低了农民的生活水平,必然使得农民产生抵触情绪,而且农村干部的抵触情绪更大,一些县、区级干部甚至部分省部级干部也不理解,从而影响政策实施效果。因此,毛泽东提出,要各级干部联系过渡时期总路线来理解和执行,④在操作过程中采取"全党动员,全力以赴"的做法,1953 年 10 月部署的粮食征购任务如期并超额完成。但"统购中国家同农民的关系是紧张的,强迫命令、乱批乱斗、逼死人命等现象都发生过。个别地方还发生了聚众闹事的事件"。⑤ 毛泽东在《论十大关系》一文中也谈道:"我们同农民的关系历来都是好的,但是在粮食问题上曾经犯过一个错误。一九五四年我国北方地区因水灾减产,我们却多购了七十亿斤粮食。这样一减一多,闹得去年春季许多地方几乎人人谈粮食,户户谈统销。农民有意见,党内外也有许多意见。"⑥可见,主要农产品计划收购和统一收购制度是城乡关系转化的开始,这一转化的特征就是前述的"倾斜战略",即农业向工业倾斜,农村向城市倾斜,以剥夺农民利益的方式促进工业化、城市化的实现。

---

① 陈云.实行粮食统购统销[M]//陈云.陈云文选:第 2 卷.北京:人民出版社,1995:208.
② 陈云.食油产销情况及处理办法[M]//陈云.陈云文选:第 2 卷.北京:人民出版社,1995:219.
③ 薄一波.若干重大决策与事件的回顾:上卷[M].北京:中共中央党校出版社,1991:267.
④ 薄一波.若干重大决策与事件的回顾:上卷[M].北京:中共中央党校出版社,1991:266.
⑤ 薄一波.若干重大决策与事件的回顾:上卷[M].北京:中共中央党校出版社,1991:271.
⑥ 毛泽东.论十大关系[M]//毛泽东.毛泽东文集:第 7 卷.北京:人民出版社,1999:29.

二、人民公社制度

实行计划收购和统一收购的核心是确定每一个农户的实际产量。1953年3月3日，中共中央、国务院发布了《关于迅速布置粮食购销工作安定农民生产情绪的紧急指示》(以下简称《紧急指示》)，指出"政策的界限具体表现于粮食统购数字和粮食统销数字的正确规定""必须进一步采取定产、定购、定销的措施，即在每年的春耕以前，以乡为单位，将全乡的计划产量大体上确定下来，并将国家对于本乡的购销数字向农民宣布，使农民知道自己生产多少，国家收购多少，留用多少，缺粮户供应多少"。但实际上必须定产、定购到户，否则无法完成乡级的任务。上述《紧急指示》也要求"各乡要用最快的方法传达到每家农民"，可见，农户是统购计划的最终承担者。而当时全国共有1亿多农户，其工作量之大可想而知。

因此，尽管当时的党和国家领导人设想用10~15年时间完成过渡时期总路线的任务，"我国在经济上完成民族独立，还要一二十年时间。我们要努力发展经济，由发展新民主主义经济过渡到社会主义"。① 而且《紧急指示》也提出，"同时再把农村合作化的步骤放慢一些，这对于缓和当前农村紧张情况，安定农民生产情绪，有重大的意义"。1953年3月8日，《中共中央对各大区缩减农业增产和互助合作发展的五年计划数字的指示》，明确指示要控制和缩减互助合作社覆盖的农户数量。《中华人民共和国发展国民经济的第一个五年计划(1953—1957)》也明确规定到1957年农村入社户数达到总户数的1/3左右。但实际上到1956年4月底就基本上实现了初级形式的合作化，10月底，多数省市实现了高级形式的合作化。具体原因很多，但实现合作化后，粮食统购工作重点由农户转到合作社从而大大减轻基层政府的工作量是一个重要原因。"合作化后，国家不再跟农户发生直接的粮食关系。国家在农村统购统销的户头，

---

① 毛泽东.在中共中央政治局会议上的报告和结论:1948年9月[M]//毛泽东.毛泽东文集:第五卷.北京:人民出版社,1996:146.

就由原来的一亿几千万农户简化成了几十万个合作社。这对加快粮食收购进度、简化购销手段、推行合同预购等都带来了便利。"①1956 年 10 月 6 日，国务院发布《关于农业生产合作社粮食统购统销的规定》，要求："国家对农业社的粮食统购、统销数量，不论高级社或初级社，一般以社为单位。""农业社在进行内部粮食分配的时候，必须保证完成国家核定的粮食征购任务。"1956—1958 年，全国范围内由初级社过渡到高级社，再过渡到人民公社，实现了农村所有制形式从私有制、半公有制到公有制的根本性变化，国家完全掌控了农产品生产的全过程。

三、户籍制度

由于主要农产品的国家计划收购和统一收购在一定程度上损害了农民的利益，而合作化、人民公社化又必然带有一定强迫的性质，这就必然引起部分农民的消极对待，如宰杀耕牛、人口外流等。尤其是人口外流，影响了农业生产力的发展。因此，1957 年 12 月 18 日，中共中央、国务院联合发布《关于制止农村人口盲目外流的指示》，指出："去冬今春曾有大量农村人口盲目流入城市，虽经各地分别劝阻和遣送返乡，但是还没有能够根本制止。今年入秋以来，山东、江苏、安徽、河南、河北等省又发生了农村人口盲目外流的现象。……农村人口大量外流，不仅使农村劳动力减少，妨碍农业生产的发展和农业生产合作社的巩固，而且会使城市增加一些无业可就的人口，也给城市的各方面工作带来不少困难。"要求各地采取教育、劝阻、动员返回、禁止招工、遣返等多种方法把人口留在农村。1958 年 1 月 9 日，第一届全国人大常委会第 91 次会议通过了《中华人民共和国户口登记条例》，把人口分为城市户口和农村户口两大类，并严格限制城乡之间的迁徙。1959 年 9 月 23 日，中共中央、国务院发布《关于组织农村集市贸易的指示》，规定小商贩要经过国营商业组织起来，"不准远途贩运，也不

---

① 薄一波.若干重大决策与事件的回顾：上卷[M].北京：中共中央党校出版社，1991：276-277.

准在同一集市作转手买卖,投机倒把,并且要严格遵守市场管理"。"投机倒把"概念出现了并逐渐入刑。1963 年 3 月 3 日,中共中央、国务院联合发布《关于严格管理大中城市集市贸易和坚决打击投机倒把的指示》;1963 年 3 月 8 日,国务院发布《关于打击投机倒把和取缔私商长途贩运的几个政策界限的暂行规定》,规定严禁"社员弃农经商",严禁农产品"长途贩运",确保主要农产品的计划和统一收购。

上述三个方面互为支撑,一起构成了传统农村体制的完整框架。1978 年以来的改革对象正是这个制度框架。这个制度保证了国家工业化的资金来源,奠定了国家工业化的基础。在这个制度框架下,农业不仅通过农业税(明税)为工业化积累资金,还通过工农产品价格"剪刀差"(暗税)为工业化积累更多的资金。严瑞珍等学者的研究表明,1978 年是新中国成立后中国历史上工农产品价格"剪刀差"最大的年份,绝对量为 364 亿元,相对量为 25.5%,即农业部门新创造价值的四分之一以上都以"剪刀差"的形式流出了农业部门。[①] 上述数字是惊人的,这也造成了城乡关系的严重偏斜和农业农村自我发展能力的丧失。到了 20 世纪 70 年代末期,全国 29 个省市自治区中,有 11 个由粮食调出变成粮食调入,只有 3 个省能够调出粮食,说明制度的净收益已经为零甚至为负,这种严重偏斜的城乡关系无法继续维持。正是在这样的背景下,当安徽等地农民冒着坐牢的危险私下把土地承包到户时,尽管存在着激烈的争论,但基于对上述严峻现实的认知,理性最终突破了意识形态的禁锢,改革的大幕终于拉开。

第二节　在徘徊中趋于改善的城乡关系：1978—2017 年

改革开放以来,中国的城乡关系发生了重大变化。概括起来就是:20 世纪

---

① 严瑞珍,龚道广,周志祥,等.中国工农业产品价格剪刀差[M].北京:中国人民大学出版社,1988:61.

八九十年代中国的城乡关系从开始缓和到趋紧，在世纪之交发生转变，21世纪以来逐渐趋于改善，呈现出马鞍形变动趋势。在下面的内容中，我们先对第一阶段进行简要分析，然后重点讨论21世纪以来城乡关系改善的理念、措施及过程。

一、第一阶段：1978—1999年

鉴于前文分析的农业发展形势的严峻性，1978年12月召开的党的十一届三中全会提出了发展农业生产力的25条政策措施，其中之一就是国家对粮食的统购价格从1979年夏粮上市起提高20%，超购部分加价50%。根据《中国统计年鉴（1979年）》的数据，1979年粮食收购价格比1978年实际提高130.5%。同时，大幅度降低了农业机械、化肥、农药、农用塑料等农用工业品的价格。这些措施具有明显的让利特征，在一定程度上缓解了当时城乡关系的紧张局面，也激发了安徽省小岗村等村队把集体所有的土地承包到户经营的冲动。改革开放40多年来的实践证明，价格改革始终是矫正城乡关系天平的利器之一，也是本阶段的重点改革内容。当然，农产品价格改革的基础是土地制度改革，而后者的成功又推动了劳动力制度改革。本部分重点分析这三项改革对城乡关系变化带来的影响。

（一）土地制度改革

这项始于安徽省小岗村的改革的实质是实行大包干责任制，即把农村集体所有的土地承包到户，分户经营。出于意识形态的原因，尽管这项改革在农民层面极受欢迎，但在政府层面，尤其在高层，仍存在着极大的争议，其核心就是对其是社会主义性质还是资本主义性质的判断。1980年9月27日，中共中央印发的《关于进一步加强和完善农业生产责任制的几个问题》的通知指出："就全国而论，在社会主义工业、社会主义商业和集体农业占绝对优势的情况下，在生产队领导下实行的包产到户是依存于社会主义经济，而不会脱离社会主义轨道的,没有什么复辟资本主义的危险,因而并不可怕。"1982 年中央一号文件进一步指出:"包干到户这种形式,……是建立在土地公有制基础上的,所以它不同于合作化以前的小私有的个体经济,而是社会主义农业经济的组成部分。"可见,中央对"小岗改革模式"的肯定也是循序渐进的。在中央高层和基层农民的双重推动下,到 1983 年春季,实现"双包"责任制的农村基本核算单位(主要是生产队)达到 95% 以上。[①] 1983 年 10 月 12 日,中共中央、国务院发出《关于实行政社分开建立乡政府的通知》,要求在 1984 年底之前取消人民公社,成立乡镇政府,并明确指出村民委员会为自治组织,不再是乡镇政府职能的延伸,也是国家调整城乡关系的重要环节。1991 年 11 月 29 日,党的十三届八中全会通过了《中共中央关于进一步加强农业和农村工作的决定》,把这一体制正式表述为"统分结合的双层经营体制",并写入 1999 年修正的《中华人民共和国宪法》。

(二)农产品价格改革

工农产品价格"剪刀差"只有在国家控制价格的前提下才有可能实现。土地制度改革后,农民有了生产自主权,粮食的供给很快就得到了满足,而且还由于仓储、运输等问题一度造成了"卖粮难"。在这样的背景下,1985 年中共中央一号文件提出:"除个别品种外,国家不再向农民下达农产品统购派购任务","粮食、棉花取消统购,改为合同定购","生猪、水产品和大中城市、工矿区的蔬菜,也要逐步取消派购,自由上市,自由交易,随行就市、按质论价","其他统派购产品,也要分品种、分地区逐步放开。"此后,除了主要粮食品种(稻谷、小麦、玉米、大豆),[②]全部农产品都实现了市场定价和市场化流通。这一政策客观上推进了农业结构调整,加上 20 世纪 80 年代末期推进的"菜篮子工程",到了 20 世纪 90 年代中期,几乎所有农产品都出现了供过于求的局面,直接推动了 20 世纪 90 年代后期的农业结构战略性调整。

---

① 孔祥智,等.农业经济学[M].北京:中国人民大学出版社,2014:30.

② 这些主要粮食品种随着 2004 年 5 月 23 日国务院发布《关于进一步深化粮食流通体制改革的意见》而进入真正市场化时期。

在市场化的大背景下，工农产品价格"剪刀差"逐渐消除。笔者以前的研究表明，1978—1997 年国家以工农产品价格"剪刀差"方式从农村抽离资金 9 152 亿元，平均每年 457.6 亿元。从 1993 年起"剪刀差"的相对量（"剪刀差"与农业创造的所有价值的比值）逐渐下降，1997 年降到 2.2%。① 因此，我们认为，到了 20 世纪末期，工农产品价格"剪刀差"总体上趋于消失了。

（三）劳动力管理制度改革

对农村劳动力的严格管理是传统体制的显著特征之一。按照杜润生的估计，即使在生产队体制下，劳动力剩余仍然达到了三分之一。② 实现家庭承包经营以后，劳动力的剩余问题更加突出。白南生等人估算，改革初期的安徽省滁县地区（后改为滁州市），按耕地计算，劳动力剩余量可达到 30%左右，多的达 35%～40%。③ 这么多劳动力，必然要从农村流向城镇寻找就业出路。从逻辑上看，是否允许这些劳动力进入城镇，以及如何对待进入城镇以后的部分农村剩余劳动力，是判断当时城乡关系是否融洽的重要内容。1983 年 12 月，国务院发布《关于严格控制农村劳动力进城做工和农业人口转为非农业人口的通知》，限制农村劳动力进入城镇。但如此大量的剩余劳动力不允许进入城镇自谋职业，必然会带来一系列社会问题。1985 年中央一号文件第一次提出："在各级政府统一管理下，允许农民进城开店设坊，兴办服务业，提供各种劳务。"这算是开了一个口子。但 1989 年，国务院办公厅发布《关于严格控制民工盲目外出的紧急通知》，要求各地严格控制民工盲目外出；1991 年，国务院颁布《全民所有制企业招用农民合同制工人的规定》，规定城镇企业必须按国家计划招用农民工；1994 年，劳动部颁布《农村劳动力跨省流动就业管理暂行规定》，要求农村劳动力到城镇就业必须证卡合一（即身份证或户口本和外出人员就业登记卡合一），

① 孔祥智.城乡差距是怎样形成的——改革开放以来农民对工业化、城镇化的贡献研究[J].世界农业，2016（1）：222-226.

② 杜润生.杜润生自述：中国农村体制变革重大决策纪实[M].北京：人民出版社，2005：133.

③ 中国农村发展问题研究组（白南生执笔）.试析农村劳力和资金的状况及使用方向[J].农业经济丛刊，1982（2）：37-40.

实际上采取了"卡"的态度。这一政策的变化自1993年党的十四届三中全会开始。这次会议提出:"逐步改革小城镇的户籍管理制度,允许农民进入小城镇务工经商,发展农村第三产业,促进农村剩余劳动力的转移。"1997年6月,国务院批转公安部《小城镇户籍管理制度改革试点方案》和《关于完善农村户籍管理制度意见》,允许符合条件的农村劳动力到小城镇落户。可见,这一阶段国家对农村剩余劳动力进入城镇的政策前期限制,后期放宽,根本原因在于这一大趋势无法阻挡,而且城镇建设也需要这批廉价劳动力。这一阶段外出打工的农村劳动力和城镇劳动力待遇的差距很大,一般是"同工不同酬",并无法享受城镇职工的公共福利待遇。在某些行业(如建筑业),拖欠农民工工资的现象经常发生,以至于到了21世纪,几届总理为农民工讨薪,充分说明了这个问题的严重性。

改革初期,家庭承包经营制度的推行,使得农民收入大幅度提高,1979—1983年5个年份中,有4个年份农民人均纯收入增长速度超过10%,为历史上最高水平,从而使城乡居民收入差距一度缩小。这一阶段城乡关系的缓和实质上是"恢复性缓和"。1978年,城镇人均可支配收入和农村居民人均纯收入之比为2.57:1,1983年下降到1.82:1,但1986年就又达到了2.13:1,此后一直呈上升趋势,到了1999年达到2.65:1,城乡关系呈现恶化趋势,见表2.1。从图2.1和图2.2可以看出,农民人均纯收入的实际增长速度只有少数年份超过城镇居民;而城乡居民收入之比经过20年的改革居然回到了原点(1999年的城乡居民收入之比实际上高于1978年),充分说明了传统体制的顽固性。

表2.1　1978—1999年城乡居民收入及相关指标

年份	农村居民		城镇居民		城乡居民收入之比
	人均纯收入/元	实际增长速度/%	人均可支配收入/元	实际增长速度/%	
1978	133.6	—	343.4	—	2.57
1979	160.2	14.4	405.0	13.1	2.53

续表

年份	农村居民		城镇居民		城乡居民收入之比
	人均纯收入/元	实际增长速度/%	人均可支配收入/元	实际增长速度/%	
1980	191.3	8.1	477.6	7.2	2.50
1981	223.4	11.6	500.4	2.0	2.24
1982	270.1	15.0	535.3	4.4	1.98
1983	309.8	10.6	564.6	3.1	1.82
1984	355.3	9.8	652.1	10.4	1.84
1985	397.6	1.2	739.1	2.3	1.86
1986	423.8	−0.3	900.9	10.8	2.13
1987	462.6	1.0	1 002.1	2.6	2.17
1988	544.9	−3.1	1 180.2	−3.1	2.17
1989	601.5	−7.3	1 373.9	−3.3	2.28
1990	686.3	9.0	1 510.2	5.7	2.20
1991	708.6	−0.2	1 700.6	7.5	2.40
1992	784.0	3.0	2 026.6	9.1	2.58
1993	921.6	0.2	2 577.4	5.8	2.80
1994	1 221.0	0.3	3 496.2	1.8	2.86
1995	1 577.7	4.7	4 283.0	1.1	2.71
1996	1 926.1	9.0	4 838.9	2.9	2.51
1997	2 090.1	4.9	5 160.3	3.3	2.47
1998	2 162.0	4.2	5 425.1	5.7	2.51
1999	2 210.3	3.6	5 854.0	8.9	2.65

注：由于缺乏 1977 年收入数据，故无法计算出 1978 年的实际增长速度。

资料来源：历年《中国统计年鉴》。

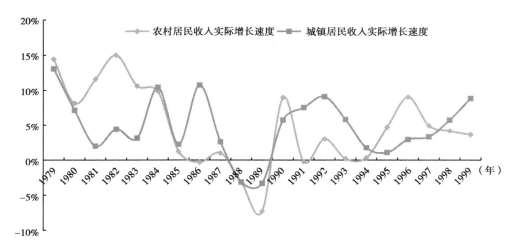

图 2.1　1979—1999 年城乡居民人均收入实际增长速度

资料来源:历年《中国统计年鉴》。

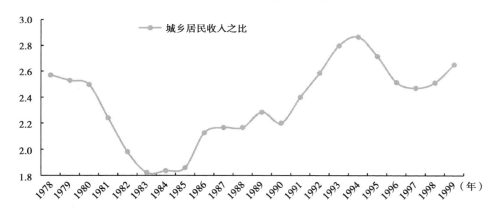

图 2.2　1978—1999 年城乡居民收入之比

资料来源:历年《中国统计年鉴》。

　　不仅如此,这一阶段也是农民负担最重的阶段。所谓农民负担,指的是农民除了向国家缴纳税金之外,依法承担的村组提留、乡(镇)统筹费、积累工、义务工及其他费用。① 农民负担问题的实质是收入再分配问题。20 世纪 80 年代

———————————

① 　宋洪远,等.改革以来中国农业和农村经济政策的演变[M].北京:中国经济出版社,2000:40.

中期以后,农民负担问题开始显现,此后愈演愈烈,1990 年,仅全国农民人均村提留、乡统筹就达到上年农民人均纯收入的 7.88%,还不包括其他负担。据国家统计局数据,"七五"期间(1986—1990 年)全国农民共上交提留和统筹 881亿元,比"六五"时期(1981—1985 年)的 462.2 亿元多 414.8 亿元,年均增长20.1%,高于同期农民人均纯收入实际增长速度 16.4 个百分点。① 面对这一严峻的现实,1990 年 2 月,国务院发布了《关于切实减轻农民负担的通知》,1991年 12 月发布《农民承担费用和劳务管理条例》,严格规定了农民应负担的项目和金额。此后,党和国家领导人多次批示要求减轻农民负担,国务院及其相关部门也多次下发文件。1996 年 12 月,中共中央、国务院联合发布《关于切实做好减轻农民负担工作的决定》,提出了减轻农民负担的 13 条具体措施。1998 年7 月,中共中央办公厅、国务院办公厅发布《关于切实做好当前减轻农民负担工作的通知》,要求严格控制 1998 年农民承担提留统筹的绝对额在上年人均纯收入的 5%以内。在政策的高压下,从 1994 年到 1996 年,全国农民人均负担的村提留和乡统筹费占上年人均纯收入的比例分别为 4.81%、4.92%、4.66%,此后各年都严格控制在 5%以内。② 但"九五"时期(1996—2000 年),农民人均收入增长速度呈下降态势,加剧了这一时期城乡关系的恶化,由此导致了 21 世纪初期的农村税费改革。

二、第二阶段：2000—2017 年

为了从根本上减轻农民负担,缓解城乡关系,2000 年 3 月,中共中央、国务院发出《关于进行农村税费改革试点工作的通知》,决定在安徽以省为单位进行农村税费改革试点,其他省、自治区、直辖市可选择少数县(市)进行试点。试点工作取得了积极的成效并逐渐铺开。2005 年 12 月 29 日十届全国人大常委会第十九次会议做出了自 2006 年 1 月 1 日起废止《中华人民共和国农业税条例》

---

① 宋洪远,等.改革以来中国农业和农村经济政策的演变[M].北京:中国经济出版社,2000:43.
② 宋洪远,等.改革以来中国农业和农村经济政策的演变[M].北京:中国经济出版社,2000:49.

的决定,农民种地纳税自此成为历史。

执政理念的转变是这一阶段城乡关系改善的基础。2002 年 11 月召开的党的十六大提出:"统筹城乡经济社会发展,建设现代农业,发展农村经济,增加农民收入,是全面建设小康社会的重大任务。"首次提出以统筹城乡为手段解决农业农村农民问题。2005 年 10 月,党的十六届五中全会提出了"扎实稳步推进新农村建设"的历史性任务。2007 年 10 月召开的党的十七大提出:"建立以工促农、以城带乡长效机制,形成城乡经济社会发展一体化新格局。"首次提出城乡经济社会发展一体化理念。党的十八大提出工业化、信息化、城镇化、农业现代化"四化"同步的理念,推动城乡发展一体化,"让广大农民平等参与现代化进程、共同分享现代化成果"。城乡统筹、城乡发展一体化是递进关系,既表示不同时期的执政理念,又蕴含着执政理念形成背后城乡关系的变化。这一阶段,在上述执政理念的主导下,中央政府和地方实施了一系列有利于城乡关系改善的农业农村农民政策。

(一)农业政策

21 世纪以后,中央政府在取消农业"四税"的基础上,实施了一系列农业支持保护政策,基本形成了完整的政策体系。

一是农产品价格支持政策。价格支持依然是农业支持保护的重要内容。当然,在 WTO 框架下,[1]价格支持不再是单纯的提价,而是具有更加丰富的内涵。主要包括:①2004 年和 2006 年,分别实施了稻谷和小麦的最低收购价格制度。②从 2009 年起,逐步实施玉米、大豆、油菜籽、棉花、食糖等重要农产品的临时收储价格。按 2014 年中央一号文件精神,国务院于当年取消了大豆和棉花的临时收储政策,并对新疆棉花、东北和内蒙古大豆实施目标价格政策。同时取消了食糖的临时收储政策,改为企业收储,并由财政给予一定的贴息补贴。按照 2015 年 6 月国家发展和改革委员会等部门文件精神,国家于当年起取消

---

[1] 中国在 2001 年 11 月 10 日正式加入世界贸易组织。

油菜籽的临时收储政策,改为由地方政府负责组织各类企业进行油菜籽收购,中央财政对主产区予以适当补贴。2016 年,国家改革了玉米临时收储制度,按照"市场定价、价补分离"的原则,将以往的玉米临时收储政策调整为"市场化收购"加"定向补贴"的新机制。2017 年 3 月 23 日,国家发展和改革委员会发布消息,2017 年国家将在东北三省和内蒙古自治区调整大豆目标价格政策,实行市场化收购加补贴机制。③2009 年 1 月 9 日,经国务院批准,国家发展和改革委员会、财政部、农业部、商务部、国家工商行政管理总局、国家质量监督检验检疫总局制定了《防止生猪价格过度下跌调控预案(暂行)》,规定当猪粮比价低于 5∶1 时,要较大幅度增加中央冻肉储备规模。④2015 年中共中央一号文件指出,"积极开展农产品价格保险试点",并在山东省及其他一些省市开始了试点。如 2015 年山东省部分市县试点了大蒜、马铃薯、大白菜、大葱等产品的目标价格保险制度;2016 年,安徽省在部分市县开展了玉米价格保险试点工作。上述试点都取得了比较良好的效果,有效保护了农民的利益。

二是农业补贴政策。主要是 2004 年开始实施的种粮农民直接补贴、良种补贴、农机具购置补贴,2006 年开始实施的农业生产资料价格综合补贴,合称"四大补贴"。2016 年,在前一年试点的基础上,财政部、农业部联合发布了《农业支持保护补贴资金管理办法》,改革除农机具购置补贴之外的三项补贴为"农业支持保护补贴",主要用于支持耕地地力保护和粮食适度规模经营以及国家政策确定的其他方向。此外,中央还于 2005 年起陆续出台了奶牛良种补贴、生猪良种补贴等一系列畜禽养殖补贴政策,有力地促进了养殖业的健康发展。

三是农业基础建设补贴政策。比如根据 2005 年中央一号文件精神,当年启动了测土配方施肥补贴项目,对农业等部门开展的土壤成分检测和配方施肥工作予以经费补贴。这项政策扩大了测土配方施肥补贴的范围和规模,有力推动了农产品产量的增加和品质改善。2005 年中央一号文件提出认真组织实施"科技入户工程",扶持科技示范户。此后,"农业科技入户示范工程"的组织实施,对农业先进适用技术的推广起到了重要作用。2005 年中央一号文件还提出设立小型农田水利设施建设补助专项资金,对农户投工投劳开展小型农田水利设施建设予以支持。此后,这一专项资金补贴的范围不断扩大,有效支撑了 10 余年来的农业发展。此外,生态效益补偿机制的建立健全也是 21 世纪以来农业支持政策的重要方向。2006 年中央一号文件要求建立和完善生态补偿机制;2007 年中央一号文件提出完善森林生态效益补偿基金制度,探索建立草原生态补偿机制;2008 年中央一号文件要求增加水土保持生态效益补偿;2010 年中央一号文件要求提高中央财政对属于集体林的国家级公益林森林生态效益补偿标准;2012 年中央一号文件提出研究建立公益林补偿标准动态调整机制;2014 年中央一号文件提出建立江河源头区、重要水源地、重要水生态修复治理区和蓄滞洪区生态补偿机制;2015 年中央一号文件提出落实畜禽规模养殖环境影响评价制度,大力推动农业循环经济发展,继续实行草原生态保护补助奖励政策,开展西北旱区农牧业可持续发展、农牧交错带已垦草原治理、东北黑土地保护试点;2016 年中央一号文件提出加强农业资源保护和高效利用、加快农业环境突出问题治理、加强农业生态保护和修复;2017 年中央一号文件提出加强重大生态工程建设,推进山水林田湖整体保护、系统修复、综合治理,加快构建国家生态安全屏障,全面推进大规模国土绿化行动。可以说,上述 10 余个中央一号文件精神,基本构建了 21 世纪以来农业生态环境保护的政策框架。

总的来看,21 世纪以来,以 10 余个中央一号文件为核心内容的一系列农业支持保护政策的出台,调整了国家财政支出的结构,不断加大了财政对农业投入的力度,初步建立了财政支农稳定增长机制,改变了国民收入分配的格局。政策调整的结果,使农业由 21 世纪初的粮食总产量下降、农民收入徘徊到粮食综合生产能力稳定在 6 亿吨、农民人均可支配收入(纯收入)增长水平连续 8 年超过城镇居民水平,为农业可持续发展和城乡关系改善奠定了坚实的基础。

(二)农村、农民政策

21 世纪以来,随着"以工补农、以城带乡"政策的确立,各级政府促进农村发展、改善农民生存环境的政策不断出台,初步扭转了"倾斜发展战略"的制度惯性。主要表现在三大方面。

一是农村人居环境政策。2005年10月，党的十六届五中全会通过了《中共中央关于制定国民经济和社会发展第十一个五年规划的建议》，提出要按照"生产发展、生活宽裕、乡风文明、村容整治、管理民主"的要求，扎实稳步地推进社会主义新农村建设。会议把"村容整洁"作为五项要求之一，对于此后的乡村建设起到了极大的推动作用。2006年中央一号文件对村庄规划、乡村基础设施建设、农村人居环境治理、农村社会事业等都作了具体部署。此后的多个中央一号文件都对上述工作进行详尽安排。如2008年中央一号文件要求继续改善农村人居环境，提出增加农村饮水安全工程建设投入、加强农村水能资源规划和管理、继续实施农村电网改造；2009年中央一号文件要求加快农村基础设施建设，提出了加快农村公路建设，2010年底基本实现全国乡镇和东中部地区具备条件的建制村通油（水泥）路的具体目标；2010年中央一号文件要求加强农村水电路气房建设，搞好新农村建设规划引导，合理布局，完善功能，加快改变农村面貌；2015年中央一号文件要求加大农村基础设施建设力度，提出确保如期完成"十二五"农村饮水安全工程规划任务，推进城镇供水管网向农村延伸，加快推进西部地区和集中连片特困地区农村公路建设；2016年中央一号文件强调要把国家财政支持的基础设施建设重点放在农村，建好、管好、护好、运营好农村基础设施，实现城乡差距显著缩小等。

二是提升农村公共服务水平政策。2005年中央一号文件提出要落实新增教育、卫生、文化、计划生育等事业经费主要用于农村的规定，用于县以下的比例不低于70%；2006年中央一号文件提出加快发展农村社会事业，重点是农村义务教育、卫生事业、文化事业等；2007年中央一号文件提出在全国范围内对处于农村义务教育阶段的学生全部免除学杂费，对家庭经济困难的学生免费提供教科书并补助寄宿生生活费；建立农村基层干部、农村教师、乡村医生、计划生育工作者、基层农技推广人员及其他与农民生产生活相关服务人员的培训制度，加强在岗培训，提高服务能力；2008年中央一号文件用一个部分篇幅强调要逐步提高农村基本公共服务水平,包括提高农村义务教育水平和基本医疗服务能力、稳定农村低生育水平、繁荣农村公共文化等内容;2009 年中央一号文件提出建立稳定的农村文化投入保障机制,提高农村学校公用经费和家庭经济困难寄宿生补助标准,2009 年起对中等职业学校农村家庭经济困难学生和涉农专业学生免除学费;2010 年中央一号文件提出继续实施中小学校舍安全工程,逐步改善贫困地区农村学生营养状况;2014 年中央一号文件强调城乡基本公共服务均等化,提出要加快改善农村义务教育薄弱学校基本办学条件,适当提高农村义务教育生均公用经费标准;2016 年中央一号文件提出把社会事业发展的重点放在农村和接纳农业转移人口较多的城镇,加快推动城镇公共服务向农村延伸;2017 年中央一号文件提出全面落实城乡统一、重在农村的义务教育经费保障机制,加强乡村教师队伍建设。

三是农村社会保障制度的建立和逐步完善。这一制度具体包括三大部分。

①新型农村社会养老保险制度。2009 年 9 月,国务院颁布了《关于开展新型农村社会养老保险试点的指导意见》,标志着中国新型农村社会养老保险制度的建立即"新农保"。文件要求建立新农保,从 2009 年开始试点,覆盖面为全国 10%的县(市、区、旗),2020 年之前实现对农村适龄居民的全覆盖。2014 年,国务院颁布了《关于建立统一的城乡居民基本养老保险制度的意见》,提出在 2020 年之前建立城居保合并实施的城乡居民基本养老保险制度。至此,中国农村养老保险在政策上由"老农保"向"城乡居民养老保险"过渡,完成了养老保险的城乡一体化发展。

②新型农村合作医疗制度。2002 年 10 月,中共中央、国务院发布《关于进一步加强农村卫生工作的决定》,提出"逐步建立新型农村合作医疗制度",要求"到2010 年,在全国农村基本建立起适应社会主义市场经济体制要求和农村经济社会发展水平的农村卫生服务体系和农村合作医疗制度",即"新型农村合作医疗"(即"新农合")。2003 年 1 月,国务院办公厅转发《卫生部等部门关于建立新型农村合作医疗制度的意见》,正式开展新农合试点工作,并确立了 2010

年实现全国建立基本覆盖农村居民的新型农村合作医疗制度的目标。2016 年
1 月,国务院发布《关于整合城乡居民基本医疗保险制度的意见》,要求从完善
政策入手,推进城镇居民医保和新农合制度整合,逐步在全国范围内建立起统
一的城乡居民医保制度。

　　③农村最低生活保障制度。2007 年 7 月,国务院颁布《关于在全国建立农
村最低生活保障制度的通知》,决定在全国建立农村最低生活保障制度,对符合
标准的农村人口给予最低生活保障。随着经济发展水平的提高,农村低保标准
从 2007 年的每人每月 70 元提升到 2017 年的每人每月 358 元。

　　总的来看,21 世纪以来,农村人居环境不断改善,公共服务水平不断提升,
社会保障体制基本建立。尽管城乡之间依然存在着明显的差距,但城乡统一的
政策和制度体系已经初步建立。由于一系列"三农"利好政策的实施,这一时期
农民收入增长很快。2001 年,农民收入实际增长 4.5%,远超过了 2000 年的
2.7%。2004 年起,农民收入进入较高速增长阶段;2010 年以后,农民收入增长
速度开始持续超过城镇居民收入增长速度,而且少数年份超过了 GDP 增长速
度。这一阶段,由于惯性的因素,城乡居民收入差距在 2007 年之前持续扩大,
2007 年达到改革开放以来的最高点(3.14∶1),此后呈下降趋势,到 2017 年达到
了 2.71∶1,城乡关系改善的趋势十分明显。这是由政策、体制、机制的变化导致
的改善,是"实质性改善"(表 2.2、图 2.3、图 2.4)。

表 2.2　2000—2020 年城乡居民收入及相关指标

年份	农村居民		城镇居民		GDP 增长速度/%	城乡居民收入之比
	人均纯收入/元	实际增长速度/%	人均可支配收入/元	实际增长速度/%		
2000	2 282.1	2.7	6 255.7	6.0	8.5	2.74
2001	2 406.9	4.5	6 824.0	7.6	8.3	2.84
2002	2 528.9	5.7	7 652.4	11.7	9.1	3.03
2003	2 690.3	4.7	8 405.5	7.7	10.0	3.12

续表

年份	农村居民		城镇居民		GDP 增长速度/%	城乡居民收入之比
	人均纯收入/元	实际增长速度/%	人均可支配收入/元	实际增长速度/%		
2004	3 026.6	6.9	9 334.8	5.8	10.1	3.08
2005	3 370.2	8.2	10 382.3	8.1	11.4	3.08
2006	3 731.0	8.0	11 619.7	9.0	12.7	3.11
2007	4 327.0	8.6	13 602.5	9.3	14.2	3.14
2008	4 998.8	7.1	15 549.4	6.3	9.7	3.11
2009	5 435.1	8.8	16 900.5	8.8	9.4	3.11
2010	6 272.4	9.7	18 779.1	6.5	10.6	2.99
2011	7 393.9	9.3	21 426.9	6.6	9.6	2.90
2012	8 389.3	9.0	24 126.7	8.4	7.9	2.88
2013	9 429.6	8.2	26 467.0	6.1	7.8	2.81
2014	10 488.9	7.9	28 843.9	6.1	7.3	2.75
2015	11 421.7	6.7	31 194.8	6.1	6.9	2.73
2016	12 363.4	5.5	33 616.3	5.1	6.7	2.72
2017	13 432.4	6.3	36 396.2	5.9	6.8	2.71
2018	14 617	5.9	39 251	5.1	6.6	2.69
2019	16 021	6.2	42 359	5.0	6.1	2.64
2020	17 131	3.8	43 834	1.2	2.3	2.56

注:从 2013 年起,农村居民人均纯收入改为可支配收入。

资料来源:2019 年及以前数据来自历年《中国统计年鉴》;2020 年收入数据来自国家统计局《2020 年居民收入和消费支出情况》;2020 年 GDP 数据来自国家统计局《2020 年四季度和全年国内生产总值(GDP)初步核算结果》。

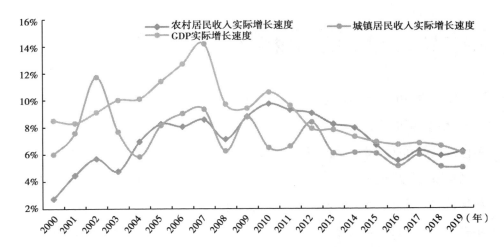

图 2.3 2000—2019 年城乡人均可支配收入实际增长速度与 GDP 增长速度

资料来源:历年《中国统计年鉴》。

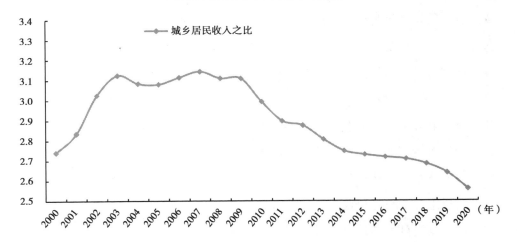

图 2.4 2000—2020 年城乡居民收入之比

资料来源:历年《中国统计年鉴》。

第三节 走向融合的城乡关系：2017 年至今

2017 年 10 月，党的十九大报告指出："要坚持农业农村优先发展，按照产业兴旺、生态宜居、乡风文明、治理有效、生活富裕的总要求，建立健全城乡融合发展体制机制和政策体系，加快推进农业农村现代化。"十九大报告正式把中国的城乡关系从统筹发展、一体化发展推进到融合发展阶段。按照党的十九大报告精神，融合发展的途径就是坚持农业农村优先发展，实施乡村振兴战略。2018年中央一号文件对乡村振兴战略的实施进行了部署，提出了 2020 年、2035 年、2050 年三个时间节点的目标任务，即"到 2020 年，乡村振兴取得重要进展，制度框架和政策体系基本形成。……城乡基本公共服务均等化水平进一步提高，城乡融合发展体制机制初步建立；……""到 2035 年，乡村振兴取得决定性进展，农业农村现代化基本实现。……城乡基本公共服务均等化基本实现，城乡融合发展体制机制更加完善；……""到 2050 年，乡村全面振兴，农业强、农村美、农民富全面实现"。城乡融合当然是一个长期而艰巨的任务，但按照上述部署，当2035 年中国基本实现现代化时，城乡融合的任务应该基本实现。

2019 年 4 月 15 日，《中共中央 国务院关于建立健全城乡融合发展体制机制和政策体系的意见》（以下简称《意见》）发布，从城乡融合角度对上述三个阶段的目标进行了细化和具体化，即"到 2022 年，城乡融合发展体制机制初步建立。城乡要素自由流动制度性通道基本打通，城市落户限制逐步消除，……""到 2035 年，城乡融合发展体制机制更加完善。城镇化进入成熟期，城乡发展差距和居民生活水平差距显著缩小。""到本世纪中叶，城乡融合发展体制机制成熟定型。城乡全面融合，乡村全面振兴，全体人民共同富裕基本实现。"《意见》从要素配置、基本公共服务、基础设施、乡村经济多元化发展、农民收入持续增长等方面提出了具体要求，是未来一段时期内促进城乡融合发展的总纲领。

2021 年中央一号文件在政策上的最大创新在于提出把县域作为城乡融合

发展的基本单元。县级行政区域是一个较为独立的地理空间，它以县级政权为调控主体，以市场为导向，优化各类配置资源，具有地域特色，功能完备。它以县城为中心，乡镇为纽带，广大农村为腹地，是联系城乡经济社会的枢纽和桥梁。县域人民政府可以在本区域内优化配置各类资源，推进城乡公共服务、基础设施、要素市场等各个方面的融合发展。因此，我国的城乡融合从县域开始，以县为基本单元是合适的。

城乡融合既是未来的美好愿景，又渗入到每一个政策、每一项具体工作之中。由于城乡关系内容庞杂，很难设计出一套指标予以反映。本书前面的分析也主要运用城乡居民收入之比，尽管这一指标不可能全面反映城乡关系，但却是城乡关系的核心内容之一。从表 2.2 可以看出，2018 年开始，城乡居民收入之比开始快速下降，2017 年为 2.71∶1，2020 年为 2.56∶1。2007—2017 年，城乡居民收入之比平均每年仅下降 0.043，2018—2020 年，城乡居民收入之比平均每年下降 0.050。本课题组认为，在乡村振兴的大背景下，城乡关系可能得到更快的改善，可能会略超上个 10 年的均值（尽管很不容易），假设城乡居民收入之比能够按照 2018—2020 年的下降速度平均每年下降 0.05，则到 2035 年基本实现现代化时的城乡居民收入之比可能降到（1.9~2.0）∶1，这实际上是当前苏、浙、鲁等地发达县（市）的水平。也可以说，按照党的十九大的规划，2035 年基本实现现代化，在某种程度上就是在未来 10 余年间，全国经济社会发展追赶当前发达县、市的过程。

3

产业兴旺：
乡村振兴之根

当前,面对我国经济发展进入新常态带来的深刻变化,为了如期实现全面建成小康社会的目标,在深刻把握现代化建设规律和城乡关系变化特征的基础上,"三农"问题成为全党工作的重中之重。2017 年 10 月,党的十九大报告首次提出乡村振兴战略,并提出"产业兴旺、生态宜居、乡风文明、治理有效、生活富裕"的总要求。2018 年 9 月,中共中央、国务院印发了《乡村振兴战略规划(2018—2022 年)》(以下简称《规划》),文件指出"乡村振兴,产业兴旺是重点",将产业兴旺放在乡村振兴的重点地位。习近平总书记 2019 年 7 月在内蒙古考察时指出"产业是发展的根基,产业兴旺,乡亲们收入才能稳定增长",再一次强调产业兴旺在乡村振兴当中的根本性作用。2021 年中央一号文件提出"构建现代乡村产业体系",要求"到 2025 年,现代乡村产业体系基本形成"。本章在全面梳理我国农业产业发展的政策沿革历程的基础上,重点分析了实现产业兴旺过程中的两个重点问题——三产融合和新型农业经营体系的构建,以期反映我国实现产业兴旺的政策背景、发展现状、面临的主要问题以及未来的发展趋势。

第一节 从生产发展到产业兴旺

纵观我国"三农"政策沿革历程,在中国特色社会主义事业发展的各个历史时期,我国的农业产业发展面临着不同的核心问题。针对各个时期的核心问题,党的政策也进行了针对性的顶层设计。第一阶段,改革开放初期,在结束了"文化大革命"之后,面临着"左"倾错误带来的经济衰退,党和国家决定将经济重心转移到经济建设上来,而在农业问题上,当务之急是解决粮食生产力不足这一核心问题,解放生产力,促进农业生产发展。第二阶段,随着商品经济的发展和农业生产力的进步,人民的思想得到了解放,社会主义市场经济姓"资"姓"社"问题逐渐凸显,如何建立社会主义市场经济体系成为核心问题,在农业领域也是一样。第三阶段,经过了第二阶段的"农业支持工业"后,虽然市场经济得到了极大的发展，但是城乡二元结构问题日益加剧，增加农民收入、缩小城乡差距是这一时期的核心问题。第四阶段，我国经济由高速增长阶段进入高质量发展阶段，中国特色社会主义进入新时代，如何走好高质量发展之路成为经济发展的核心问题，也是农业发展面临的核心问题。那么，在各阶段，我国都进行了怎样的政策设计以解决"三农"中核心的农业问题呢？

一、第一阶段：实现家庭经营，商品"双轨"流通（1978—1990 年）

针对这一阶段农业生产力不足、农产品总量供不应求的核心问题，党中央首先从改革生产经营制度入手，从根本上化解农业生产缺乏动力机制、激励不足的问题，接着改革农产品流通，促进农产品从产到销全方位发展。

1978 年《中共第十一届中央委员会第三次全体会议公报》指出了农业生产在这一阶段的核心地位："只有大力恢复和加快发展农业生产，坚决地、完整地执行农林牧副渔并举和'以粮为纲、全面发展、因地制宜、适当集中'的方针，逐步实现农业现代化，才能保证整个国民经济的迅速发展，才能不断提高全国人民的生活水平。"尽管当时"不许分田到户"与"不要包产到户"仍然并存，但是为了生存和发展，包产到户和包干到户在安徽小岗村悄悄开展，逐渐影响了安徽的许多地区，并取得了惊人的成效。1980 年 5 月，邓小平同志公开赞扬了包产到户："安徽肥西县绝大多数生产队搞了包产到户，增产幅度很大。有的同志担心，这样搞会不会影响集体经济。我看这种担心是不必要的。只要生产发展了，农村的社会分工和商品化发展了，低水平的集体化就会发展到高水平的集体化，集体经济不巩固的也会巩固起来。"[1]很快，1980 年 9 月，中共中央召开省、市、自治区党委第一书记会议，会上对生产责任制进行了肯定，随后印发了《关于进一步加强和完善农业生产责任制的几个问题》的通知："在社会主义工业、社会主义商业和集体农业占绝对优势的情况下，在生产队领导下实行的包

---

① 邓小平.邓小平文选：第 2 卷［M］.2 版.北京：人民出版社,1994：315-316.

产到户是依存于社会主义经济,而不会脱离社会主义轨道的,没有什么复辟资本主义的危险,因而并不可怕。"

自1982年开始,中共中央连续五年发布了5个中央一号文件,大力发展农业生产。1982年中央发布的第一个中央一号文件对生产责任制的社会主义性质进行了明确:"目前实行的各种责任制,包括小段包工定额计酬,专业承包联产计酬,联产到劳,包产到户、到组,包干到户、到组,等等,都是社会主义集体经济的生产责任制。"1983年中央一号文件进一步明确"分户承包的家庭经营只不过是合作经济中一个经营层次,是一种新型的家庭经济"。农业生产责任制的普遍实行,带来了生产力的解放和商品生产的发展。1984年中央一号文件提出延长土地承包期,鼓励农民增加投资,培养地力,实行集约经营,指出"土地承包期一般应在十五年以上。生产周期长的和开发性的项目,如果树、林木、荒山、荒地等,承包期应当更长一些"。

由于家庭经营的快速发展,1984年粮食实现大丰收,国家陷入购不起、销不动、调不出的困境。1984年中央一号文件同时指出,流通领域与农村商品生产发展之间不相适应的状况越来越突出,抓生产必须抓流通。1985年中央一号文件规定从1985年起,除个别品种外,国家不再向农民下达农产品统购派购任务,按照市场情况,分别实行合同定购和市场收购。自此,在1985—1990年间废除了传统的农产品统购统销制度,逐步建立起农产品市场调节机制,我国农产品流通领域开始实行合同定购与市场收购的"双轨制"方式,农产品流通体制的市场化改革进程大大加快。"双轨制"是国家对于重要农产品价格如粮食、棉花、食油、生猪等采取的计划经济与市场经济并存的政策手段。一方面对重要农产品由国家实行指令性计划管理,在形式上取消统购制,改为合同定购,以保障城市居民生活的需要;另一方面如果农民在完成定购任务以后还有余量,可以自由地到市场上进行交易,价格由市场决定。

二、第二阶段：深化体制改革，建立市场经济（1991—2002年）

　　1989年东欧剧变使世界社会主义运动走向低潮，雅尔塔体系瓦解，世界格局越发复杂化，从两极格局转变为一超多强的多极化世界格局。在这一转折过程中，对中国未来发展道路的讨论愈加激烈。在这种情况下，1989年6月9日邓小平公开发表讲话："要坚定不移地执行党的十一届三中全会以来制定的一系列路线、方针、政策。"①1990年3月邓小平进一步强调稳定带来的好处："人民看到稳定带来的实在的好处，看到现行制度、政策的好处，这样才能真正稳定下来。不论国际大气候怎样变化，只要我们争取得了这一条，就稳如泰山。"②1990年12月剖析了姓"资"姓"社"问题："资本主义与社会主义的区分不在于是计划还是市场这样的问题。社会主义也有市场经济，资本主义也有计划控制。"③邓小平的一系列讲话指明了我国发展的大方向也是核心问题，即稳定发展经济，坚定不移地深化经济体制改革、推进改革开放。针对这一核心问题，在农业方面，主要从进一步完善农村经营体制、建立贸工农一体化经营体制、改革农产品流通体制三个方面着手。

　　第一，进一步完善农村经营体制。1991年党的十三届八中全会将以家庭联产承包为主的责任制、统分结合的双层经营体制，作为我国农村经济的一项基本制度长期稳定下来。为此，1993年3月家庭联产承包责任制被写入《中华人民共和国宪法》，明确了农村中的以家庭联产承包为主的责任制和生产、供销、信用、消费等各种形式的合作经济，是社会主义劳动群众集体所有制经济。同年4月被写入《中华人民共和国农业法》："国家稳定农村以家庭联产承包为主的责任制，完善统分结合的双层经营体制。"同年11月，为了稳定土地承包关系，鼓励农民增加投入，提高土地生产率，中共中央、国务院发布《关于当前农业

---

①　中共中央文献研究室.新时期经济体制改革重要文献选编[M].北京:中央文献出版社,1998:585.
②　中共中央文献研究室.新时期经济体制改革重要文献选编[M].北京:中央文献出版社,1998:587.
③　中共中央文献研究室.新时期经济体制改革重要文献选编[M].北京:中央文献出版社,1998:624.

和农村经济发展的若干政策措施》，明确表示再一次延长土地承包期，在 1984 年中央一号文件确定的 15 年以上的承包期的基础上，再延长 30 年不变。2002 年颁布的《中华人民共和国农村土地承包法》维护了农村土地承包人的合法权益。

第二，建立贸工农一体化经营体制。以家庭联产承包为主的责任制、统分结合的双层经营体制极大地调动了农民的生产积极性，农产品商品化程度大大增加，农产品生产者成为真正的市场主体。但是，由于主体分散、流通秩序混乱，农民进入农产品市场的交易成本过高，严重损害了农民的利益。为了降低交易成本，贸工农一体化的经营方式在山东、广东、江苏等地区陆续出现。1992 年国务院发布的《关于发展高产优质高效农业的决定》提出，要建立贸工农一体化的经营体制，按照市场需要组织生产和加工，鼓励各地建立贸工农一体化的经济实体和利益共同体，打破部门、地区和所有制界限，实行谁能牵头就支持谁牵头的政策，重点发展加工、保险、运输和销售。1993 年中央农村工作会议也指出，要围绕农村专业性的商品生产，继续推行和完善贸工农一体化、产供销一条龙的经营形式，顺应社会化生产的要求，把生产、加工、流通有机地结合起来，解决分散生产与统一市场的矛盾以及小规模经营与农业现代化的矛盾。

第三，改革农产品流通体制。随着农产品数量的大幅增长，农产品商品化程度的不断提高，由于流通体制的不健全，农产品卖难、城乡分割的矛盾日益加剧，改革农产品流通体制成为当务之急。1991—1993 年，农产品购销走出"双轨制"，进入全面市场化的阶段：国家首先在 1991 年对粮食实行平价销售，粮价大幅度提高；随后，国家对于粮食定购计划和城镇居民的粮食销价在各地区逐步放开。1994—1997 年，农产品流通又回归"双轨制"模式：国家放开粮食购销体制后，以市场化为目标的农产品流通体制改革却并未顺利付诸实施，反而由此导致了粮食供需缺口的扩大，引发粮价大幅上涨，为了保持社会稳定，国家再度强化了对市场的介入。1998 年以后，粮食以外的各类农产品流通的市场化改革进程都得到了持续的推进，并逐渐形成了较为稳定的市场化流通秩序，粮食流通体制改革成为农产品流通体制改革的主要内容,《关于进一步深化粮食流通体制改革的决定》《粮食流通管理条例》《关于进一步深化粮食流通体制改革的意见》以及《关于进一步深化棉花流通体制改革的意见》等文件出台,农产品流通体制进入全面改革时期。

三、第三阶段：强化科技支撑，完善流通市场（2003—2016 年）

我国自 1953 年第一个五年计划开始对重要农产品实行计划购销制度,到 2004 年实施标志着我国彻底放开粮食购销的《粮食流通管理条例》,在这一过程中,农产品价格调整没有与工业品价格上涨相适应,长期的工农业产品剪刀差一方面促进了工业的发展,另一方面却导致了城乡二元结构问题日益加剧,增加农民收入、缩小城乡差距成为亟待解决的核心问题。2002 年 12 月 31 日,中共中央、国务院在时隔 18 年之后发布了第六个中央一号文件,文件明确指出,要按照统筹城乡经济社会发展的要求,坚持"多予、少取、放活"的方针,调整农业结构,扩大农民就业,加快科技进步,深化农村改革,增加农业投入,强化对农业的支持保护,力争实现农民收入较快增长,尽快扭转城乡居民收入差距不断扩大的趋势。2004 年党的十六届四中全会也明确了"工业反哺农业、城市支持农村"的方针。为了增加农民收入、缩小城乡收入差距,在农业产业发展方面,主要采取了取消农业税、形成主要农产品的价格支持政策、建立以"四大补贴"为核心的农业补贴体系以及逐步完善农业保险体系四个方面的措施。

一是取消农业税。2005 年 12 月 29 日,十届全国人大常委会第十九次会议通过决议,新中国实施了近 50 年的农业税条例从 2006 年 1 月 1 日起废止。仅减免税一项,国家每年减轻农民负担 1 335 亿元。二是逐步形成主要农产品的价格支持政策。主要包括稻谷和小麦的最低收购价格,玉米、大豆、棉花等农产品的临时收储价格等。三是建立以"四大补贴"为核心的农业补贴体系。2004 年实施了种粮农民直接补贴和农机具购置补贴,在 2002 年、2003 年良种补贴试点的基础上扩大实施范围,2006 年实施农资综合直接补贴。良种补贴、农机具购置补贴的实施范围不断扩大。此外，还设立了小型农田水利设施建设补助专项资金、测土配方施肥专项资金等。四是逐步完善农业保险体系。2007年，中央财政投入10亿元开展政策性农业保险保费补贴试点。目前，已经覆盖了玉米、水稻、小麦、棉花等大宗农作物，大豆、花生、油菜等油料作物以及能繁母猪和奶牛等重要畜产品。

四、第四阶段：助力三产融合，实现乡村振兴（2017年至今）

随着我国经济建设取得重大成就，中国特色社会主义进入新时代，2017年党的十九大报告提出"坚定不移贯彻新发展理念，坚决端正发展观念、转变发展方式，发展质量和效益不断提升"。进入新时代后，发展质量和发展效益成为我国经济发展的重要方向。

针对这一发展方向，党的十九大报告首次提出实施乡村振兴战略，对农业产业发展提出产业兴旺的总要求，指出要"构建现代农业产业体系、生产体系、经营体系""促进农村一二三产业融合发展"，对农业生产发展提出了更高的要求。2018年1月，《中共中央 国务院关于实施乡村振兴战略的意见》指出，"产业兴旺是重点"，并提出产业兴旺的五项基本要求：夯实农业生产能力基础，实施质量兴农战略，构建农村一二三产业融合发展体系，构建农业对外开放新格局和促进小农户和现代农业发展有机衔接。2018年10月中共中央、国务院印发的《乡村振兴战略规划（2018—2022年）》对乡村振兴战略提出了更加明确和详细的要求，并给出了产业兴旺五项具体的发展指标。第一，要求粮食综合生产能力在2020年和2022年均不低于6亿吨，这是一项约束值，即必须达到的目标。第二，要求农业科技进步贡献率在2020年和2022年分别达到60%和61.5%，2022年要比2016年提高4.8%。第三，要求农业劳动生产率在2020年和2022年分别达到4.7万元/人和5.5万元/人，2022年比2016年增加2.4万元/人。第四，要求农产品加工值与农业总产值比到2020年和2022年分别达到2.4和2.5，2022年要比2016年提高0.3。第五，要求休闲农业和乡村旅游接待人次 2020 年和 2022 年分别达到 28 亿人次和 32 亿人次,2022 年比 2016 年提高 11 亿人次。2020 年 7 月发布了《全国乡村产业发展规划(2020—2025 年)》,要求到 2025 年,乡村产业体系健全完备,乡村产业质量效益明显提升,乡村就业结构更加优化,产业融合发展水平显著提高,农民增收渠道持续拓宽,乡村产业发展内生动力持续增强。2021 年中央一号文件要求,构建现代乡村产业体系,打造农业全产业链,建设现代农业产业园、农业产业强镇、优势特色产业集群,围绕提高农业产业体系、生产体系、经营体系的现代化水平,建立指标体系,到 2025 年,现代乡村产业体系基本形成。本书梳理了从农业生产发展到产业兴旺的政策(表 3.1)。

表 3.1 从生产发展到产业兴旺政策梳理

序号	发布时间	文件/会议名称	主要内容
1	1978	中共第十一届中央委员会第三次全体会议公报	只有大力恢复和加快发展农业生产,坚决地、完整地执行农林牧副渔并举和"以粮为纲、全面发展、因地制宜、适当集中"的方针,逐步实现农业现代化,才能保证整个国民经济的迅速发展,才能不断提高全国人民的生活水平
2	1980	关于进一步加强和完善农业生产责任制的几个问题	在社会主义工业、社会主义商业和集体农业占绝对优势的情况下,在生产队领导下实行的包产到户是依存于社会主义经济,而不会脱离社会主义轨道的,没有什么复辟资本主义的危险,因而并不可怕
3	1982	中央一号文件	目前实行的各种责任制,包括小段包工定额计酬,专业承包联产计酬,联产到劳,包产到户、到组,包干到户、到组,等等,都是社会主义集体经济的生产责任制
4	1983	中央一号文件	分户承包的家庭经营只不过是合作经济中一个经营层次,是一种新型的家庭经济

序号	发布时间	文件/会议名称	主要内容
5	1984	中央一号文件	延长土地承包期，鼓励农民增加投资，培养地力，实行集约经营。 流通领域与农村商品生产发展之间不相适应的状况越来越突出，抓生产必须抓流通
6	1985	中央一号文件	除个别品种外，国家不再向农民下达农产品统购派购任务，按照市场情况，分别实行合同定购和市场收购
7	1991	第十三届八中全会	以家庭联产承包为主的责任制、统分结合的双层经营体制，作为我国农村经济的一项基本制度
8	1992	关于发展高产优质高效农业的决定	建立贸工农一体化的经营体制，按照市场需要组织生产和加工，鼓励各地建立贸工农一体化的经济实体和利益共同体，打破部门、地区和所有制界限，实行谁能牵头就支持谁牵头的政策，重点发展加工、保险、运输和销售
9	1993	中央农村工作会议	要围绕农村专业性的商品生产，继续推行和完善贸工农一体化、产供销一条龙的经营形式，顺应社会化生产的要求，把生产、加工、流通有机地结合起来，解决分散生产与统一市场的矛盾以及小规模经营与农业现代化的矛盾
10	1993	中华人民共和国宪法	农村中的以家庭联产承包为主的责任制和生产、供销、信用、消费等各种形式的合作经济，是社会主义劳动群众集体所有制经济
11	1993	中华人民共和国农业法	国家稳定农村以家庭联产承包为主的责任制，完善统分结合的双层经营体制
12	1993	中共中央 国务院关于当前农业和农村经济发展的若干政策措施	土地承包期再延长三十年不变

续表

序号	发布时间	文件/会议名称	主要内容
13	2002	中华人民共和国农村土地承包法	维护农村土地承包人的合法权益
14	2002	中央一号文件	按照统筹城乡经济社会发展的要求，坚持"多予、少取、放活"的方针，调整农业结构，扩大农民就业，加快科技进步，深化农村改革，增加农业投入，强化对农业的支持保护，力争实现农民收入较快增长，尽快扭转城乡居民收入差距不断扩大的趋势
15	2004	粮食流通管理条例	彻底放开粮食购销
16	2004	第十六届四中全会	工业反哺农业，城市支持农村
17	2005	第十届全国人大常委会第十九次会议	新中国实施了近50年的农业税条例从2006年1月1日起废止
18	2017	党的十九大报告	坚定不移贯彻新发展理念，坚决端正发展观念、转变发展方式，发展质量和效益不断提升。实施乡村振兴战略
19	2018	中共中央 国务院关于实施乡村振兴战略的意见	产业兴旺是重点。夯实农业生产能力基础，实施质量兴农战略，构建农村一二三产业融合发展体系，构建农业对外开放新格局和促进小农户和现代农业发展有机衔接
20	2018	乡村振兴战略规划（2018—2022年）	给出了产业兴旺五项具体的发展指标
21	2020	全国乡村产业发展规划（2020—2025年）	到2025年，乡村产业体系健全完备，乡村产业质量效益明显提升，乡村就业结构更加优化，产业融合发展水平显著提高，农民增收渠道持续拓宽，乡村产业发展内生动力持续增强

续表

序号	发布时间	文件/会议名称	主要内容
22	2021	中央一号文件	构建现代乡村产业体系，打造农业全产业链，建设现代农业产业园、农业产业强镇、优势特色产业集群，围绕提高农业产业体系、生产体系、经营体系现代化水平，建立指标体系，到2025年，现代乡村产业体系基本形成

资料来源：根据相关中央文件整理。

第二节　三产融合与产业振兴

　　农村三产融合越来越成为增加农民收入的重要手段，其直接作用是延长农业产业链条，使农民分享农产品从生产到消费各环节的利润。农业产业链是指农业产前、产中、产后各个部门之间的技术经济联系。农业产业链的上游（产前部门）即农业生产资料的生产和销售部门，包括种子、化肥、农药、农业机械等产品的生产和销售部门；中游（产中部门）即种植和养殖部门，包括种植业、畜牧业、渔业等部门；下游（产后部门）即农产品加工部门，包括农产品仓储、运输、加工、贸易等部门。延长产业链条，使农产品价值增值，如果能够实现利润的合理分配，则一二三产业融合将会促进农民增收。

　　作为增加农民收入的重要手段，2015年中央一号文件首次提出了农村一二三产业融合发展，文件指出增加农民收入，必须延长农业产业链、提高农业附加值。2016年中央一号文件也强调，要推动产业融合发展成为农民增收的重要支撑，并提出了四项具体要求：推动农产品加工业转型升级，加强农产品流通设施和市场建设，大力发展休闲农业和乡村旅游以及完善农业产业链与农民的利益联结机制。2017年党的十九大报告提出乡村振兴战略的同时，也强调了要促进农村一二三产业融合发展以拓宽增收渠道。2018 年《中共中央 国务院关于实施乡村振兴战略的意见》进一步指出三产融合在农民增收当中的作用途径，即通过延长产业链、提升价值链、完善利益链，通过保底分红、股份合作、利润返还等多种形式，让农民合理分享全产业链增值收益。2018 年中共中央、国务院印发的《乡村振兴战略规划（2018—2022 年）》认为当前我国农村一二三产业融合发展深度不够，在乡村振兴规划主要指标的有关于产业兴旺的五个指标当中，有两个指标关乎三产融合，分别是农产品加工产值与农业总产值比以及休闲农业和乡村旅游接待人次。要推动农村产业深度融合，就要打造农村产业融合发展新载体新模式，推动要素跨界配置和产业有机融合，让农村一二三产业在融合发展中同步升级、同步增值、同步受益。这一过程，表现出我国三产融合从增量到提质的重要转变。2021 年中央一号文件指出，要推进农村一二三产业融合发展示范园和科技示范园区建设，把农业现代化示范区作为推进农业现代化的重要抓手，围绕提高农业产业体系、生产体系、经营体系的现代化水平，建立指标体系，加强资源整合、政策集成，以县（市、区）为单位开展创建，到 2025 年创建 500 个左右的示范区，形成梯次推进农业现代化的格局。

当前，城乡收入差距呈逐年缩小的态势。随着农民收入的增长速度超过城镇居民收入的增长速度，城镇居民收入和农村居民收入之比呈倒 U 形曲线（图 3.1）。2002 年以后，城乡居民收入比（现价，下同）除 2004 年外呈逐年上升趋

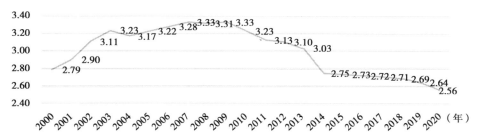

图 3.1　2000—2020 年城乡居民收入比

资料来源：历年《中国统计年鉴》。

势。2009 年城乡收入比达到 3.33∶1，随后逐年下降，2020 年城乡收入比下降到 2.56∶1。原因很多，但国民收入分配格局向农民倾斜应该是最重要的因素之一。尽管如此，与发达国家相比，我国的城乡收入差距仍然有进一步缩小的空间。美国城乡收入比在 20 世纪 30 年代达到峰值 2.49∶1；之后经过反复变化，从 20 世纪 70 年代到 90 年代，其差距一直在 1.28 至 1.33 之间波动；到了 21 世纪初，城乡收入比为 1∶1.17。

当前的农业生产经营过程中，有哪些具有发展潜力、能够带动小农户增收、使农民分享产业链中的利润的产业融合模式呢？笔者在调研过程中发现，主要有合作社、联合社和产业化联合体三种形式。以下将结合这三种形式的典型案例进行分析。

一、农业产业化联合体

农业产业化联合体是当前中国农村一二三产业融合发展最前沿的组织创新形式，农业产业化联合体是以农业龙头企业为经营引擎、种养农户为生产基础、专业合作社为服务纽带，基于产业链的专业分工、生产要素的范围共享与紧密契约下的交易稳定，在内部形成多条产业链与供应链交叉融合的农业规模经营组织联盟。① 以课题组于 2019 年调研的山东省临沂市罗庄区食用菌产业化联合体为例。

山东省临沂市罗庄区食用菌产业化联合体于 2018 年 9 月 1 日成立，由山东效峰生物科技股份有限公司（以下简称"效峰科技"）、山东省临沂市罗庄区效峰香菇专业合作社、山东效峰食品有限公司、山东省临沂效峰园林绿化有限公司和山东樱桃文化传媒有限公司五个单位召开设立大会自发联合成立。联合体的业务范围包括杏鲍菇、香菇等食用菌种植、加工、运输、销售、电子商务等。

---

① 王志刚,于滨铜.农业产业化联合体概念内涵、组织边界与增效机制:安徽案例举证[J].中国农村经济,2019(2):60-80.

联合体各成员发展情况良好。核心成员效峰科技属于民营高新技术企业,企业的支撑项目为杏鲍菇等食用菌工厂化栽培及产品加工。山东省临沂市罗庄区效峰香菇专业合作社,在罗庄区农业局及高都街道办事处等有关单位指导下,开展了技术服务及生产经营活动。山东效峰食品有限公司主要产品为工厂化有机杏鲍菇、姬菇和林下黑木耳等优质高档食用菌产品以及食用菌特色面条、蘑菇酱菜和有机肥等加工食品,年产各类优质产品达到8 000多吨,年销售额达到6 800多万元。山东省临沂效峰园林绿化有限公司是一家苗木花卉培育、种植、销售企业,承接各类市政工程和绿化项目。山东樱桃文化传媒有限公司是一家电商服务公司,承接各类产品的广告和营销业务。

联合体是以产业化为目标组建的,在成立联合体之前各主体就已经存在合作关系。效峰科技作为联合体核心向香菇合作社提供菌种和菌包,生产出食用菌之后效峰科技按照市场价购买,然后将购买的食用菌交给效峰食品进行加工,加工后交给樱桃文化销售。成员主体以规模经营为基础,以产业化为目标,以分工协作为前提,以利益联结为纽带形成了一体化农业经营组织联盟,具有独立经营、联合发展、龙头带动、合理分工的特点,促进了主体间的要素融通、合作稳定、产业增值和农民受益,属于自下而上的发展路径。

山东省临沂市罗庄区效峰香菇专业合作社负责与有意愿种植食用菌的农户对接,将农户集中起来。效峰科技主要负责将食用菌菌种和菌包销售给合作社社员,并且为购买5万包以上菌种包者提供技术支持,农户加入合作社成为合作社社员可以获得0.1元/包的菌包优惠。社员生产出的食用菌按照市场价自行销售,效峰科技会根据当年的需求量按照市场价进行购买,但不限于社员生产的食用菌,社员也不用必须销售给效峰科技。效峰科技委托山东效峰食品有限公司进行代加工,山东效峰食品有限公司将食用菌加工成菌菇酱等食用菌深加工产品。效峰科技再委托山东樱桃文化传媒有限公司进行线上代销售。效峰科技力求多位一体,综合发展,在公司南部发展示范性食用菌种植园的同时,在效峰科技北部建立效峰花木市场,因此成立了山东省临沂效峰园林绿化有限公司,该公司不参与食用菌生产、加工和销售过程。

联合体的运行内容包括种苗供应、技术服务、培训服务。在种苗供应方面,为成员主体山东省临沂市罗庄区效峰香菇专业合作社供应标准化食用菌菌包和菌种,并提供 0.1 元/包的菌包优惠。在技术服务方面,山东省临沂市罗庄区食用菌产业化联合体为购买 5 万包以上菌种包者提供技术支持,菌种和菌包的培育本身就是食用菌种植的核心技术所在,通过扩大种植规模,食用菌的技术和品种也得到了推广。在培训服务方面,聘请食用菌方面的知名专家对菇农免费进行培训,先后举办食用菌技术培训班 4 期。

可以看到,联合体在三产融合中的作用是明显的,一方面可以实现纵向一体化,通过将合作契约稳定化实现合作的内部化,进而实现企业间的纵向联合;另一方面,在同一产业链的不同层级也实现了一体化,农户加入合作社,合作社再加入联合体,加深了联合的深度(图 3.2)。

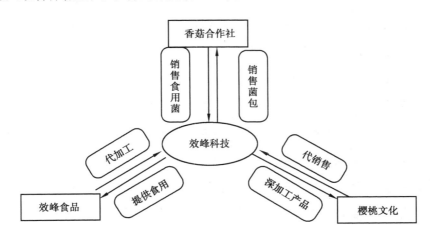

图 3.2　罗庄区食用菌产业化联合体运行机制

二、农民合作社

合作社是三产融合的核心主体,①因为合作社是农民之间的合作,农民能够直接参与到合作社的生产决策当中。其中,土地经营权入股合作社是一种更不依赖于公益性的、符合市场经济要求的、农民能够切实分享利润的合作社发展方式。以下以重庆市涪陵区的土地入股合作社为例。

重庆市是农业农村部土地经营权入股发展农业产业化经营的首批试点省,重庆涪陵区又被重庆市选为全市首批试点。在试点过程中,为深化农村土地制度改革,实现适度规模经营,促进乡村产业振兴,涪陵区统筹"三变"改革推进土地经营权入股试点,先后制定了《涪陵区关于鼓励发展土地承包经营权入股发展农业产业化经营的意见》《涪陵区农村土地经营权入股注册登记及退股管理办法》《涪陵区农村土地经营权价格评估办法》等文件,稳步开展土地经营权入股发展农业产业化试点工作,截至 2019 年 5 月,共组建土地股份合作社 3 489 个,土地经营权入股 158 万亩,在极大地促进了农业产业化发展的同时,形成了一系列基于股份合作的利益联结机制经验。以莱和榨菜股份合作社、风向保榨菜股份合作社和迪凡中药材合作社三个产业土地入股合作社为例。

榨菜作为一种经济作物,其初加工过程包括腌渍、清洗、初步切割,需要较多的人力。入股后"倒包"经营的特点是农民将土地经营权入股之后,再由另外一部分农民种植,而不需要给承包户以务工收入。合作社通常与榨菜企业签订合同,出售已经经过初加工的榨菜头,合作社则通过"倒包"将榨菜从种植到初加工的部分交给农户,形成"企业+合作社+农户"的三产融合发展方式。

莱和榨菜股份合作社将出资人的半成品产量和入股农民的农产品产量都按照一定的标准折算成价款,出资人按照半成品交付吨数每吨 80 元折算股份,入股农民以本年农产品交易额作为股份。出资人和入股农户按照该股份对股

---

① 孔祥智.合作社是三产融合的核心主体[J].中国农民合作社,2018(5):38.

利进行分红。

风向保榨菜股份合作社给整体入股农民与其他股东之间的分红过程以折价为依据分红，治坪村榨菜种植农户以 5 000 亩承包地（青菜头产值）折价平均每亩产量 3 吨，每吨按照保底价格 700 元折价，每亩平均产值折价 2 100 元，368 户入股农民工折价 1 050 万元，占股 42.0%。另外，治坪村民委员会出资 95 万元，占股 3.8%；重庆市涪陵区洪丽食品有限责任公司出资 255 万元，占股 10.2%；重庆市涪陵区洪丽鲜榨菜股份合作社以资产入股 1 100 万元，占股 44.0%。由于青菜头交易价格是同质化的，因此入股农民之间将分得的 42% 股利按照当年青菜头交易量进行分红。

莱和榨菜股份合作社和风向保榨菜股份合作社同属榨菜初加工产业，影响青菜头价格的因素主要是产品交售的时间和产量而非质量，因此两个合作社都选择了入股后"倒包"的经营模式。两个合作社都是由入股农户各自承包自己的原有土地，雨水节前的青菜头价格高，通过交售时间点的不同确定异质性保底收购价，并且"盈利分红"以交易额（量）为依据，因此"保底分红"和"盈利分红"都直接与产量和交售时间有关，对确保承包户的产量和交售时间给予了正向激励。

迪凡中药材合作社给整体入股农民与其他股东之间的分红过程以折价为依据分红，首先将 31 户农民的入股土地以 1 030 元/亩的价格折价入股合作社，31 户农民的 436 亩土地共折价 45 万元，占总股份的 30%；企业出资 75 万元，占总股份的 50%，剩余为个人出资。入股农民之间将分得的总股利的 30% 按照交易额进行分红，其过程是：非承包人和承包人以土地入股，可以按照入股地块鲜药材交易额分享鲜药材出售的净利润；合作社将入股土地免费外包给农户并提供所有农资，农户只需提供劳动力，承包人以自己的劳动力进行入股，可以再按照入股地块鲜药材加工成干药材后的交易额分享合作社加工后干药材的利润。迪凡中药材合作社以 400 元/亩的"保底分红"将土地集中起来后，采取"四包一免"（即包种子、包肥料、包技术、包回收、免租金）的方式将土地倒包给种植户，农民只需要提供劳动力。为鼓励农民承包土地,合作社对非承包人和承包人在"盈利分红"部分体现出差异,非承包人和承包人都可以按照入股地块鲜药材交易额分享鲜药材出售的净利润,但承包人可以再按照入股地块鲜药材加工成干药材后的交易额分享合作社加工后干药材的利润,干药材的利润要比鲜药材的高 20%~30%。

重庆市涪陵区榨菜产业的案例表明,"土地入股合作社"一方面将生产、加工、销售融为一体,另一方面将农民收入与合作社收入进行挂钩,成为紧密连接农户与产业链的第一把抓手;而"入股后倒包经营"则大大减少了合作社的加工成本,提高了产业链的利润。

三、农民合作社联合社

联合社是指以自愿联合为原则,由三个以上农民专业合作社为基本成员,以实现农业生产经营和服务的跨区域合作或产业链延伸为目的,实行民主管理,开展独立核算的有限责任型农民经济合作组织。以产业联合为主的联合维度会形成产业链型联合社,是以产业链协作为方式,以提高链条整体的市场响应能力和盈利水平为目的的纵向一体化联合。山东省临沂市沂南县广汇畜禽养殖专业合作社联合社便是一家典型的以形成产业链为目的组建的联合社。

山东省临沂市沂南县广汇畜禽养殖专业合作社联合社成立于 2018 年,由山东省临沂市沂南县家园兔业养殖专业合作社牵头发起成立。山东省临沂市沂南家园兔业养殖专业合作社创建于 2010 年 5 月,是一家集伊拉种兔繁育、放养、回收、销售、服务于一体的省级先进合作社、示范社。肉兔养殖是一个投入灵活、见效较快的项目,非常适合作为扶贫项目。一方面,按照建立一个标准化养殖基地平均需要成本 30 万元计算,只要按照工厂化生产模式正常养殖,5 个月就可收回投资,一年可实现利润 50 多万元;另一方面,养殖户也可以根据个人情况选择家庭式养殖,利用房屋庭院分散式小规模养殖。当养兔技术成熟时,可以由山东省临沂市沂南县家园兔业养殖专业合作社指导成立合作社,采取"合作社+农户"共同养殖的方式，由合作社统一管理，家庭分散养殖。沂南县家园兔业养殖专业合作社理事长李某于 2012 年了解到，青岛康大集团的兔肉养殖产业具有较好的发展前景，决定与其合作，由李某在沂南县组织肉兔养殖，为企业提供品质高、供货稳的肉兔货源。同年李某领办了沂南县家园兔业养殖专业合作社并任理事长，带领农户养殖肉兔并组建合作社，后又在 2016 年出资 80%成立了临沂康大家园食品有限公司。随着养殖合作社数量的增加，李某于 2018 年领办了由三家合作社组成的山东省沂南县广汇畜禽养殖专业合作社联合社并任理事长。联合社响应精准扶贫的号召，扶持贫困户发展肉兔养殖，按照优惠价格提供种兔，并免费向贫困户传授人工授精、喂养、防疫等技术，提高了肉兔质量。当区域内养殖户达到一定数量后，李某从养殖户中选择学习能力强、有责任心者担任理事长，组建合作社。合作社理事长承担该片区的养殖户管理工作，包括向联合社订购饲料、对合作社成员进行技术指导、统一出栏时间、组织肉兔出栏和运输等。合作社每出栏一只肉兔，联合社便给理事长提成 1 元作为奖励。肉兔出栏后，联合社按照保底价进行收购。联合社与青岛康大集团签订收购合同，将收购的肉兔销售给康大集团。由于统一了肉兔出栏时间，联合社的供货量得到了保证。

可以看到，联合社区别于合作社的最大优势是产量更大、覆盖区域更广，通过合作社的再合作，形成了更大规模的规模经济优势。通过稳定产量，与企业签订订单，"农户+合作社+联合社+企业"的三产融合产业链发展模式形成。

第三节　构建新型农业经营体系

随着我国工业化、城镇化速度的加快，要应对农业兼业化、农村空心化、农民老龄化，解决谁来种地、怎样种好地的问题，组建具有规模化、专业化、集约化和市场化的新型农业经营主体越来越具有必要性。2012 年 11 月，党的十八大报告首次提出"发展多种形式规模经营，构建集约化、专业化、组织化、社会化相结合的新型农业经营体系"。随后,2012 年 12 月,中央农村工作会议将构建新型农业经营体系写入下一步农业农村工作的总要求,并围绕这一目标进行了详细的部署。截至 2018 年底,全国已有家庭农场近 60 万家,其中县级以上示范家庭农场达 8.3 万家;农民专业合作社 217.3 万家,是 2012 年底的 3 倍多,其中县级以上示范社达 18 万多家,有一半左右的农户已经成为合作社成员,实际上已经包含了农业收入占比较大的农户;全国从事农业生产托管的社会化服务组织数量达到 37 万个;各类新型农业经营主体和服务主体快速发展,总量超过300 万家。

一、政策沿革及成效

自 2012 年底开始,"新型农业经营主体"正式进入政策文件当中,逐渐成为政策倾斜的主要对象。至今,对于新型农业经营主体来说,其政策导向主要经历了三个阶段。

第一阶段(2012—2015 年)属于前期准备阶段,在各方面完善基础设施,构建新型农业经营体系,为新型农业经营主体的培育和发展构建良好的设施环境和政策环境。

首先,在政策环境方面,主要包括优化金融服务、改善储粮条件、建设烘干设施、加强品牌建设和推动土地流转五个方面。第一,优化金融服务。2014 年,《农业部贯彻落实党中央国务院有关"三农"重点工作实施方案》提出,细化和出台有关财政促进金融支持新型农业生产经营主体政策措施。第二,改善储粮条件。2015 年,《关于进一步调整优化农业结构的指导意见》指出,要改善生产经营者的储粮条件,保持和扩大新型农业经营主体粮食烘干和储备规模,减少粮食产后损失。第三,建设烘干设施。2015 年发布的《关于切实加强粮食机械化收获作业质量的通知》指出要引导种粮大户、家庭农场和农民合作社等新型农业经营主体建设烘干设施。第四,加强品牌建设。2015 年,《关于开展全国百个农产品品牌公益宣传活动的通知》要求选择 100 个农民合作社的 100 个品牌进行公益宣传，强化品牌定位、培育、塑造、监管和保护。第五，推动土地流转。2014 年，《关于促进家庭农场发展的指导意见》鼓励有条件的地方将土地确权登记，引导土地流向家庭农场等新型经营主体。

其次，基础设施环境方面，主要包括完善信息化基础设施、优化气象指导、做好档案建立和促进农业机械化四个方面。第一，完善信息化基础设施。2014 年，农业部办公厅发布的《信息进村入户试点工作指南》提出，要实现普通农户不出村、新型农业经营主体不出户就可享受到便捷、经济、高效的生产生活信息服务。第二，优化气象指导。2014 年，《农业部贯彻落实党中央国务院有关"三农"重点工作实施方案》提出，要会同中国气象局指导新型农业经营主体合理安排生产。第三，做好档案建立。2015 年发布的《关于加强和改进新形势下农业档案工作的实施意见》指出，要协助做好家庭农场、农民合作社、农业产业化龙头企业等新型农业经营主体建立专业档案的指导工作。第四，促进农业机械化。2015 年中央一号文件指出，要完善农机具购置补贴政策，向主产区和新型农业经营主体倾斜。

2012—2015 年，在政府的推动下，我国新型农业经营主体快速发展，主要体现为各类新型农业经营主体数量大幅度增加。农业部统计，截至 2015 年底，我国家庭农场、农民合作社、农业产业化龙头企业等新型农业经营主体总数超过 280 万个（家）。

第二阶段（2016—2018 年）属于快速发展阶段，在各地区大力推进新型农业经营主体的培育，从各个角度和环节支持和引导新型农业经营主体的形成和发展。

第一，完善补贴政策。2016 年，《关于全面推开农业"三项补贴"改革工作的通知》指出不鼓励对新型经营主体采取现金直补，对新型经营主体贷款贴息可按照不超过贷款利息的 50% 给予补助。第二，发展特色产业。2016 年，《贫困地区发展特色产业促进精准脱贫指导意见》指出，要培育壮大贫困地区农民合作社、龙头企业、种养大户等新型经营主体，支持新型经营主体在贫困地区发展特色产业,向贫困户提供全产业链服务。第三,电子商务方面。2016 年,《关于深入实施"互联网+流通"行动计划的意见》提出,要引导电子商务企业与新型农业经营主体、农产品批发市场、连锁超市等建立多种形式的联营协作关系。第四,渔业方面。2016 年,《关于加快推进渔业转方式调结构的指导意见》指出,要扶持壮大渔业龙头企业,培育渔民专业合作组织、生产经营大户、家庭渔场和产业联合体等新型经营主体。第五,草牧业方面。2016 年,《关于促进草牧业发展的指导意见》指出"围绕草原保护、培育新型经营主体、提升物质装备水平、加强科技推广支撑和完善金融服务等方面,加强政策创设力度,不断完善草牧业发展政策体系"。第六,林业方面。2016 年,《关于完善集体林权制度的意见》指出,要采取多种方式兴办家庭林场、股份合作林场等,逐步扩大其承担的涉林项目规模。第七,农产品加工业方面。2016 年,农业部编制了《全国农产品加工业与农村一二三产业融合发展规划(2016—2020 年)》,提出采用先建后补、以奖代补、贷款贴息和产业基金等方式,以能够让农民分享增值收益的新型经营主体为扶持对象。第八,特色农产品方面。2017 年,国家发展和改革委员会等三部门编制了《特色农产品优势区建设规划纲要》,提出特优区主要建设内容:鼓励新型经营主体发展特色农产品标准化生产,引导特优区内新型经营主体与农民建立合理、长期、稳定的利益联结机制。

根据农业农村部在《新型农业经营主体和服务主体高质量发展规划(2020—2022 年)》中的统计,经过这一阶段的推动和发展,我国新型农业经营主体在数量、质量、服务能力和带动能力方面都有了进一步提高。在数量方面,截至 2018 年底,各类新型农业经营主体和服务主体快速发展,总量超过 300 万家,成为推动现代农业发展的重要力量。具体而言,全国家庭农场达到近 60 万家,其中县级以上示范家庭农场达 8.3 万家;全国依法登记的农民合作社达到 217.3 万家,其中县级以上示范社达 18 万多家;全国从事农业生产托管的社会化服务组织数量达到 37 万个。在质量方面,家庭农场经济实力不断增强,发展模式更趋多元化、一体化;农民合作社更加规范化,涉及内容更加广泛,包括加工业、电子商务、休闲农业和乡村旅游等；农业社会化服务组织农业生产托管范围进一步扩大，全国以综合托管系数计算的农业生产托管面积为 3.64 亿亩。在辐射带动方面，各类家庭农场销售额进一步增加，农民合作社盈余返还量大幅增长，农业社会化服务组织服务对象数量不断提高，逐步形成了新型农业经营主体和服务主体与小农户之间越发紧密的利益联结机制。

第三阶段（2019 年至今）属于规范发展阶段，提倡高质量发展新型农业经营主体，并努力发挥新型经营主体在带动小农户衔接现代农业当中的领头作用。

一是在提高发展质量方面，在这一时期，对提高新型农业经营主体的高质量发展以及规范化发展提出了更多详细的要求。2019 年，农业农村部等七部门联合发布的《国家质量兴农战略规划（2018—2022 年）》要求，到 2022 年，新型经营主体、社会化服务组织更加规范，对质量兴农的示范带动作用不断增强，县级以上示范家庭农场、国家农民专业合作社示范社认定数量分别达到 10 万家、1 万家。2020 年，农业农村部印发的《新型农业经营主体和服务主体高质量发展规划（2020—2022 年）》进一步要求：到 2022 年，家庭农场、农民合作社、农业社会化服务组织等各类新型农业经营主体和服务主体蓬勃发展，现代农业经营体系初步构建，各类主体质量、效益进一步提升，竞争能力进一步增强；全国家庭农场数量 100 万家，各级示范家庭农场数量 10 万家，农民合作社质量提升整县推进覆盖率增长超过 80%，农林牧渔服务业产值占农业总产值比重增加超过 5.5%，农业生产托管服务面积达 18 亿亩，覆盖小农户数量达 8 000 万户，新型农业经营主体和服务主体经营者参训率增加超过 5%。2021 年中央一号文件强调，要推进农民合作社质量提升，加大对运行规范的农民合作社的扶持力度。

二是在带动小农户衔接现代农业方面，不仅提出了新型经营主体要带动小农户发展现代农业的政策导向，还给出了具体方法。2018 年中央一号文件首次将新型农业经营主体与小农户发展联系起来，指出要"统筹兼顾培育新型农业经营主体和扶持小农户，实施新型农业经营主体培育工程，通过财政担保费率补助和以奖代补等,加大对新型农业经营主体支持力度"。在财政方面,2018年,财政重点强农惠农政策指出要"支持新型农业经营主体发展,全面建立职业农民制度,重点服务新型经营主体,提供方便快捷、费用低廉的信贷担保服务,实现小农户和现代农业发展有机衔接"。在扶贫方面,也提出要完善新型农业经营主体与贫困户联动发展的利益联结机制,实现贫困户与现代农业发展有机衔接。2018年,中共中央、国务院印发的《乡村振兴战略规划(2018—2022年)》也指出,要"壮大新型农业经营主体、促进小农户生产和现代农业发展有机衔接,完善紧密型利益联结机制"。2019年,中共中央办公厅、国务院办公厅印发的《关于促进小农户和现代农业发展有机衔接的意见》提出,对新型农业经营主体的评优创先、政策扶持、项目倾斜等,要与带动小农生产挂钩,把带动小农户数量和成效作为重要依据。2020年7月,农业农村部发布的《全国乡村产业发展规划(2020—2025年)》进一步提出"建立健全融合机制,引导新型农业经营主体与小农户建立多种类型的合作方式,促进利益融合,完善利益分配机制,推广'订单收购+分红''农民入股+保底收益+按股分红'等模式"。2021年中央一号文件指出,要发展壮大农业专业化社会化服务组织,将先进适用的品种、投入品、技术、装备引入小农户。

二、存在的主要问题

2020年新冠肺炎疫情期间,我国相当多的新型经营主体稍遇打击就活力尽失,无法发挥带动成员的作用,导致很多地方春防春耕到位慢、效果差,依靠基层政府推动才减轻损失。这说明我国新型农业经营主体总体上非常脆弱,质量不高,其背后必然存在着体制机制问题。实施乡村振兴战略,实现农业现代化目标,必须依靠新型农业经营主体这股支柱力量,壮大新型农业经营主体这支经营队伍,总体上要加快破除横亘在新型农业经营主体面前的农村要素市场化改革滞后、新型农业经营主体内生发展扶持政策不充分、政府支持效能较低等体制机制障碍。

（一）农村要素市场化改革的滞后

自 20 世纪 80 年代初期起,农产品市场程度不断加深。1985 年中央一号文件取消了粮食和棉花的统购制度,改为合同定购,其他农产品全面放开,"自由上市、自由交易、随行就市、按质论价"。1998 年和 2004 年,国务院分别颁布了《关于深化棉花流通体制改革的决定》《关于进一步深化粮食流通体制改革的意见》,这让几乎所有农产品都实现了完全市场化,能够及时反映市场供求状况乃至产业链发育水平,有利于实现农业资源的优化配置。市场化改革带来了粮食和其他农产品大幅度增长,20 世纪 90 年代后期即呈现"总量大体平衡、丰年有余"的良好局面。应该说,抗击新冠肺炎两个多月来全国范围内农产品供应基本稳定,就是改革成果的最好脚注。然而,40 多年来的改革主要侧重于产品市场,要素市场化改革严重滞后,极大地影响了我国农业现代化的进程。这也是影响新型农业经营主体发展的最大制约因素。

1.农村土地市场不能促进资源优化配置

土地是财富之母。当前,伴随着农业功能的增加,新型农业经营对土地要素的需求已从传统的承包地向设施农业用地、建设用地等拓展,由于我国农村土地市场化改革缓慢,农村土地资源要素还不能实现优化配置,绝大多数新型农业经营主体都面临着用地难题。

①从承包地看,土地经营权人权益难落地。尽管 1984 年中央一号文件就明确提出"鼓励土地逐步向种田能手集中",但直到 20 世纪末期,土地流转面积占家庭承包经营总面积的比重才达到 1%。21 世纪以来,农村劳动力大量外出,尤其是 2008 年党的十七届三中全会提出"赋予农民更加充分而有保障的土地承包经营权,现有土地承包关系要保持稳定并长久不变",极大地促进了土地流转,其中 2012—2014 年土地流转面积占家庭经营总面积的比重每年保持在 4 个百分点以上,2016 年以后降为 2% 以下。① 从笔者调研的情况看,近两年土地流

---

① 孔祥智,穆娜娜.实现小农户与现代农业发展的有机衔接[J].农村经济,2018(2):1-7.

转基本处于停滞状态,许多新型经营主体转而退还流转的土地。根据第三次全国农业普查数据,截至 2016 年底,在 20 743 万户农业经营户中,只有 398 万户规模农业经营户,①仅占 0.19%,说明土地流转主要在亲友之间进行,并没有实现规模经营的目标。根本原因就是土地制度改革严重滞后于经济发展需要,21 世纪以来的土地制度改革红利迅速下降。

  如何保障土地流转后形成的经营权是制度创新的核心。2014 年中央一号文件顺应这一要求,提出了"三权分置"思路;2016 年 10 月 30 日,中共中央办公厅、国务院办公厅发布《关于完善农村土地所有权承包权经营权分置办法的意见》,创造性地提出了"土地经营权人"的概念,并规定其"对流转土地依法享有在一定期限内占有、耕作并取得相应收益的权利"。此后,理论界逐渐有人提出把土地经营权界定为用益物权的观点,其用意无疑是扩大和保障土地经营权人的权益,促进农业现代化水平的提高。还有学者提出土地经营权作为用益物权所必需的条件。然而,经 2018 年 12 月 29 日第十三届全国人民代表大会常务委员会第七次会议修正的《农村土地承包法》,为了切实保护承包人的利益,没有采纳把土地经营权界定为用益物权的观点,但同时对土地经营权人的权益给予了比较充分的保护,最重要的是第四十一条,即"土地经营权流转期限为五年以上的,当事人可以向登记机构申请土地经营权登记。未经登记,不得对抗善意第三人"。实际上进行了物权化处理。然而,现实中超过 5 年的土地流转项目很多,但基本都是在年初或播种前支付租金,否则农民就会收回土地。理由很简单,农业不能耽误季节,如果承租人到年末还支付不了租金,农民失去的是整整一年的土地收入,而近年来由于经营不善而"跑路"的新型经营主体已经不少。这样就导致了一个新的问题:按年头支付租金的长期协议受法律保护吗?如果出现纠纷,法律保护谁的利益?土地经营权人的,还是承包人的?当然,如果是农民以土地经营权入股合作社或者企业,则在财务年度结束后(一般为年

---

① 国务院第三次全国农业普查领导小组办公室,国家统计局.第三次全国农业普查主要数据公报(第一号)[EB/OL].(2017-12-14)[2020-10-07].国家统计局网站.

底）进行盈余分配（分红），即使亏损也要风险共担。但由于入股是紧密型合作行为，这种情况下的土地经营权登记实际上失去了意义。可见，新版《农村土地承包法》的这项制度设计在现实中具有很大的局限性。

即使近年来我国密集出台了多部政策、法律，土地经营权人的权益如何保障依然没有落到实处。这就使得经流转土地而形成的家庭农场、农业企业等新型经营主体的发展前景很难明朗化。在这种情况下，目前已经流转的 5 亿多亩土地如何实现效率最大化？中国农业现代化的道路究竟应该怎么走？事实上，中国农业发展又走到了旧的制度红利即将告罄、新的制度供给远没有形成的十字路口，必须在新版《中华人民共和国农村土地承包法》的框架下进行新的制度设计，促进农村土地市场的发育和逐渐成熟。

②从设施农业用地看，土地制度创新不够。为了严格保护耕地，长期以来，国家政策规定设施农业用地一般不能占用基本农田，主要来自一般农田，导致通过流转基本农田发展设施农业的企业根本无法获得设施农业用地。[①] 2019年 12 月，尽管自然资源部、农业农村部出台《关于设施农业用地管理有关问题的通知》，提出"种植设施不破坏耕地耕作层的，可以使用永久基本农田，不需补划；破坏耕地耕作层，但由于位置关系难以避让永久基本农田的，允许使用永久基本农田但必须补划"，扩大了设施农业用地来源，但是由于没有出台配套的实施细则，削弱了政策效能的发挥。此外，一般农田可用于设施农业用地的指标由于缺乏相关的制度创新或政策实施细则，无法通过指标流转或调剂的方式成为其他产业发展项目的土地要素来源，出现了要素供需结构不匹配的问题。

③从建设用地看，农村土地制度改革系统性不强。伴随农业生产功能向生态、文化等多领域拓展，农村一二三产业融合发展加快，部分新型农业经营主体对建设用地的需求增加较快。然而，我国农村一些宅基地和农房长期闲置，无法成为农村产业发展的用地来源。虽然 2019 年 4 月《中共中央 国务院关于建

---

① 详见《国土资源部 农业部关于进一步支持设施农业健康发展的通知》（国土资发〔2014〕127 号）。

立健全城乡融合发展体制机制和政策体系的意见》出台,明确提出"允许村集体在农民自愿前提下,依法把有偿收回的闲置宅基地、废弃的集体公益性建设用地转变为集体经营性建设用地入市",为闲置宅基地、废弃的集体公益性建设用地用作产业发展打通了通道,但是这仅限于有偿收回的闲置宅基地、废弃的集体公益性建设用地,而且类似的探索与实践还很少,仅在少数地区有过零星的探索;同时,由于缺乏宅基地退出的有效制度或政策措施,多数农民还不愿意退出宅基地,即现有政策没有完全解决宅基地闲置问题,没有完全打通闲置宅基地用于产业发展的通道。此外,由于农村集体经营性建设用地入市改革的试点范围还较小、尚未全面铺开,农村集体经营性建设用地虽然可作为新型农业经营主体建设用地的来源,2019年修订的《土地管理法》也放开了农村集体经营性建设用地入市,但是由于没有出台相关实施细则,许多地方尚未开展探索;同时,许多地区农村集体经营性建设用地还没有确权颁证,抵押贷款的金融功能残缺,使得企业盘活农村集体经营性建设用地的积极性不高。实地调研中,不少基层干部反映,农村集体经营性建设用地不能用作农村产业融合的原因是不能办权证,企业没有积极性。

总体上看,建设用地"用地难"问题的关键不是要素总量的供给不足,而是当前农村土地制度改革的系统性不强,无法树立要素改革"一盘棋"思维,无法运用改革的手段将闲置的要素用作产业发展,无法运用改革的办法打通要素流动的通道,没有打通闲置宅基地、农房、农村集体经营性建设用地用作产业发展建设用地来源的通道。

2.金融市场满足不了经营主体的需求

金融是现代经济的血液,农业产业也不例外。当前,我国农村有大量的新型农业经营主体因无法维持持久的投入而倒闭,主要原因是新型农业经营主体很难获得金融支持,这暴露了当前我国农村金融改革的问题与弊端,即农村金融创新不足与改革协同性不强。

一是农村产权确权颁证改革滞后,农村金融市场发育程度低。新型农业经营主体的大量投入凝结在设施农业用地、农村土地承包经营权、农村房屋、林权、大棚养殖圈舍以及活体动物、果园苗木等。但根据1995年出台的《中华人民共和国担保法》，耕地、宅基地、自留地、自留山等集体所有的土地使用权不能作为抵押品；2007年出台的《中华人民共和国物权法》也有类似规定。新修改的《中华人民共和国农村土地承包法》第四十七条规定："受让方通过流转取得的土地经营权，经承包方书面同意并向发包方备案，可以向金融机构融资担保。"但是，由于我国大多数地区都未开展农村"三权"抵押贷款、农业生产设施抵押与生物资产的确权颁证，新型农业经营主体的大量投入无法形成可抵押贷款的资产，金融机构没有办法为新型农业经营主体提供抵押贷款。而且，我国金融机构一般要求农业经营主体提供以下三种担保方式中的至少一种：补贴款担保、经销商连带责任担保和经销商保证金担保，不仅土地经营权，连农机具、农业设施等都不是较为合适的担保品。调研中发现，很多家庭农场主、农民合作社理事长甚至用自己在城镇购买的住房进行抵押才能得到银行贷款。农村金融市场发育程度低严重影响农业新型经营主体的经营效率和盈利水平。

二是缺乏资产处置市场，资产抵押贷款的金融功能无法实现。虽然部分地区推进了农村房屋、林权、大棚养殖圈舍等确权颁证，但是由于缺乏资产处置市场或农村产权交易市场功能不健全，金融机构开展农村产权抵押贷款的积极性普遍不高，新型农业经营主体的农业资产仍然无法实现抵押贷款功能。

三是缺乏风险防范机制，资产抵押贷款功能较难落地。即使存在资产处置市场，由于农业生产设施与生物资产不如房产那样流通快、变现快，抵押风险依然较高，这也是大量金融机构惜贷的重要原因。换言之，农业生产设施与生物资产抵押贷款的风险防范机制缺失，使得金融机构接纳抵押物的积极性不高。

由上可见，推进农村金融改革、强化对新型农业经营主体的金融支持，既要推进确权颁证，又要完善资产处置市场，还要建立风险防范机制，即要增强改革的协同性，靠单兵突进难以奏效。然而，这种协同改革正是当前中国农村金融改革的薄弱点。

在农业生产各要素中,土地属于基础性要素,金融属于支撑性要素,两大要素市场发育滞后,严重制约着城镇劳动力向农业领域流动,从而也就无法带动资本和其他现代要素流入农业。从某种意义上讲,这是我国农业现代化和城镇化、工业化、信息化未能同步发展的重要原因之一。

(二)内生发展扶持政策供能无力

2018 年 9 月 21 日,习近平总书记在中共中央政治局就实施乡村振兴战略进行第八次集体学习时强调指出,要突出抓好农民合作社和家庭农场两类农业经营主体发展。以这两类主体为例,从经营机制角度讨论相关体制机制问题。

1.家庭农场:具有小农户相似的脆弱性

2012 年,原农业部进行家庭农场试点时曾经要求达到一定规模的专业大户须经原工商部门登记才能成为家庭农场,但大部分家庭农场并没有及时登记。根据中央农办、农业农村部等 11 部委联合发布的《关于实施家庭农场培育计划的指导意见》,"按照自愿原则依法开展家庭农场登记",登记是经营主体的自愿行为,不能也无法强迫登记。因此,现实中家庭农场和专业大户是同义语。根据全国 31 省、自治区、直辖市 2014—2018 年家庭农场监测(全部为已登记农场)数据,全国家庭农场平均规模为 400 亩,分为 15 块地,平均每个地块 27 亩。[①] 毫无疑问,自愿登记的家庭农场规模一般都比较大,即使如此,上述监测数据的中位数仅为 200 亩。如果算上没有登记的小农场,全国绝大多数家庭农场的面积在 200 亩以下,一般为几十亩。这样规模的农场,实际上是农户的扩大版,无论在经营理念、经营水平、营销体系、机械化水平等方面都不会有实质性差别。

调研表明,近年来,东北四省区由于玉米临时收储制度改革,导致玉米市场价格下降;稻谷和小麦的最低收购价格基本停滞不前,远远低于农业生产资料价格的上涨幅度,直接影响了涉及粮食种植的家庭农场的收益水平,一旦遇到

---

① 郜亮亮.中国种植类家庭农场的土地形成及使用特征——基于全国 31 省(自治区、直辖市)2014—2018 年监测数据[J].管理世界,2020,36(4):181-195.

旱涝或者其他天灾，许多家庭农场主不得不选择退出甚至跑路。这种情况说明，如果家庭农场在种植结构、生产水平、营销渠道等方面与小农户完全同构，则无法在激烈的市场竞争中生存下来。如何解决家庭农场的脆弱性，理应成为支持政策的重点方向，然而有关这方面的扶持政策还不够充分。

2.农民合作社：尚未形成企业化经营机制

当前，全国依法登记的农民专业合作社已经超过220万家，平均每个村3家。笔者调查过一个人口不过几十万人的中等县，合作社数量就达到了3 000多家。尽管数量多，但平均每个合作社的成员数却很少，就全国来说平均60人，很多为20人左右，很难真正发挥作用。这也是一些业内人士批评合作社为"空壳社"的原因之一。调研发现，首先，规模过小的合作社很难发挥合作效应，在面对市场时，合作社遇到的问题就是农户问题的加总。其次，在农民专业合作社领办人构成中，村组干部、专业大户、农机手等占93%以上，他们的共同特点是熟悉农业生产过程，而对产前以及产后诸如加工、销售等环节则相对陌生。即使其中有一部分销售大户、农产品经纪人，在面临诸如新冠肺炎疫情这样的大灾难时也手足无措。最后，绝大多数农民合作社依靠传统渠道销售农产品，合作的目的就是抱团对接诸如批发市场、龙头企业、农超对接、农社对接等渠道，而一旦遇到新冠肺炎疫情这样的突发性事件，传统渠道基本中断，大部分合作社则会处于无助状态。造成这种结果的根本原因在于没有形成完善的企业化经营机制。1995年，国际合作社联盟指出："合作社是由自愿联合的人们，通过其共同拥有和民主控制的企业，满足他们共同的经济、社会和文化需要及理想的自治联合体。"也就是说，不管社会给合作社附加了多少职能，其本质只有一个，那就是企业。没有形成企业化经营的合作社，不仅在疫情期间无所作为，在正常的市场状态下也很难发挥合作效应。

实践中，经营机制灵活，或者理事长思路活、办法多的合作社，不仅能够顺利抵御疫情带来的冲击，还能够为社区抗疫做出贡献。如山东省青州市绿龙蔬菜生产专业合作社，在各地为抗击疫情而封锁道路的第三天(正月初六)就开始为城区居民上门配送蔬菜,开辟新的销售渠道。该合作社累计为3 000多户城市社区居民提供了蔬菜配送服务,同时为潍坊、青岛、济南、北京等地居民通过顺丰快递发送蔬菜产品1 000多单,为超市及社区团购组织提供新鲜蔬菜3万多斤,累计供应12万斤蔬菜产品,其中单日最大配送量达6吨多。不仅有效解决了本社成员及周边农户疫情期间的销售难题,还以捐助等形式为武汉和本地抗疫做出了贡献,提高了合作社的社会资本。更重要的是,该合作社通过网上直销活动成功实现了经营方式的转变。绿龙合作社的经验在此表明,企业化经营机制是合作社的生命线,否则,再多的合作社也解决不了农业和农民的问题。

如何促进农民合作社形成完善的企业化经营机制?上面提及的绿龙合作社的理事长实际上是一个善于经营的职业经理人。我国台湾的农协实际上就是以乡为法定经营范围的区域性合作社,经营好的农协基本都在人才市场上招聘了干事长,相当于企业的CEO。当然,聘用职业经理人有一个不可忽视的前提条件,就是合作社业绩良好,目前,只有大型合作社或者联合社才能做到这一点。因此,必须在规范的前提下继续提升合作社质量,大力发展实体性农民专业合作社联合社,在联合社框架下外聘职业经理人或者实现经理人职业化,推进农民合作社经营机制的企业化。然而,当前我国新型农业经营主体的政策支持体系在此方面还很薄弱。

(三)政府服务治理协调效能薄弱

新型经营主体代表着我国现代农业的发展方向。由于农业产业的弱质性、公益性等特点,政府必须给予相应的支持才能使其适应公平的市场竞争环境。我国的新型农业经营主体发育较晚,如果从2007年《农民专业合作社法》出台算起,也只有十几年的时间,尚未形成完善且符合市场经济体制要求的支持体系和治理体系,距离党的十九届四中全会提出的"治理体系和治理能力现代化"要求还有很大差距。具体表现在以下三个方面。

第一,农业公共服务供给缺位。当前,面向现代农业发展的政府公共服务远没有到位,许多新型经营主体急需的服务供给严重不足,比如前述金融支持问题,由于政府担保系统不完善,抵押品创新滞后,目前尚未形成对于新型农业经营主体来说完备的金融支持体系,大部分经营主体还存在贷款难甚至贷不到款的问题,严重制约着新型经营主体的发展。再如农业设施用地问题,尽管多年的中央一号文件一再提及,但一直没有中央层面的统一政策出台,这造成每个家庭农场主或者农民合作社理事长只能凭借自己的能力甚至关系加以解决,大部分没有解决的只能怪自己能力或者关系不到位,实际上给政府抹了黑。农业设施用地问题迟迟没有解决,是制约新型经营主体发展,尤其是制约城市资本下乡的重要因素之一。最后,农业基础设施建设远远满足不了现代农业发展的需要,也是制约着新型经营主体发展的因素之一。实地调查发现,为弥补基础设施短板,有相当一部分新型经营主体前期的大量投入集中在农业基础设施建设上,导致发展资金被占用,制约其发展壮大。如陕西汉阴县某农业企业2011年进驻汉阴县时,茶园园区道路、灌溉用水、生活用水等基础设施都不健全,企业不得不投资建设基础设施,削弱企业产业发展能力,到目前为止企业也仅仅能勉强维持经营。

第二,我国政府在农业领域的治理体制还没有完全定型,治理机制还不成熟,一些政策摇摆不定,对新型经营主体的发展带来负面影响。比如2019年的大棚房治理,实际上整治的主要是新型经营主体的违建问题。但被列入整治对象的经营主体,绝大多数是经地方政府同意甚至签了协议的,有些承担的还是地方政府乃至中央政府下达的项目。这次整治对相当一部分新型经营主体造成了巨大损失,有的甚至一蹶不振,难以东山再起。再如,为了应对近年来的"环保风暴",一些地方大搞"无猪县",猪肉价格暴涨后又采取补贴等方式养猪,造成新型经营主体无所适从。还有的地区,政府过度干预农业产业,如通过补贴的方式引导新型农业经营主体投向某个产业,这种以"政府决策替代市场机制"的产业政策,诱导了新型农业经营主体将大量要素误投到某个特定产业。大量事实与研究反复证明了,企业"潮涌"投资某个领域时,很容易出现危机,如产能过剩、产品价格大跌,这也是许多新型农业经营主体因政策干扰陷入困境的主要原因。这些现象都表现了一些地方在农业领域的治理能力和治理手段远远达不到党的十九届四中全会的要求,距离"现代化"差距很大。

第三,财政支农政策协同性弱。政府财政支持远没有形成互相补充、互相支持且有机联系的政策体系。从中央层面看,近年来出台的各项补贴政策,如"三补合一"、耕地轮作休耕、重大生态资源保护、深松整地、节水灌溉、秸秆还田等都把符合条件的新型经营主体作为实施主体,各省(自治区、直辖市)都有自己的补贴项目,财政能力比较强的市、县甚至乡镇都根据需要设置了相应的补贴项目。各类农业补贴项目满天飞,不仅没有形成体系,互相之间不配合、不衔接,有的还存在矛盾。补贴项目多是好事,说明我国到了工业支持农业、城市带动乡村的发展阶段,但上述现象说明我国的农业补贴政策还处于初期阶段,远不成熟,也给新型经营主体带来困惑,尤其是大部分补贴政策都不是普惠制度,而是优中选优,造成了寻租现象。部分门路广的新型经营主体主要依靠各类补贴过日子,有的农民专业合作社成立的目的就是争取各类补贴。还有的地方存在着补贴"垒大户"现象,即不同部门的补贴都到了一个或几个主体,造成其他主体意见非常大。如笔者在某县级市调查,发现某企业家承包了一个小流域,有山有耕地有水库,结果发改部门、林业、水利甚至共青团等部门都把补贴投给这个项目,造成主体之间严重不公平,影响了政府的公信力。

三、几点政策建议

面对制约新型农业经营主体发展的体制机制障碍,笔者建议树立系统化改革思路,健全新型农业经营主体政策支持体系。

(一)深化农村要素市场化改革

第一,健全用地支持政策。满足用地需求是促进新型农业经营主体发展的重点内容。一是积极引导农村承包地有序规模流转。要将土地经营权人的权益保障落到实处,建议出台相应的实施指导细则,中央政府要加大对地方政府在保障土地经营权人权益工作的督导力度。健全县乡村三级土地流转服务和管理网络,因地制宜建立农村土地流转服务公司、农村产权交易平台、土地流转服务中心等各类农村土地流转中介组织。二是完善设施农用地政策。进一步细化设施农用地范围,明确生产设施、配套设施、附属设施三类设施农用地的规划安排、选址要求、使用周期,出台农业配套设施和附属设施的建设标准和用地规范,适应环保监管和农村产业融合发展要求,适当扩大农业配套设施和附属设施的上限规模;建议有条件的地区推广浙江省平湖市经验,集中设施农用地指标并向产业融合发展项目倾斜。三是扩大涉农项目国有建设用地供给。各级政府在年度建设用地计划中要明确单列一定比例专门用于农村新产业新业态发展。对于落实不力的地方政府,在下一年度建设用地指标计划分配中给予扣减处罚。推广成都市经验,对带农作用突出、社会效益显著的农业种养、农产品加工、农业服务业等项目用地,在取得使用权并投产后,按照土地购置价格给予一定比例的补助。四是盘活农村存量建设用地。加快落实农村闲置宅基地、农村集体经营性建设用地可用作乡村产业发展建设用地来源的政策。鼓励有条件的地区编制农村土地利用规划,调整优化村庄用地布局,促进农村零星分散集体建设用地集中高效使用。通过农村闲置宅基地整理、土地整治等新增的耕地和节余的建设用地,优先用于农业农村发展。

第二,深化产权抵押融资。加快农村金融系统性、协同性创新,保障新型农业经营主体融资需求。鼓励地方政府开展以农村资产确权为基础、以农业保险创新为配套、以设立风险补偿金为保障、以建立农村产权交易中心为产权处置保障的农村产权抵押贷款机制。鼓励地方政府加快推进农村产权确权颁证,推广成都市农业设施抵押贷款经验,扩大农村抵押担保物范围,重点开展设施农业用地、农村土地承包经营权、农村房屋、林权、大棚养殖圈舍等农业生产设施抵押贷款以及活体动物、果园苗木等生物资产抵押贷款。完善农村产权价值评估体系,以风险基金补偿银行贷款损失,鼓励银行接纳农业生产设施抵押与生物资产抵押。加快建立农村产权交易市场,建议国务院办公厅通过督察奖惩机制,推动地方政府加快建立健全农村产权交易市场。国土部门和农业部门组织武汉农村综合产权交易所、成都农村产权交易所以及相关专家对各地方政府相关部门进行培训,鼓励地方政府考察学习这两大交易所的成熟经验并进行战略合作,按照"互联网+基础模块标准化+特色模块地方化"的模式建立各地农村产权交易市场,为今后全国农村产权交易市场互联互通、相互兼容做好准备。条件成熟时,依托各省区的农村产权交易市场,由国土和农业部门牵头建立区域性乃至全国性的农村产权交易市场。

第三,建立稳定的农村产业工人和技术人才队伍。鼓励下乡返乡人员创办新型经营主体并给予税收等方面的优惠。鼓励地方政府围绕当地主要农业产业,针对有影响力的人群开展免费培训,通过示范带动农民学习,为新型农业经营主体发展储备人才资源。全面建立高等院校、科研院所等事业单位专业技术人员到乡村和企业挂职、兼职和离岗创新创业制度,保障职称评定、工资福利、社会保障等方面权益,积极引导部分农民返乡、农村大学生回乡、科技人员下乡,将其参与乡村建设工作的经历与成绩作为职称评定、职务聘任的加分项。

(二)持续增强新型农业经营主体内生发展能力

第一,强化新型农业经营主体内生性经营机制。一是强化科技示范价值。引导新型农业经营主体采用新品种,采纳新的种植方式和田间管理方式,获取新技术带来的价值增值,并对一般农户起到示范带动作用。二是支持购置先进农业机械和农业设施。新型农业经营主体购置农业机械,除了用于本农场的生产经营活动外,还可以为农户提供耕种收管和烘干、储藏等社会化服务,并获取相应收入,要加大农机具购置补贴政策对新型农业经营主体的倾斜力度。三是扶持新型农业经营主体产品品牌建设。新型农业经营主体开展绿色食品、有机食品、地理标志农产品认证和品牌建设,不仅能提升自身产品价值,还能对小农户产生带动作用,是增强新型农业经营主体内生发展能力的重要途径。建议农业政策要加大对新型农业经营主体品牌建设的扶持力度。四是促进新型农业经营主体之间的联合与合作。单个新型农业经营主体不可能独立面对千变万化的大市场,必须领办或者加入农民合作社或者其他合作经济组织、农业产业化联合体等。调研发现,已经有相当多的家庭农场联合起来成立农民合作社,纳入监测系统的家庭农场中三分之一以上加入了各类合作社。因此,农业政策要引导新型农业经营主体走向联合与合作。

第二,探索实施新型农业经营主体数字化改造升级。数字化转型就是利用数字化技术来推动组织转变业务模式、组织架构、核心文化等的变革措施,是未来提升生产组织能力的重要方向。建议采取有力措施,促进新型经营主体和数字化技术高度融合,按照农业农村部等部门联合发布的《数字农业农村发展规划(2019—2025年)》,以数字化为手段,加快推进新型经营主体生产经营活动的精准化、管理服务的智能化,示范引导新型农业经营主体利用"互联网+"、大数据、农产品电商等现代技术、现代商业模式,改造提升经营效率,增强新型农业经营主体发展能力。

(三)全面提升政府支持效能

第一,补齐农村基础设施短板。持续加大投入力度,加快补齐农村基础设施短板,促进城乡基础设施互联互通。加强农村交通物流设施建设,持续推进农村道路建设,加快构建农村物流基础设施骨干网络,加快完善农村物流基础设施末端网络,推进县级仓储配送中心、农村物流快递公共取送点等建设,打通农村物流"最后一公里"。抓重点、补短板、强弱项、建机制,着力构建大中小微结合、骨干和田间衔接、长期发挥效益的农村水利基础设施网络,鼓励与引导地方政府将产业补贴资金、招商奖励资金重点用于农田水利等基础设施建设。加快推进农村地区通信网络覆盖步伐,推进接入能力低的行政村、农业生产基地进行光纤升级改造。鼓励与支持地方政府加大对农村产业园区的基础设施建设投入。

第二,加强政策机制化、制度化管理。建议加大培训与督导力度,引导地方政府建立以功能性产业政策为主的政策模式,在自然垄断、信息不完全、外部性、公共物品(基础设施)等存在市场失灵的领域,加强功能性产业政策的运用。

一方面，要缩小选择性产业政策的范围，从市场化程度较高的农业产业领域退出，改变靠补贴、靠项目、靠批地等方式支持某个特定农业产业的政策支持方式；另一方面，要完善和创新产业政策工具手段，在融资担保、普惠性税收优惠、行政审批等环节加大扶持力度；此外，要强化标准管理在产业政策手段中的突出作用，鼓励地方政府围绕主导农业产业，与农业龙头企业协同制定农业标准体系，强化能耗、环保、质量、安全等标准在产业准入和项目审批的约束力，限制或淘汰不合标准的项目。更为重要的是，中央政府要引导地方政府加强政策机制化、制度化管理，确保政策的连续性和稳定性，引导市场主体形成准确的政策预期。

第三，增强财政支农协同性。进一步增强改革的系统性、整体性，加快健全涉农资金统筹整合长效机制。一是进一步强化"三农"投入保障，提升涉农资金使用效益。二是深入推进涉农资金实质性整合，建议中央政府加大对地方的督促力度，促进未出台方案的地区尽快出台实施方案，督促指导地方依法依规按程序整合涉农资金，加强涉农资金监管，形成权责明确、有效制衡、齐抓共管的监管格局。三是做到财政支农公开透明，杜绝"累大户""集中资源吃偏饭、造盆景"的补贴方式。

4

人才振兴：
乡村振兴之源

　　乡村振兴,人才是动力源泉。如果在乡村振兴工作的开展中没有一批符合需要的乡村人才,无法补齐人才短板,乡村振兴将缺乏活水之源,只能成为一句空口号。习近平总书记在党的十九大报告中提出"实施乡村振兴战略",其中特别指出要"培养造就一支懂农业、爱农村、爱农民的'三农'工作队伍"。2018年中央一号文件强调要"汇聚社会力量,强化乡村振兴人才支撑",特别是要"把人力资本开发放在首要位置,畅通智力、技术、管理下乡通道,造就更多乡土人才,聚天下人才而用之"。2019年中央一号文件指出,要"把乡村人才纳入各级人才培养计划予以重点支持"。2021年,中共中央办公厅、国务院办公厅印发《关于加快推进乡村人才振兴的意见》,促进各类人才投身乡村建设。

　　实施乡村振兴战略的总要求是产业兴旺、生态宜居、乡风文明、治理有效、生活富裕,每一方面都离不开乡村人才的支撑。第一,产业兴旺需要农业经营管理人才、农业科技人才以及农业电商人才的支撑,通过专业化管理、技术化生产、市场化运营,推动农业产业转型升级、繁荣兴旺。第二,生态宜居需要乡村规划人才和生态维护人才、人居设计人才的支撑,通过科学合理规划、生态系统平衡、人居环境优化,提升村容村貌,共建人与自然和谐共生的生态宜居美丽乡村。第三,乡风文明需要文化设计人才、文化教育人才、文化传播人才,通过挖掘文化底蕴、强化文化认同,传承与发扬中华传统文化,提升乡村居民综合文化素质与行动凝聚力。第四,治理有效需要构建好乡村治理人才队伍,特别是以村"两委"干部为核心的基层管理人才,通过优化治理人才队伍体系,提升自治、法治、德治结合的综合治理能力。第五,生活富裕成为农民物质生活水平提升的综合指标,对更多人才领域提出了要求,包括就业、教育、医疗、居住、养老、安全、法治等。随着乡村人才多元化、体系化,广大农民的生活质量将逐步得到提升。乡村人才的振兴,是乡村振兴战略总要求得以实现的基石,要把人才振兴放在乡村振兴战略中更加重要的地位。

第一节　人从哪里来

改革开放以来，随着工业化和城镇化进程的深入推进，大量农村劳动力转移至城市谋求发展，以匹配工业化快速发展的劳动力需求，农村劳动力配置已从对土地的依赖中解放出来。由于城乡之间就业、住房、卫生、环境等方面存在较大的差距，城市对农村劳动力需求的增加以及农村劳动力配置制度性束缚的突破，使得农村劳动力转移的进程伴随着严重的人才流失现象。乡村能人、乡村青年劳动力纷纷"用脚投票"，选择前往城市谋求更高的收入以及更优的生活质量。随着农村劳动力要素向城镇流动的禁令被逐步放宽，选择进城务工的农民工队伍迅速壮大，同时不可避免地带来农村"空心化"现象。《2019 年农民工监测调查报告》显示，2019 年农民工总量达到 29 077 万人，比上年增加 241 万人。尽管近年来返乡创业大军异军突起，但"走出后"还"走回来"的群体规模有限，并且主要局限于少数经济发达的村庄，农村劳动力外流总体仍然是城乡人口流动的常态。乡村人口"空心化""老龄化"的现象、乡村人才"失血""贫血"的处境仍然存在。人才的缺失，使得农村生产、生活、生态与城市之间仍然存在着巨大的鸿沟。现阶段，人才资源城乡配置的不平衡问题日益突出，但乡村振兴需要各类人才的支撑，依靠什么来吸引人才？换句话说，人从哪里来？

2004 年以来的中央一号文件，显示出我国在制度设计层面已进行了一系列探索，通过制度构建优化城乡人才配置结构。2004 年以来，历年中央一号文件关于乡村人才振兴主要内容的梳理见表 4.1。

表 4.1　历年中央一号文件关于乡村人才振兴的主要内容

年份	主要内容
2004	要在税收、投融资、资源使用、人才政策等方面,对农村个体工商户和私营企业给予支持
2005	加快建设国家农业科研高级人才培养基地。加快农村医疗卫生人才培养,提高农村医疗服务水平和应对突发公共卫生事件的能力
2006	增加农村卫生人才培养的经费预算,组织城镇医疗机构和人员对口支持农村,鼓励各种社会力量参与发展农村卫生事业。加大城市人才、智力资源对农村的支持
2007	培养新型农民,造就建设现代农业的人才队伍。建设现代农业,最终要靠有文化、懂技术、会经营的新型农民。必须发挥农村的人力资源优势,大幅度增加人力资源开发投入,全面提高农村劳动者素质,为推进新农村建设提供强大的人才智力支持
2008	健全城乡统一的生产要素市场,引导资金、技术、人才等资源向农业和农村流动。大力培养农村实用人才。组织实施新农村实用人才培训工程,重点培训种养业能手、科技带头人、农村经纪人和专业合作组织领办人等。加快提高农民素质和创业能力,以创业带动就业,实现创业富民、创新强农。继续加大对外出务工农民职业技能的培训力度
2009	落实农民工返乡创业扶持政策,在贷款发放、税费减免、工商登记、信息咨询等方面提供支持
2010	培养农业科技领军人才,发展农业产学研联盟
2011	大力引进、培养、选拔各类管理人才、专业技术人才、高技能人才,完善人才评价、流动、激励机制
2012	加强教育科技培训,全面造就新型农业农村人才队伍。振兴发展农业教育。深入推进大学生"村官"计划,因地制宜实施"三支一扶"、大学生志愿服务西部等计划。加快培养农业科技人才。国家重大人才工程要向农业领域倾斜。大力培训农村实用人才。以提高科技素质、职业技能、经营能力为核心,大规模开展农村实用人才培训
2013	鼓励企业和社会组织采取投资筹资、捐款捐助、人才和技术支持等方式在农村兴办医疗卫生、教育培训、社会福利、社会服务、文化旅游体育等各类事业,按规定享受税收优惠、管护费用补助等政策。大力培育新型农民和农村实用人才,着力加强农业职业教育和职业培训

续表

年份	主要内容
2014	建立以企业为主体的育种创新体系,推进种业人才、资源、技术向企业流动
2015	健全农业科技创新激励机制,完善科研院所、高校科研人员与企业人才流动和兼职制度
2016	深化农业科技体制改革,完善成果转化激励机制,制定促进协同创新的人才流动政策
2017	鼓励地方规范发展电商产业园,聚集品牌推广、物流集散、人才培养、技术支持、质量安全等功能服务。实施农业科研杰出人才培养计划,深入推进科研成果权益改革试点。加强农村基层卫生人才培养。鼓励高校毕业生、企业主、农业科技人员、留学归国人员等各类人才回乡下乡创业创新,将现代科技、生产方式和经营模式引入农村
2018	全方位汇聚全社会力量,强化乡村振兴人才支撑。大力培育新型职业农民。加强农村专业人才队伍建设。发挥科技人才支撑作用。鼓励社会各界投身乡村建设。创新乡村人才培育引进使用机制
2019	完善人才评价和流动保障机制,落实兼职兼薪、成果权益分配政策。支持乡村创新创业。鼓励外出农民工、高校毕业生、退伍军人、城市各类人才返乡下乡创新创业,支持建立多种形式的创业支撑服务平台,完善乡村创新创业支持服务体系
2020	实施乡村文化人才培养工程,支持乡土文艺团组发展,扶持农村非遗传承人、民间艺人收徒传艺,发展优秀戏曲曲艺、少数民族文化、民间文化。保护好历史文化名镇(村)、传统村落、民族村寨、传统建筑、农业文化遗产、古树名木等。 推动人才下乡。培养更多知农爱农、扎根乡村的人才,推动更多科技成果应用到田间地头。畅通各类人才下乡渠道,支持大学生、退役军人、企业家等到农村干事创业。整合利用农业广播学校、农业科研院所、涉农院校、农业龙头企业等各类资源,加快构建高素质农民教育培训体系。落实县域内人才统筹培养使用制度。有组织地动员城市科研人员、工程师、规划师、建筑师、教师、医生下乡服务。城市中小学教师、医生晋升高级职称前,原则上要有1年以上农村基层工作服务经历。优化涉农学科专业设置,探索对急需紧缺涉农专业实行"提前批次"录取。抓紧出台推进乡村人才振兴的意见
2021	培育高素质农民,组织参加技能评价、学历教育,设立专门面向农民的技能大赛。吸引城市各方面人才到农村创业创新,参与乡村振兴和现代农业建设

资料来源:根据相关中央文件整理。

　　总体而言,历年中央一号文件对乡村人才的支持对象从单一化向多元化拓展,支持区域从乡村向城镇扩展,逐步实现对农村各类人才全方位、体系化的支持。2004 年中央一号文件重视对农业生产经营人才的支持,提出对"农村个体工商户和私营企业"给予政策支持。2005 年中央一号文件提出对农业科研高级人才和农村医疗卫生人才进行培养。2006 年中央一号文件开始对乡村人才支持的视角放宽至城市,提出要"加大城市人才、智力资源对农村的支持"。2007 年中央一号文件提出要"培养新型农民,造就建设现代农业的人才队伍"。2008 年中央一号文件进一步拓展农村人才支持范围,提出"大力培养农村实用人才"。2009 年中央一号文件提出"落实农民工返乡创业扶持政策",为农民工选择返乡创业提供支持。2011 年中央一号文件重视各类人才管理制度的完善,完善"人才评价、流动、激励机制"。2012 年中央一号文件强调"全面造就新型农业农村人才队伍",优化农业农村人才队伍结构,"深入推进大学生'村官'计划,因地制宜实施'三支一扶'、大学生志愿服务西部等计划"。2013 年中央一号文件提出"着力加强农业职业教育和职业培训"。2014—2017 年的中央一号文件都提到对农业科技人才的重视,包括人才流动、人才激励、人才成果转化等。

　　从 2004 年至 2017 年,中央一号文件对乡村人才的支持范围已经拓展至对农村经营管理人才、农村科研人才等各类人才的支持,全面打造新型农业农村人才队伍。此外,为强化乡村治理水平,提升农村教育、医疗等公共服务领域的人才支持力度,中央一号文件还对大学生、教师、医生等制定了专门的政策予以支持,为"人从哪里来"问题的缓解提供全方位的支撑。治理人才支持方面,2010 年中央一号文件提出"稳步推进高校毕业生到村任职工作,实施一村一名大学生计划",拓宽农村干部来源,优化农村干部结构,2012 年和 2016 年中央一号文件都进一步强调对大学生"村官"计划的支持;教育人才支持方面,2007 年、2013 年、2017 年中央一号文件都提到了对乡村教师队伍的支持;医疗人才支持方面,2013 年中央一号文件强调"健全农村三级医疗卫生服务网络,加强乡村医生队伍建设"。治理人才队伍的优化，能够为农村双创与农民职业化等活动提供更为广阔的空间；教育人才队伍的优化，能够为本土人才队伍的壮大提供智力支持；医疗人才队伍的优化，有利于本土人才"留下来"和外部人才"留得住"。

　　总体而言，国家政策对农村各类人才的支持力度大，取得了显著成效，提升了农业农村人才队伍的综合力量。然而，乡村人才振兴涉及人才引进、人才培养、人才管理、人才配置等方方面面，人才助力乡村发展是否可持续、是否符合当地居民需求是更为关键的要素，决定着农业农村人才能否助力农业农村现代化，最终实现乡村振兴。现阶段人才支持政策仍存在一些不足，比如，农业农村人才培训未必能完全匹配农村工作人员的实际接受能力，农业经营管理人才与农民联结程度低，农业科技人才研究成果转化率低，大学生村干部"留不住"，乡村医生工作能力有限，乡村教师供给不足等。

　　党的十九大召开以来，国家对农业农村人才的支持提到前所未有的高度。2018 年中央一号文件提出要"全方位汇聚全社会力量，强化乡村振兴人才支撑"，并且重视人才制度体系的完善，强调要"创新乡村人才培育引进使用机制"。2019 年中央一号文件提出要"完善人才评价和流动保障机制"，同时尤其重视对农村双创的支持，强调"支持建立多种形式的创业支撑服务平台"。2020年中央一号文件将"抓紧推进乡村人才振兴的意见"作为工作重点。人才振兴战略将得到城乡各类人才的全面支撑，城市人才下乡支持农业农村建设，农村外出能人返乡创新创业，本土农民向新型职业农民转变，为乡村振兴提供人才支撑。2021 年中央一号文件指出，要培育高素质农民，组织参加技能评价、学历教育，设立专门面向农民的技能大赛。吸引城市各方面人才到农村创业创新，参与乡村振兴和现代农业建设。2021 年 2 月，中共中央办公厅、国务院办公厅印发的《关于加快推进乡村人才振兴的意见》指出："到 2025 年，乡村人才振兴制度框架和政策体系基本形成。通过促进各类人才投身乡村建设，实现乡村人才初步满足实施乡村振兴战略基本需要。"

第二节　农村"双创"与人才振兴

一、农村双创的必要性

　　农村双创是大众创业、万众创新的重要力量,也是我国实施创新驱动发展的重要力量。习近平总书记在十九届中央政治局第八次集体学习的讲话中指出:"人才振兴是乡村振兴的基础,要创新乡村人才工作体制机制,充分激发乡村现有人才活力,把更多城市人才引向乡村创新创业。"①农村双创的主体既包括"乡村现有人才",也包括"城市人才",是城乡人才配置优化和乡村人才结构完善的重要推力。其中,乡村现有人才和城市人才重组具有资源互补性。乡村人才根植于乡村大地,熟悉乡村内部发展状况,而城市人才(包括返乡人才)带着先进要素下乡,能够提升农业农村要素配置效率、促使农村新产业、新业态的涌现,激活农村经济发展活力。

　　第一,农村双创是农村经济发展新旧动能转换的重要举措。当前我国乡村经济正处在由数量增长向质量发展转型升级期,受劳动力、土地等要素成本持续上涨的影响,我国乡村经济传统要素驱动型发展模式难以为继,经济发展动能亟待转换。鼓励与引导城市人才和农村人才参与农村双创,引入先进生产方式与现代经营理念,实现对资本、劳动力、物质资源等要素的重新组合,推动农村产业融合发展,实现对传统农村产业的改造升级,挖掘农业多功能性,为农业农村发展创造更多发展空间,形成农村经济发展的新动能。

　　第二,农村双创是农村居民增收致富的新渠道新路径。生活富裕是乡村振兴的根本落脚点,需要城乡人才加入农村双创大军,开辟农民增收致富新方式。在国内外市场需求趋弱的背景下,农民持续增收的传统动能正在逐渐丧失,难

① 习近平.把乡村振兴战略作为新时代"三农"工作总抓手[J].求是,2019(11):4-10.

以从传统领域中实现就业增收。鼓励与引导城乡人才到农村创业创新，是个人价值实现的新出路，是就业增收实现的新路子。此外，农村双创具有明显的外部性特征，能够产生巨大的岗位创造效应，催生出新的职业、新的岗位、新的就业方式，带动农民就近就地就业，拓宽农民就业增收路径，以创业创新促就业、以就业促增收。

第三，农村双创是推进城乡融合发展的重要力量。长期以来，农村资源要素单向流向城市，城乡要素流动不平等不充分，制约农村创业创新活力。鼓励与引导城乡人才到农村创业创新，有利于进一步打破城乡要素流动壁垒，提升城乡要素双向流动效率，实现城乡融合发展。城乡融合不仅仅是要素层面的融合，还是思维理念层面的融合，将城市现代化管理方式、管理理念注入到农村经济发展与乡村治理的过程中，为乡村建设提供新思路、新方式，构建新时代新型城乡关系。

二、农村双创发展现状及特点

改革开放以来，我国农村创业创新曾出现过四次浪潮：20 世纪 80 年代前期乡村集体和农村能人创业，1992 年后体制内人员"下海"到农村创业，2001 年加入 WTO 后海外留学归国人员和城镇居民到农村创业，2008 年金融危机后返乡、下乡和本乡三大类群体组成的新农民创业创新。① 其中，"大众创业、万众创新"的提出是第四阶段广泛深入推进的重大体现。城乡人才以饱满的创业热情和高度的创新积极性，凭借着多年打拼积累的先进要素和工作经验，投入到激活农业农村发展动能的队伍之中，利用多年打拼积累的市场、资本和经验开展创业创新，对农业强、农村美、农民富的实现具有重大意义。据农业农村部公开数据，2015 年以来，返乡下乡创新创业人员数量逐年上升，加入农村创业创新的人才大军络绎不绝，以自身优势在广袤农村大地上展开创业创新活动的热情高

---

① 农业部农产品加工局.大力支持农村创业创新促进农村一二三产业融合发展[EB/OL].(2016-12-14)
[2020-10-07].中华人民共和国农业农村部网站.

涨。2019 年底,以大学生、农民工、退役军人和科技人员为代表的返乡下乡创新创业人员超过 850 万人,见表 4.2。

表 4.2　2015—2019 年农村创业创新人数发展变化

年份	内容
2015	农民工返乡创业人数累计已超过 450 万人
2016	从农村流向城镇的农民工、中高等院校毕业生、退役士兵等人员返乡创业创新人数累计达 570 多万人,其中农民工返乡创业累计 450 万人
2017	农民工、中高等院校毕业生、退役士兵、企业主、科技人员等返乡下乡双创人员累计达 740 万人
2018	返乡下乡创业创新人员 780 万人
2019	以大学生、农民工、退役军人和科技人员为代表的返乡下乡创新创业人员将超过 850 万人

资料来源:根据农业农村部公布数据整理所得。

从已有理论研究和课题组对山东省德州市庆云县、禹城市和安徽省宣城市泾县、宁国市等地 126 家农村双创主体的调研情况来看,要素聚乡、产业下乡、人才入乡和能人留乡的良性互动局面正在形成。从调研情况来看,当前乡村双创的基本现状可以概括为以下四个方面。第一,双创主体以基于地缘关系的各类外出返乡人员为主。地缘关系作为社会资本的重要组成部分,为各类外出返乡人员双创活动开展奠定了重要基础。第二,双创内容以适应当地的乡村生产经营性项目居多。当地农业生产经营道路的选择受到当地资源禀赋结构与市场需求结构的直接影响,双创主体在发展现代农业过程中以当地市场需求为导向,充分推进当地资源禀赋优势与自身优势相结合。第三,双创方式以亲友示范带动下的自有资金投入为基本面。人来了,钱从哪里来?目前来看,农村双创主体获得资金支持的力度仍然是有限的,主要来源仍然是自发性的自有资金投入。第四,双创效益明显优于外出务工收入但风险相对偏高。相比外出务工,农村双创人员能够充分发挥自身优势,在更为擅长的经济活动中创造更高的经济价值。由于市场的不确定性，农村双创人员也需要面临较高的经营风险。

相当一段时期，随着科技水平的不断提升以及乡村振兴政策支持力度的加大，农村双创将呈现如下"三个结合"的明显特点。一是农村双创与信息化的结合。随着信息与通信技术的高速发展，越来越多的新技术能够与农村生产经营活动相结合，农村电商行业等互联网新业态的诞生为农村双创经营活动的开展创造了更为便利的条件，赋予更丰富的经营选择，打开了经营所需的市场空间。二是农村双创与农业现代化的结合。由于本土返乡或下乡人员是农村双创人员的主力军，这类群体既掌握城市现代化的管理方式和理念，也熟悉农村生产基本规律，能够为农业农村现代化的实现注入新的发展思路，推动农村新产业、新业态的形成，以城乡产业互促推进第一产业与第二、三产业的高度融合。三是农村双创与农村深化改革的结合。当前农业供给侧结构性改革、农村集体产权制度改革等一系列新时代农村发展改革任务正在乡村振兴战略的统领下深入开展，农业供给侧结构性改革需要农村双创的推动，农村集体产权制度改革为农村双创提供了良好稳定的经营环境，人才振兴的重大战略指引为农村双创提供了更加广阔的政策空间。

三、农村双创助力人才振兴

乡村振兴需要各类人才振兴。农村创业创新活动作为城乡要素有效配置的重要体现，不仅能够壮大农村人才队伍规模，更重要的是能够提升农村人才队伍综合素质，打破人才"没地留""留不住"的困境，助力各类人才赋能乡村振兴。随着农村创业创新活动的深入开展，人才振兴道路出现了三大转变。

第一，人才由"没地留""留不住"转为"留得住"。当农村产业形态单一、农村要素存量贫乏、农村双创氛围缺乏时，人才无法充分调动自身优势，没有可以留得住的产业领域与市场空间。随着"大众创业、万众创新"在农村的开展，众多城乡青年才俊返乡创业创新热情高涨，由"单兵突进"转为"多方联动"，双创活动开展的"规模效应"为人才下乡创造了多方面的可能性,不同类型人才之间的高度互补性既符合人才振兴的基本要求,甚至还能够通过人才匹配形成更深层次的创业创新活动,为农业农村现代化注入无穷无尽的新鲜活力。通过鼓励与支持双创主体开展现代种养业、乡村休闲旅游业、乡村信息产业等新产业、新业态,双创主体有充分的选择空间"留下来",并且通过提供就业岗位、建立联农带农机制等方式,能够"留得住"人才,使其扎根于农村。

第二,人才专业化趋势显著。一方面,农村原有领域的人才专业程度加深,由劳动要素的"专门"投入向各类要素的"专业"投入转变。比如,促使农业生产由以传统纯农户为主向以专业户为主转变。另一方面,人才专业化向多领域拓宽,全面覆盖农业、信息、文化、科技、教育、医疗等各类产业。此外,治理人才专业化程度也不断提升。随着国家对农业农村部门设置的调整与优化,抓双创的专业型领导干部和业务骨干综合素质提升,在实际工作中逐渐形成农村双创工作体制机制,促使农村双创活动在基层开展得更为合理、更为有效。

第三,人才联动与人才服务平台化。双创人才之间的协作以及治理人才对服务供给的支持,正在日趋紧密并展现出平台化的趋势,能够对创业技能培训、宣传推广介绍、融资担保协助、土地利用支持等多方面提供针对性的服务与支持。这能够让城乡人才展开创业创新活动的门槛大大降低,节约不必要的多环节交易成本,并且能够通过强化互助协作共同应对可能存在的不确定性问题,避免不合理、不健康的恶性竞争。未来一段时间,区域性或行业性的乡村双创服务平台将会逐步建立起来,以平台载体集聚区域双创优势,既能够为双创主体的经营规模效应提供支持,也有利于自身为双创主体提供规模化的服务与支持,还有利于外部金融机构、科研机构为双创主体提供有效率的支持。

第三节　打造新型职业农民队伍

2019 年 8 月 19 日施行的《中国共产党农村工作条例》明确指出"培养一支

有文化、懂技术、善经营、会管理的高素质农民队伍,造就更多乡土人才"。新型职业农民队伍是综合素质高、经营能力强的队伍,加强新型职业农民培训是为乡村振兴战略提供有力人才支撑的重要举措,是实现农业农村现代化的重要推力。农村双创主体凭借自身优势助力人才振兴实现,提供了规模大、实力强的人才支撑。然而,不少村庄周边经济基础薄弱、产业基础差、要素存量零散,对于城乡人才的进入短期内缺乏足够的吸引力,尽管村庄内部存在一定数量的本土人才能够提供新发展思路,但更需要通过各种方式的培训与教育,实现新型职业农民从"无"到"有"、从"少"到"多"的转变。打造新型职业农民队伍,为乡村人才振兴奠定了深层次的基础。

一、职业农民队伍形成的国际经验

美国、德国和日本等农业现代化国家由于较早对农业发展中的人才培养加以重视,注重加大农民人力资本的投入,因此职业农民队伍形成也较早,并在实践中形成一些共性经验。一方面,重视农民教育法律体系的构建。通过完善法律体系,农民教育事业不仅能够得到有序推进,农民受教育权益也能够得到充分保障。比如,美国出台了《莫雷尔法案》专门推进农村人才培养工作;德国重视农民职业教育,出台了《职业教育法》《职业训练促进法》等;日本的农民教育工作则主要由政府主导,并且重视农协在教育农民过程中发挥的重要作用,并相应出台了专门的法律与政策予以支持。另一方面,完善农民教育培养体系。在对农民进行教育培养的过程中,美国、德国和日本的各组织、各部门都形成了清晰分明的权责划分,合理分工确保农民教育培训工作顺利开展。由于不同国家之间禀赋结构存在差异,农村人才培养同样存在区别。一方面,农民教育培养体系主导力量存在区别。美国主要由学校以及校外组织主导,德国由学校与企业"双元制"指导,日本则主要由政府部门主导,学校、企业、农协等多元主体共同参与。另一方面,农民培养目标对象要与各国实际农业经济情况相适应。美国农业经济发达且农业科技水平较高,尤其重视对农业科研人才、农业技术人才以及农业经营管理人才的教育;德国农业机械化水平高,尤其重视教育农民成为高技能型的农业工人;日本农民老龄化严重,尤其重视培养能够扎根农村的高素质农业生产经营者。

总而言之,农村人才培养的国际经验表明,制度化、规范化的农民教育培训体系的构建是至关重要的。如果缺乏规范的制度保障,农民教育体系将缺乏目标导向,导致体系松散,无法长期持续地发挥作用,难以培育出适应国家农业农村现代化需求的新型职业农民。事实上,中国尽管积极开展新型职业农民培育工程,但仍然难以达到各部门组织权责协调清晰、培训目标对象明确等要求。新型职业农民培育体系在这些方面仍有待完善。乡村振兴战略的提出,尤其是人才振兴的实现,要求中国要加大农民职业培训力度,发挥好政府统筹规划的主导作用,鼓励和引导农业院校、农民合作社、农民企业等组织充分参与,形成多元化的教育培训方式和明确的教育培训目标,逐步完善农民教育培训体系。

二、大力培育新型职业农民队伍

完善农民教育培训体系,能够有力培育壮大新型职业农民队伍。新型职业农民队伍,是乡村人才实现内部供给的有效举措。《"十三五"全国新型职业农民培育发展规划》(以下简称《规划》)目标提到:到 2020 年,新型职业农民队伍不断壮大,务农农民职业化程度明显提高;新型职业农民队伍总体文化素质、技能水平和经营能力显著改善;农业职业培训普遍开展,线上线下培训融合发展,基本实现新型农业经营主体带头人轮训一遍。《规划》还制订了指标明确的培育计划,覆盖不同类型的新型职业农民,具体指标见表 4.3。

表 4.3 "十三五"全国新型职业农民培育发展主要指标

指标	2015 年	2020 年
新型职业农民培养数	1 272 万人	2 000 万人
高中及以上文化程度占比	30%	≥35%

续表

指标	2015 年	2020 年
现代青年农场主培养数量	1.3 万人	≥6.3 万人
农村实用人才带头人培训数量	6.7 万人	16.7 万人
农机大户和农机合作社带头人培训数量	示范性培训为主	≥5 万人
新型农业经营主体带头人培训数量	示范性培训为主	新型农业经营主体带头人基本接受一次培训
线上教育培训开展情况	试点性开展	完善在线教育平台，开展线上培训的课程不少于总培训课程的30%；开展线上跟踪服务

资料来源：《"十三五"全国新型职业农民培育发展规划》。

　　《规划》还指出现阶段已经基本确立了教育培训、规范管理、政策扶持"三位一体"，生产经营型、专业技能型、专业服务型"三类协同"，初级、中级、高级"三级贯通"的新型职业农民培育制度框架。为有效加快培育新型职业农民，培育目标对象、培育方式以及培育规范都应进行明确与调整。第一，培育目标对象方面，从供需两端聚焦。供给端方面，既要政府部门协作合力，成立地方农业、教育部门主导下的职业农民培育学院，也要鼓励农民合作社、农民专业技术协会、龙头企业等组织和机构积极承担培训职责。需求端方面，要为在农业园区、农业企业工作的农民以及小农户建立起新型职业农民实习实训基地和创业孵化基地，提升农民经营管理的综合素质，由传统经营型农民向职业经营型农民转变。第二，培育方式方面，重视针对性、时效性，针对不同产业特点培训农民，围绕农民综合素质以及生产经营能力，按需调整培训内容，采用实训式、案例式、体验式等新型教育培训方式，重视实践互动过程。同时灵活使用线上培训方式，避免农民学员因生产经营活动未能集中而影响培训进度和培训连续性。第三，培育规范方面，需要规范认定管理、培育管理以及信息管理。新型职业农民认定管理办法是认定工作开展的依据，既要充分尊重农民意愿，让农民自愿选择是否参与培训与认定，不得加以强制或限制，也要鼓励农民对职业技能形成强烈的认定意识，鼓励参加国家职业技能鉴定。此外，为搭建好新型职业农民培育平台，要推进培训工作的规范化建设，并且完善新型职业农民信息管理系统，建立起新型职业农民队伍的动态管理机制。

此外，新型职业农民队伍的打造，除了重视制度管理、职业培训，还需要做好能人挖掘工作。相当一部分本土能人由于缺乏机遇与渠道，未能为家乡贡献出一份力量。充分挖掘本土能人优势，不仅能够直接扩大新型职业农民队伍规模，还能够为新型职业农民队伍的打造提供各方面的支持。本土能人主要包括退休干部、退休职工、新乡贤、志愿者等。要鼓励和准进本土能人加入到乡村服务大军中，需要为他们提供更为广阔的实践空间以及更为有力的政策支持。本土能人社会资本和经济实力较为雄厚，能够成为有实力的高素质农民，或者为农民提供服务，促使传统农民向高素质农民更好更快地转变。

总而言之，新型职业农民培育工作开展以来，农民教育培训效果稳步提升。根据农业农村部科技教育司和中央农业广播电视学校组织编写的《2020 年全国高素质农民发展报告》，2020 年农业农村部、财政部启动实施国家高素质农民培育计划，中央财政投入 23 亿元支持各地培育高素质农民，基本实现农业县全覆盖，培育产业扶贫带头人、新型农业经营服务主体经营者、返乡入乡创新创业者和专业种养加能手。2019 年，国家农民教育培训专项工程共培养高素质农民 93 万人，全国高素质农民发展水平稳中有升。高素质农民生产经营能力提升，收入水平稳步提升。2019 年，高素质农民的农业生产经营人均纯收入达到每年 3.30 万元，相当于同期城镇居民人均可支配收入的 78%，是农村居民人均可支配收入的 2.06 倍。高素质农民生产经营能力的提升，还体现在对周边农民的辐射作用上。2019 年，超过 60% 的高素质农民对周边农户起到了辐射带动作用。因此，新型职业农民培育工作的开展，不仅仅培育了一批高素质农民，最终还推进了小农户与现代农业发展的有机衔接。

第四节 案例分析

　　农村双创大军是推动乡村人才振兴的重要力量，既可以激发农业农村内部人才队伍的兴起，也可以带动外部人力、财力、物力以及先进管理理念、前沿研发技术进入农业农村，构建起有效的要素投入渠道机制，实现农业农村人才队伍蓬勃发展。为了充分了解当前农村双创实践的发展情况以及面临的主要困难，本书编写组于 2019 年 6 月先后赴安徽省泾县、宁国两地围绕相关问题展开深入调研。实地调研过程中，本书编写组成员与县级相关政府部门以及农村双创主体代表召开座谈会 2 次，实地走访农村双创园区、经营实体 8 家，一对一深度访谈农村双创主体 25 家，获得了丰富的案例分析素材。

一、农村双创运作模式

　　从对农村双创主体案例的分析中，我们归纳出以下三大典型模式，它们都在人才振兴方面取得了积极成效。

　　一是特色产业拉动型。根据调研实际情况，在农村创业创新过程中，特色产业可以进一步分为传统特色产业与新型特色产业。一方面，传统特色产业是指以传统要素为基础、经过整合后构建起来的特色产业，包括传统自然资源、传统人文资源以及传统产业等。比如，当地的宣纸产业以及木梳产业就是典型的传统特色产业，它们充分调动了已有的自然禀赋以及文化资源，适应了人们对产品品质要求提升的市场需求。安徽祥飞纸业有限公司主营宣纸礼盒和锦盒，拥有 20 多名熟练工人和现代化自动生产线，开发出迎合文房四宝、宣纸及工艺品册页、手卷、折扇、复古书籍包装的锦盒、木盒、纸盒以及画框等产品，种类丰富，规格齐全。此外，公司还重视融入科技理念推动产品研发，公司创始人团队经过 2 个多月研发，成功制造出智能书画专用桌，可以根据不同年龄段书画爱好者的不同需求设计出全自动遥控调节桌面。可以看出,公司在传统的宣纸产业上融入现代科技要素、现代市场审美,摇身一变成为适应现代市场需求的传统特色产业。此外,作为"中国木梳之乡"的木梳原产地溪头村,村里从事木梳产业的户数占全村的75%,年销售收入达5 500余万元。其中,村内两家规模企业都是回乡青年创业的实践典范,他们用自己的智慧和在外学习的先进经营管理模式带动本村传统木梳产业向规模化、优质化方向发展,提升了木梳的市场竞争力和市场占有率。另一方面,新型特色产业是指农村自然资源突破农业产业的边界,与其他类型的特色资源组合之后,进而形成的新型产业形态。比如,以茶产业为主线的生态农业、以林下经济为特色的乡村旅游业等。安徽森亚生态农林有限公司将发展林下特色经济与旅游资源相结合,形成新型特色产业。公司在松林下种植石斛,出售石斛及石斛系列制品,目前,还在建设以石斛观光游览为主题的乡村休闲旅游基础设施,将当地特有的林业资源与旅游元素有效结合,具有巨大的经济发展潜力。

二是产业融合创新驱动型。各类要素在创新驱动过程中,将通过在不同产业形态之间流通重组,加速形成融合型产业。根据调研实际情况来看,融合型产业主要包括"农业+信息业"的农村电商业以及"农业+旅游业"的休闲农业与乡村旅游业态。在"农业+信息业"产业领域,电子商务信息技术对于提升农产品销售效率、推广农产品品牌知名度具有巨大的推动力。安徽画蝶电子商务有限公司通过与本地新型农业经营主体展开深度合作,有力推动了宁国市的笋干、山核桃等农特产品走向全国,打响了特色品牌知名度。安徽泽熙电子商务有限公司目前已为泾县150家农产品销售提供线上运营服务,同时还为其他企事业单位官方公众号提供运营服务。在"农业+旅游业"产业领域,宁国市竹峰龙坞家庭农场立足皖南山区独特的自然和人文旅游资源,以蔬果、花卉、毛竹种植、水产养殖为基础,延伸产业链,开发自助采摘、垂钓、休闲观光、民宿、农家乐等旅游项目,形成集设施农业、科技示范、乡村休闲旅游为一体的特色现代农业产业基地。产业融合创新驱动型发展模式之所以能兴起,是因为产业扶持政策与农业盈利层面的弱质性。传统农业经营方式的利润率极低，无法满足农村双创人员的"雄心壮志"，因此他们致力于通过创新经营方式，经营利润率较高的现代农业产业，进而推动融合型产业的形成。在需求层面，农产品"销路难"推动"农村+信息业"的结合，城乡居民"周边游"的需求推动"农业+旅游业"的结合。

三是返乡下乡能人带动型。在外务工经商人员、大学毕业生及技术人员等返乡下乡人员通过创办农村新型经营主体带动农村创业创新。返乡创业者们普遍带着先进理念、先进技术进入乡村，能够带动一定区域的发展。在外务工经商人员佘王剑1998年到上海打工、创业，积累了2 000万元资本回到家乡创业，在老家开办了安徽泾县海纳农业开发有限公司，将带动家乡脱贫致富视为己任，要求自己履行好"先富带后富"的理念，利用自身的管理经验、资本积累推动家乡产业走向深度融合，让家乡农户们都能共享农村一二三产业融合过程中的发展红利。王玮在大学就读期间就对App产品开发技术有充分积累，在指导老师的支持下，毕业后便毅然创办了安徽吉昌护理设备有限公司，在家乡发展起新型智能医疗服务业。返乡下乡能人带动型发展模式的前提条件是这类人员具备返乡下乡的能力，这就要求地方政府要出台一系列支持人才返乡下乡的政策，而"三乡工程"等支持政策确实在这一过程中起到了尤为关键的作用。

总体而言，从已有发展模式来看，农村创业创新现代化进程明显，极大地推动了传统农业向现代农业的转变，农村单一产业向多元产业的跨越。地方特色农业在汲取现代先进理念、先进要素后逐步兴起，农村产业在产业融合进程中逐步显现出技术化的趋势，发挥返乡下乡人员的带动作用，提升了农村产业的综合竞争力。然而，已有发展模式中，双创主体的带动能力并未得到充分显现，龙头骨干企业带动型的发展模式未能在人才引进、招商引进过程中得到扩展；此外，农村双创主体的产业集聚度仍然比较低，对外尚未形成强大的市场竞争力，双创园区（基地）的作用未得到充分发挥，双创园区（基地）集群型发展模式也应在下一步发展中得到充分的重视。

二、农村双创实践成效

目前,农村双创工作在城乡融合、"新农人"培育、就业岗位提供三个方面成果显著。

一是推动城乡融合进程,实现农村一二三产业融合。从城乡一体化、统筹城乡发展再到城乡融合,是逐步打破城乡要素流动壁垒,实现要素互融互通、重组升级的动态过程。在这一过程中,地方经济活力也会因为要素配置效率的提升而得到激发。2019年以来,泾县就吸引了16名在外人士回乡、16家企业下乡,实施各类产业项目48个,总投资24亿元。通过引入产业项目与产业经营人才,泾县农村产业体系得到完善,充分利用了城市所具备的先进理念与先进要素,推动农业特色产业与农村融合型产业兴起。泾县依托乡村生态优美、风景秀丽的资源禀赋,新建立乡村旅游特色村9个,发展休闲农业观光园8个、农家乐80余家;休闲农业与乡村旅游接待人数51.1万人次,综合营业收入3.62亿元。宁国市在"1+1+5"产业扶持政策的支持下,产业融合进程同样得到了深入推进,比如在休闲农业与乡村旅游方面,培育了休闲农业五星级园区2个、四星级园区4个,形成休闲农业和乡村旅游的周末经济带。位于桃花潭镇的桃花渡村,由于地处深山,交通闭塞,昔日几乎无人居住,成为荒废的"空心村",但在返乡创业人员高学龙与黄建军的合作下,利用当地资源投资打造了集木屋度假、水上娱乐、农林体验为一体的绿林谷综合旅游休闲度假区,如今人声鼎沸,村民纷纷返迁,开办农家乐,销售土特产,实现了企业和村民共同发展,互惠共赢的目标,让乡村活力再现。云岭镇"企业兴乡"人员王静华租用闲置农房50栋,流转土地500亩,一期投入5 000万元,依托红旅文化的影响,建立民俗博物馆和"1号兵站""光明水库码头""新四军岗哨"等旅游配套设施,利用实景演出吸引游客,带动周边近200名村民就业,特别是引进网络直播,创建"红旅小镇",仅清明、五一期间就接待游客3万人次,实现旅游综合收入50万元,现已成为"三乡工程"时尚新地标。

二是"新农人"涌现，推动农业农村现代化。"谁是农村双创的主体"是推进农村创业创新需要直接回答的问题。随着城市化进程的推进，绝大多数农村社区都处于缺乏青壮年劳动力的状态，不得不面临实施主体缺失的问题。根据调研情况，地方政府面对这一问题采取了"三乡工程"等人才支持政策，吸引市民下乡、能人回乡、企业兴乡，解决了缺乏实施主体的问题。在推进农村双创过程中，实施主体中涌现懂技术、擅经营、敢创新的"新农人"，这些新农人的特征与创业创新的内涵有着高度的融合性，是推进农村双创的生力军。"新农人"通过向农业农村注入新理念、新知识、新想法，推动了农业农村现代化。比如，一批退休干部、艺术家、教授等下乡租用农房体验田园生活的乐趣，开辟了文化创意空间，既提高了自身的生活品质，又带给了农民经济上的收益，更重要的是通过潜移默化，带动了农民观念的转变和农民素质的提高，提升了农村社会综合治理水平。以文化旅游古村落为主题的查济村、桃花潭村、龙潭村等一批各具特色的精品美丽乡村，吸引了逾百名从事音乐、书画等的文艺大家和成功企业家入住，名人名家的落户对促进当地居民素质的提高、美丽乡村的建设具有明显的带动作用。如中国青少年书画协会副主席康大军到桃花潭镇查济村租赁农房书院，举办国学讲堂，传播中华传统优秀文化，既为下乡市民、回乡能人提供了休闲体验，又提升了村民的文化素养。

三是创造创业就业岗位，带领农户脱贫致富。农村创业创新为农户增收开拓了新渠道，开辟了新天地。农村双创主体还可以通过其他利益联结方式，比如保底分红、扶贫资金等方式来带领农户脱贫致富。能人回乡创业典型人物王静华成立的云岭星火公司，制作以锅巴为主的农产品，创新研制出的"网红锅巴"深受广大客户的青睐，并在 2018 年获得了第十九届中国绿色博览会金奖，在企业畅销的"蛋黄锅巴"系列产品基础上，以每销售 1 袋补助 0.1 元的标准支持扶贫事业，2018 年捐赠扶贫资金 30 万元以上，帮助当地贫困户实现脱贫。安徽泾县旌泾农业开发有限公司建立"扶贫直通车"基地，直接流转 16 户贫困户 25.4 亩土地，每年每亩保底分红 300 元，直接安排 20 名贫困户就业，人均年收入增加5 000元。泾县海纳农业发展有限公司通过组建海纳农业就业扶贫驿站，吸收26户贫困户就业，其中，劳务用工15人，土地流转9户，流转土地43.54亩，农产品收购2户，为贫困户年创收超10万元，户均增收3 600多元。

三、农村双创特色经验

从调研情况来看，调研地点的农村双创实践与政策实施取得了一系列成效，其主要的工作经验可以总结为以下四点。

一是搭建好创业创新平台基础。实施"三乡工程"等人才支持政策以及各项产业扶持政策，最重要的前提条件是要为人才的进入、产业的发展提供良好的平台环境，这也是农村双创工作启动时所需要具备的基础。产业园区、科技园区、电商园区的设立都是吸引企业进驻的基础平台以及推动企业成长的助推器。宁国市紧抓产业园区建设，目前已形成了南山食品产业园、南极山核桃产业园等平台载体，推进农业企业进园区集群发展。尽管产业集群效应尚未充分显现，但对吸引产业与人才的进入起到了极为重要的作用，如河沥农产品加工园区吸引了山里仁、皖斛堂等20余家企业入驻，其中省级龙头企业8家。2016年宁国市政府打造出宁国市电商产业孵化园，并对入园的电商企业房租、房屋保证金以先缴后返的方式免3年。电商园内供水、供电、无线网等配套设施日臻完善，目前涵诺佳、蓝鸽等5家电商企业入驻孵化器，阿三食品、宁玺食品等3家电商企业入驻产业孵化园。另外，科技与创新有密不可分的关系，科技平台也具有重要的作用。针对泾县农业技术力量薄弱的现状，2018年，泾县依托安徽泾县三百里农业循环经济开发有限公司建立"安徽省农业科技特派员工作站"，积极开展人才的培养和技术培训，加快科技成果的转化。

二是重视要素供给保障。在推动农村创业创新的启动期，没有充足的要素供给保障，双创带头人是没有信心进入的，这就难以保证双创工作能够顺利启动。农村创业创新离不开人才、资金、土地等要素支撑，并且由于农村要素市场的市场化程度仍有待提高，政府需要发挥好弥补市场不足的作用。"三乡工程"

等人才支持政策的落实,有利于吸引更多的人才要素供给规模进入农村双创过程之中;科技特派员制度与人才培训制度的完善进一步提升了人才要素供给水平。"1+1+5"等产业扶持政策确保资金要素规模能够满足大部分双创主体启动资金的支持需求,金融担保政策等进一步提升了双创主体进入农村的预期信心。土地流转优惠政策以及园区优先用地政策也在一定程度上减缓了双创带头人进入时的担忧。

三是强化组织领导与工作考核。农村双创工作推进要想取得成效,很大程度上需要很强的组织领导能力以及渐进的工作推进机制,如泾县的工作推进方法有一定借鉴意义。在组织领导方面,泾县设立县"三乡工程"办公室,与乡村振兴大会战指挥部分办公室合署办公,负责"三乡工程"日常具体工作,各乡镇单位实行党政"一把手"负责制,推动2 000万元"三乡工程"扶持资金在各个乡镇开花结果。在工作考核方面,建立会议推进、信息报送、考核奖惩等工作推进机制,坚持每两个月召开一次"三乡工程"推进会,实行县领导联系"三乡工程"重点项目制度。将"三乡工程"落实情况作为县委、县政府督查重点,坚持月督查、月通报,确保各项任务落到实处。将"三乡工程"作为乡村振兴的重要方面纳入各乡镇、县直有关单位年度考核内容,制订具体考评办法,将考核结果作为选拔任用干部的重要依据。

5

文化振兴：
乡村振兴之魂

从新石器时代的河姆渡文化，到 2018 年我国设立农民丰收节，数千年来，以农耕为主要生活方式的乡土社会孕育了悠久灿烂的乡土文化、中华文明。这些乡土文化记录着乡村社会发展变迁的历史脉络，是农民生产与生活的表达，也是中华民族传统文化的重要组成部分和中华文化的根脉所在。[①] 农村是我国传统文明的发源地，乡土文化的根不能断，农村也不能成为荒芜的农村、留守的农村和只留在记忆中的故园。党的十九大报告指出，农业农村农民问题是关系国计民生的根本性问题，必须始终把解决好"三农"问题作为全党工作的重中之重，实施乡村振兴战略。2021 年中央一号文件《中共中央 国务院关于全面推进乡村振兴 加快农业农村现代化的意见》强调，要全面推进乡村文化振兴，深入挖掘、继承创新优秀传统乡土文化，把保护传承和开发利用结合起来，赋予中华农耕文明新的时代内涵。乡村是一个生活共同体，文化是乡村振兴的力量"凝聚枢"和发展"风向标"。振兴乡村文化，客观上可以起到活跃经济文化氛围、拓展社会生态空间、构建文化传播语境等作用；主观上则可以达到提升乡民生产生活质量、文化综合素养和精神境界的目标。[②] 可以说，文化振兴，就是乡村振兴之魂。

第一节　乡村振兴中的文化要素

乡村文化是乡村振兴的内生动力，文化振兴也是实施乡村振兴战略的内在要求。那么，乡村振兴应当以什么样的文化为内核？乡村振兴的文化要素又包括哪些内容？罗俊梅等认为，"乡村文化"主要是指乡村群众在农业生产和生活实践中逐渐形成和传承下来的特定的行为方式、风俗习惯、道德风尚、价值观念、是非标准和人生理想等，主要表现为乡规民约、物质生产生活和道德标准等

---

① 周维.乡村振兴战略视角下乡土文化的传承困境与重构策略研究[D].重庆:西南大学,2019.
② 徐苑琳.乡村振兴 文化先行[J].人民论坛,2018(16):250-251.

非物质形式，①影响着乡民的社会实践活动、认知活动和思维方式。普遍认为，乡村文化是乡村居民在与乡村自然相互作用过程中所创造出来的所有事物和现象的总和。乡村文化相对于城市文化而言，在传统农业社会里，两者只有分布上的差别而无性质上的不同。乡村文化具有极为广泛的群众基础，在民族心理和文化传承中有着独特的内涵。有学者将文化的构成从互相交织在一起的横向层面和纵向层级两个方面来加以认识。② 其中，横向层面一般概括为物质层次的实体文化和精神层次的观念文化。纵向层级一般概括为民族文化、民俗文化和民生文化。据此，我们将乡村振兴中的文化要素划分为两种表现形式：一是以物质为基础的物质文化，如特色建筑形式、特色服饰、地方风味和地方乐器等；二是以非物质为基础的精神文化，如家风、民风、乡风、乡音、特色节日、戏剧戏曲特色剧种等。乡土文化的各类要素，在与现代文化生活方式的有机结合中，焕发出新的生命力，加快推进乡村振兴。

一、乡村振兴中的物质文化

表现形式以物质为基础的物质文化是文化振兴与产业振兴衔接的关键。乡村文化蕴含的饮食、建筑、服饰等物质要素，构成农村独具魅力的人文风景，从侧面反映了全体国民的理想追求、处事原则、生活憧憬以及对社会、对人生的理性考量和认知模式等，在我国基脉甚广、源远流长。③

（一）乡村特色文化建筑

如陕北窑洞、北京四合院、东北土炕、贵州苗寨、羌族碉楼、傣族竹楼等，都是乡村文化在地方建筑形式上的精彩演绎，也是最能吸引游客和传承乡村传统文化的文化实体。以陕北窑洞为例，陕北窑洞是中国北方黄土高原上特有的汉

---

① 罗俊梅,周明星.新时代中国特色社会主义乡村文化振兴研究:基于"乡风、乡情、乡土、乡贤"视角的思考[J].贵阳市委党校学报,2019(2):48-53.

② 于珍彦,武杰.文化构成和文化传承的系统研究[J].系统科学学报,2007(1):79-83.

③ 刘金祥.积蓄乡村振兴的文化力量[J].农村工作通讯,2018(13):41-43.

族民居形式，具有十分浓厚的汉族民俗风情和乡土气息。窑洞分为土窑洞、石窑洞、砖窑洞、土基子窑洞、柳椽柳巴子窑洞和接口子窑洞多种。陕北窑洞是黄土高原的产物，也是陕北汉族劳动人民的象征。这种土墙、土炕、土屋顶的特色建筑也从侧面反映了我国农耕社会的乡土特性。

（二）乡村特色服饰

如藏族人民劳动时穿的勒规、表达礼仪的哈达，陕北农民穿的不挂面料的老羊皮，东北的花棉袄等，是地方特色文化在服饰上的精彩演绎，也是最易传播和被现代人接受的实体文化。以陕北老羊皮为例，庄稼人穿的老羊皮，不挂面料，毛朝里，皮朝外，不怕脏、不怕蹭，连扣子也不用，拿条布带往腰里一勒，就可遮风挡寒。在山坡躺下休息时，往身上一盖，白天是衣，晚上是被，经济实用，好处不少，只是生了虱子很难捉，当地有几句顺口溜对它作了生动的描述："白天穿，晚上盖，天阴下雨毛朝外，虱子咬起墙头晒。"

（三）乡村特色饮食

这是吸引城里人到农村消费的重要因素之一。地锅鸡、地锅排骨、地锅焖面，越来越多的美食爱好者热衷于寻找隐藏于乡土社会的"锅气"，似乎只有在炊烟袅袅的乡村才能吃上一口地道的家乡菜。

二、乡村振兴中的精神文化

表现形式以非物质为基础的精神文化是乡村文化振兴中关注度最高、受冲击最大、发展最薄弱的环节。改革开放以来，以工业文明为标志的城市文明蓬勃发展，世界上优秀的城市文明通过现代科技手段，不断以视频、图片和文字的形式展现在国人面前，这在向来以农耕文明为标志的乡土中国，不可避免地会产生城乡文化的对立与冲突，农村人越发向往城市生活，城市人对乡村产生偏见，这直接或间接导致了乡村文化的空心化和乡村精神的边缘化。党的十九大召开后，中央农村工作领导小组办公室制定并发布了《国家乡村振兴战略规划

（2018—2022 年）》。该规划提出，随着我国经济由高速增长阶段转向高质量发展阶段，乡村发展将处于变革与转型的关键时期，迫切需要重塑城乡关系，而城乡文化关系是城乡二元关系中不可或缺的重要组成部分。如何深化乡村精神文明建设，为乡村精神文明发展注入活力成为乡村文化振兴工作的重点。

事实上，以乡土社会为根基的家风、民风、乡风、乡音、特色节日、地方戏剧戏曲特色剧种等都是开展乡村精神文明建设的良好抓手。农村家庭是新农村建设的主体，我国乡村家庭约有 1.95 亿户。家风是家族文化的精髓，是家庭成员为人处世的行为准则。良好家风对提高农民素质，促进民风以至乡风建设，推进新农村精神文明建设具有重要意义，有利于乡村振兴战略的实现。① 乡音则能迅速拉近人与人之间的距离。特色节日，如傣族新年和 24 节气等参与式的文化表现形式能让人们快速找到共同点，重温共同记忆，增强乡村人民的凝聚力和向心力。地方特色剧种则是我国优秀传统文化的具体展现，一个个传统故事的精彩演绎，既让人们对乡村的情感更加浓烈，又弘扬了我国优秀的传统文化。

三、乡土文化的现代传播

伴随移动传播的迭代发展与迅速普及，移动短视频成为当前最火热的传播形式。其中，乡村短视频爆发出野性生长的原始生命力，成为网络视频大家族中生动的单元。乡村原创短视频将田园生活之美、乡情乡趣、传统美德、人与自然和谐相处之道、乡村特色美食等传播出去，吸引了海量关注，成为不少视频网站或综合性信息分发平台拉动流量的重要板块。② 第 42 次《中国互联网络发展状况统计报告》显示，2018 年上半年，短视频应用迅速崛起，网络视频用户数达 6.09 亿，城乡网民在网络视频应用中表现出的差异较小。截至 2018 年 7 月 27 日，西瓜视频拥有超过 4 000 位"三农"短视频创作者，每月创造 5 万余条相关内

① 时子晗.浅谈家风对民风、乡风建设的重要意义[J].现代化农业，2019(11)：22-23.
② 韩春秒.乡音 乡情 乡土气：管窥乡村原创短视频传播动向[J].电视研究，2019(3)：21-24.

容,累计播放量高达 20 亿次。2019 年,中国电商扶贫实现了贫困县全覆盖,引导 21 家电商企业深化电商公益扶贫频道,对接贫困县超过 600 个。综合示范累计服务贫困人口 1 000 多万人次,带动 300 多万贫困人口增收。①

乡村文化振兴,是实现乡村产业振兴、生态振兴、组织振兴和人才振兴过程中乡村群众主体意识觉醒、解放思想、提升综合素质的关键一环,是推进中国特色社会主义核心价值观融进村民文化思想和价值观念的有力抓手,也是实现中国优秀传统文化走向复兴的伟大举措。实现乡村文化振兴,就要求我们把握乡村文化的构成要素,因地制宜地挖掘地方特色传统文化,因时制宜地结合新时代中国特色社会主义文化,利用好现代科技手段,在挖掘、创新、宣传、推广等诸多环节节节发力,推动乡村文化发展。

第二节　文化搭台，经济唱戏

乡村文化振兴是经济发展的思想保障和必然要求,经济发展是乡村文化振兴的物质基础,二者相辅相成,彼此促进,不可分割。近年来,随着人民生活水平的不断提高和产业融合步伐的不断加快,乡村旅游业蓬勃发展,这不仅为乡村文化振兴搭建了施展拳脚的平台,更是让乡村的经济发展唱了一出好戏。乡村特色文化产业与文化旅游产业是推动乡村文化与乡村经济双翼齐飞的重要路径,在发展过程中,乡村产业的可持续发展是充分条件,乡民综合文化素养是不可或缺的必要因素。②

一、乡村文化产业

"文化产业"一词最早由法兰克福学派的阿多诺与霍克海默提出,指"生产

---

① 数据来源:商务部数据。
② 范建华,秦会朵.关于乡村文化振兴的若干思考[J].思想战线,2019,45(4):86-96.

领域中广为人知的商品逻辑和工具理性,在消费领域同样引人注目".① 法兰克福学派主要认为文化产业是以工业为基础的产业,且是大众的,无法实现艺术超越的,这里本书不做过多探讨。2005 年初,国家统计局印发《文化及相关产业指标体系框架》,将"文化产业"这一概念定义为"为社会公众提供文化、娱乐产品和服务的活动,以及与这些活动有关联的活动的集合"。张永丽和甘露认为,农村文化产业就是以中国传统农村文化为基础,以"天人合一、以人为本、刚健有为及贵利尚中"的精神为指导原则,以市场需求为导向,从事文化产品的生产、流通和提供文化服务的经营性活动,向社会提供文化产品和服务。其目的是满足人民群众日益增长的精神文化生活需要,促进农民自身的发展以及用文化的生产力来发展农村、农业,促进农民增收。② 中国的文化产业是在改革开放的不断深入和中国特色社会主义市场经济的不断完善下成长起来的,而乡村文化产业自然也是在改革开放的进程中不断发展壮大的,在乡村振兴战略实施后,越发得到重视和蓬勃发展。

乡村文化产业正在全方位地推动着乡村的经济发展。利用文化产业来推动乡村经济发展的路径有很多,文化产业为农村提供了就业机会,为农民提供了非农收入,为特色农业带来了更多的关注度。发展乡村文化产业,首先要做到因地制宜,深度发掘当地特色文化,并科学结合市场需求,做特色的但非热闹的。比如近年来频繁爆出的各地哄抢名人故居事件,一位名人有多达十几处甚至几十处的故居,这就证明各地政府对当地乡村文化产业的市场定位不准确,最后出了洋相,名人故居也游客寥寥。其次,发展乡村文化产业不一定非要局限在乡村,也可以利用品牌效应,依靠连锁店或电商形式,发展乡村经济,比如,台湾品牌桃园眷村被誉为"早餐爱马仕"。该品牌就非常善于利用"眷村"的文化概念,将店面开遍全国,一度成为网红品牌。最后,发展乡村文化产业,不要一味"追古",也要重视现代文化。比如,坐落于四川安仁镇的建川博物馆,由文

① 迈克·费舍斯通.消费文化与后现代主义[M].刘精明,译.南京:译林出版社,2000:20.
② 张永丽,甘露.我国农村文化产业研究综述[J].经济问题探索,2012(3):63-68,128.

化名人樊建川于 2005 年开始兴建。建川博物馆以"为了和平，收藏战争；为了未来，收藏教训；为了安宁，收藏灾难；为了传承，收藏民俗"为主题，建成 24 座场馆，收藏文物超 1 000 余万件，累计接纳国内外游客2 000余万人次，充分带动了当地就业和经济发展。

二、乡村文化旅游业

乡村旅游是以旅游度假为宗旨，以村庄野外为空间，以人文无干扰、生态无破坏、游居和野行为特色的村野旅游形式。游客到乡村去了解一些乡村民情、礼仪风俗等，也可以观赏当地种植的一些乡村土产（水稻、玉米、高粱、小麦等）和果树，游览小溪和小桥等，了解它们的故事。游客可在乡村（通常是偏远地区的传统乡村）及其附近逗留、学习、体验乡村生活。该村庄也可以作为游客探索附近地区的基地。乡村旅游的概念包含了两个方面：一是发生在乡村地区，二是以乡村性作为旅游吸引物，二者缺一不可。

乡村文化振兴促进了乡村文化旅游业发展，旅游业发展带来就业机会，就业机会吸引优秀人才回乡和资本下乡，人才回乡和资本下乡又带来更多就业机会，可以带来乡村文化新一轮的创新发展，从而正向循环，使乡村经济持续稳定繁荣。数据显示，2012—2018 年中国休闲农业与乡村旅游营业收入增长十分迅速，其中，2013 年、2015 年、2016 年我国乡村旅游营业收入增长率都达到 30%以上。2017 年全国乡村旅游收入达到了 7 400 亿元。2018 年，全国休闲农业和乡村旅游接待人次超 30 亿，营业收入超过 8 000 亿元。到 2019 年，我国乡村旅游发展态势一片大好，全国乡村旅游总人次达 15.1 亿次，同比增加 10.2%；总收入0.86 万亿元，同比增加 11.7%。截至 2019 年 6 月底，全国乡村旅游就业总人数886 万人，同比增加 7.6%。① 这些数据表明，乡村文化旅游正在强有力地推动乡村经济的振兴。乡村文化旅游带动了餐饮住宿、农产品加工、交通运输、建筑和

---

① 数据来源：根据中国社科院、农业农村部、文化和旅游部报告整理。

文化等关联产业,农民可以就地就近就业,还能把特色农产品变成礼品、特色民俗文化,工艺变成商品,特色餐饮变成服务产品,增加了经营性收入。一些地方把民房变成民宿,农家庭院变成农家乐园,增加了财产性收入。特别是一些贫困地区,通过发掘独有的稀缺资源,有效地带动了农民脱贫致富。

习近平总书记指出,在不同的经济和社会环境中,人们生产不同的思想和文化,思想文化建设虽然取决于经济基础,但又对经济基础起反作用。由此可见,加强乡村文化建设要以推动乡村经济发展为前提和基础,通过提高乡村经济发展水平为乡村文化建设奠定扎实的物质基础。发展乡村经济、推进乡村文化建设主要有以下几种途径:一是建立城市文化反哺乡村文化的体制机制,加快乡村文化建设的进程,实现城市与农村的双赢;二是加大对文化建设的投入,以政府财政支出和民间筹资的方式,保障农村居民的基本文化权益;三是加大对"三农"题材文艺作品创作的支持和投入力度,培养乡土文化人才,扶持民间文艺团体,丰富乡村文化的内涵。

第三节　家风、民风、乡风与文化振兴

在城乡关系重塑、物质文明变革的重要时期,悠久的历史长河中所凝结出的优良乡村面貌、淳朴风气习俗,与新时代崇尚科学、崇尚文明的社会风气互动交融,为构建具有时代特色的家庭伦理关系、邻里关系、党群关系奠定了坚实的精神文化基础。在党的十九大报告中,将乡村振兴战略凝结成"产业兴旺、生态宜居、乡风文明、治理有效、生活富裕"二十字方针,2021年中央一号文件又再次强调,要持续推进农村移风易俗,推动形成文明乡风、良好家风、淳朴民风。因此,根植于乡土社会的"三风"建设既是对中华优秀传统文化的继承和发扬,也是当今精神文明建设的关键要素,已经成为提升乡村文化自信、带动乡村文化振兴的重要根基。

一、良好家风、淳朴民风、文明乡风

家风、民风与乡风三者并非抽象、虚无缥缈的概念，而是在久远的历史传承中形成的具体范畴。所谓"家风"，目前有"文化论""教育论""家规家训论""价值观论"等几种代表观点，①反映出家风丰富的内涵、内容和形式。集众家之言，家风是一个家庭或家族在长期生活过程中逐步形成并世代延传下来的传统风气和风尚，承载了一个家庭或家族的生活作风、生活习惯、生活态度、文化氛围、处事理念、价值观和人生观等内容。其中，家庭教育直接影响着家风的形成，在一定程度上是家风的折射；家规、家训则是传统家风的具体表现形式和重要符号标识，进一步强化了家风的熏陶和教化功能。② 家风是家庭发展到一定历史阶段的产物，也是人类社会的一种文化现象，培育了个人生存发展的精神文化内核，构成整个家庭或家族成员的精神家园。中国古代社会建立在以血缘关系为纽带、以君臣关系为纲纪的等级森严的宗法制度之上，具有"家国同构"的显著特征。彼时家风家训既包含礼仪、德育等内容，更蕴含着国家情感、心怀天下的思想，特别强调修身、齐家、治国、平天下间的密切联系，以"整齐门内，提撕子孙"（《颜氏家训·序致》）为目的，充分发挥着对家庭成员的教化功能，但由于特定历史条件的制约和封建地主阶级道德的影响，某些价值观被打上了封建专制思想的烙印。③ 随着新文化运动对民主思想的传播，受自由、平等、理性、法治等现代精神浸染的中国传统家风也随之发生嬗变，从原有的以儒家文化、修身治国为基础，变成了以中国优秀传统文化、马克思主义、西方教育学为基础，越来越多地强调家庭成员之间的平等、民主，社会主义新家风逐步形成。但始终没有改变的，是家风对个人品格的塑造和人生初期价值观形成所发挥的重要作用。

---

① 康雁冰.论家风的实质及发展价值[J].教育与教学研究,2015,29(12):58-61.
② 周春辉.论家风的文化传承与历史嬗变[J].中州学刊,2014(8):144-146.
③ 陈延斌.中国古代家训论要[J].徐州师范学院学报,1995(3):125-128.

"民风"一词最早出现于《礼记·王制》。周天子每到一地巡视,都要"命大师陈诗,以观民风",也就是命专门负责收集民间诗歌的官员将流传于当地的歌谣进献给他过目,以考察风俗之美恶、政令之得失。明代高启在《吴趋行》中也写道:"土物既繁雄,民风亦和平。"在《辞海》中,"民风"释为"民间风尚",从实践来看,民风并没有特别具体的表现形式和规则,但能够反映出某一地方民众的素质水平和精神文化风貌,例如社会互助、崇文尚武等。当下,民风集中体现了农村精神文明建设的要求,不仅涉及农民的思想、文化和道德水平,还包括地方传统习俗、民间风气以及教育、文化、卫生、体育事业的发展等。①

所谓"乡风",是指一个乡村的风土人情、风俗风尚和生活习气,是聚居在同一地域共同生活的成员在长期生产生活实践中所形成的行为规范、心理特征和文化习性,具体又体现在农民的信仰操守、思维方式、价值观念、行为取向以及农村的伦理道德、习俗传统、文化礼节等方面。文明乡风是相对不文明乡风而言的,是农村良好的风气、风俗,是农民正确的价值观念、良好的生活习惯和积极健康向上的精神风貌的体现。孟子所描述的"出入相友,守望相助,疾病相扶持"的和睦乡风千百年来一直为后人津津乐道;中国最早成文的乡里自治制度《吕氏乡约》便是敦厚乡风、实践教化的典范之作,用通俗的语言规定了处理乡党邻里间关系的基本准则,既是文明乡风的文本形式,又不断推动文明乡风的践行和深化。结合当今时代背景,文明乡风也不断展现出新的内涵,比如积极进步的思想意识与道德观念,崇尚传统文化、崇尚科学文明的社会风气,符合时代特色的家庭伦理关系、邻里关系、党群关系等。

家风、民风和乡风三者息息相关、彼此渗透,家风相连成民风,民风相融成乡风,正如常言道:"家风正则民风淳,民风淳则社风清,社风清则社稷安。"中共中央国务院印发的《乡村振兴战略规划(2018—2022)》中明确指出:"乡村振兴,乡风文明是保障。必须坚持物质文明与精神文明一起抓,提升农民精神风

---

① 时子晗.浅谈家风对民风、乡风建设的重要意义[J].现代化农业,2019(11):22-23.

貌，培育文明乡风、良好家风、淳朴民风，不断提高乡村社会文明程度。"由此可见，乡风文明建设的内涵包括文明的乡风、良好的家风、淳朴的民风，三者作为乡村文化建设的一体三面而同根共生。从本质上看，"三风"孕育于我国乡土社会，而根植于"礼"的土壤。费孝通先生指出，中国社会是乡土社会，在"差序格局"之上构建起了乡村社会的礼俗文化和礼俗秩序。"礼"通过内在的力量得到推行，以非制度性、非强制性的方式促使人们对自我思想和行为进行选择、调整与规范，进而形成了具有共同认知与约束力的家风、民风和乡风。[①] 在西方经济文化的渗入下，虽然人们在理解、取向和取舍传统"三风"上有所转变，工业文明带来的现代精神也有所发展，但"三风"仍顽强地坚持着"礼"和儒家的核心道德观念，持续地影响着我国的发展。因此，在世代流传的过程中，一些核心精神得以保留和传承，使"三风"体现出一定的传承性和稳定性；在不同的空间和时间维度下又会发展出与所处时代相适应的特征，取精华而去糟粕，体现出一定的时代性和进步性。

二、乡风文明建设与文化振兴

"乡风文明"最早是在党的十六届五中全会关于建设社会主义新农村的总要求"生产发展、生活宽裕、乡风文明、村容整洁、管理民主"中出现的。党的十九大报告又在社会主义新农村的基础上进一步升华，提出乡村振兴战略，凝结成"产业兴旺、生态宜居、乡风文明、治理有效、生活富裕"二十字方针，"乡风文明"的重要性可见一斑。

作为地方社会风气的缩影，乡风影响着人们的情感认同和行为习惯，深刻影响着地方的发展。[②] 乡风文明建设既是对中华优秀传统文化的继承和发扬，又不断助推新时代背景下新内涵的构建和发展，是乡村文化振兴的破题关键，在提升乡村文化自信、提高乡村建设水平、带动基层现代化治理、践行社会主义

---

① 吕宾.乡村振兴视域下乡村文化重塑的必要性、困境与路径[J].求实，2019(2)：97-108，112.

② 王腾，滕俊磊.乡村振兴中乡风文明建设难点与路径选择[J].合作经济与科技，2020(4)：185-187.

核心价值观等多个方面发挥着重要作用。

（一）乡风文明建设有助于提升乡村文化自信

在中国千百年来的历史变迁、生产发展和民族融合过程中，乡土社会不断丰富其独特、灿烂的乡土文化，铺成了中华文明最浓郁的底色。不论生产技术如何发展、帝王朝代如何更迭，中国乡土文化中的尊老爱幼、邻里和睦、遵礼守德、崇德向善等传统美德始终备受推崇。党的十九大报告指出："文化是一个国家、一个民族的灵魂。文化兴国运兴，文化强民族强。没有高度的文化自信，没有文化的繁荣兴盛，就没有中华民族伟大复兴。"乡风文明所蕴含的丰富的文化内涵，正是乡村文化自信的重要根源。通过乡风文明建设，理解、认同、尊重和热爱乡土文化，既是培养文化自信的内在要求，也是乡村文化振兴的关键途径，从而使得农村建设"看得见山，望得见水，记得住乡愁"。

（二）乡风文明建设有利于提高农村建设水平

乡风文明建设不断为乡村发展注入精神动力和智力支持。通过提高农民的科学文化水平和思想道德素养，为构建稳定的农村人才培养体系奠定基础，带动地方产业振兴；通过培育"文明乡风、良好家风、淳朴民风"，潜移默化地影响乡村人民的生产方式、生活方式和行为习惯，激发村民内在的活力，将广大村民凝聚在一起，形成建设乡村的强大合力。

（三）乡风文明建设有利于带动基层现代化治理

礼俗文化所包含的伦理道德、价值追求、处世态度、行为规范等不仅是乡村文化价值理念的体现，更是五千年来乡村社会得以良性运转与和谐发展的文化基础。① 乡村治理需要以乡风文明建设为依托，努力将优秀的乡土传统文化与现代文化相结合，充分发挥礼俗文化对村民的约束、整合和规范作用，提升农民思想道德素质和自我规范意识，为构建"自治、法治、德治"融合的治理体系提供价值基础和道德支撑，实现从管理民主到治理有效的转变。

---

① 吕宾.乡村振兴视域下乡村文化重塑的必要性、困境与路径[J].求实，2019（2）：97-108，112.

（四）乡风文明建设有利于协调农村"两个文明"

改革开放以来，农村村民生活条件显著改善，物质需求得到极大满足，与此同时，其精神文化需求也日益增长。但某些地方物质财富快速增长而精神文明建设相对落后，拜金主义、消费主义、唯利是图等价值取向破坏了农村天然淳朴的社会风气，聚众赌博、非法传教、封建迷信等落后行为和思想在很多地方有所抬头，甚至呈现蔓延趋势，因此需要通过乡风文明建设重塑农村精神文明生活，弘扬社会主义核心价值观，解决农民的思想问题，带动农村形成积极健康的社会风气和精神风貌，促进农村"两个文明"的协调发展。

目前，农村乡村文明建设仍有一些不足之处，如乡村文化建设与文化服务缺少农民的参与、乡村文化缺乏再生产能力和优秀人才等。[①] 更重要的是当前农村文娱生活相对单一，农民精神生活极度贫乏，不良风气大行其道，不仅严重影响着农民的生活质量，更是阻碍了农村整体的健康持续发展。因此推动乡风文明建设，培育"文明乡风、良好家风、淳朴民风"是当前乡村振兴战略的重中之重。作为一项长期工程，乡风文明建设将潜移默化地影响广大农村老百姓的思想观念、行为习惯，当地有关部门必须脚踏实地，通过切实的行动提高农民的思想道德素质和科学文化水平，将农村优秀传统文化同当代先进思想融合，珍惜文化资源、守正文化根脉，使得乡村振兴"留得住乡韵、记得住乡愁"。

第四节　农业文化遗产与乡村振兴

农业文化遗产（Agricultural Heritage Systems）这一概念源自联合国粮农组织 2002 年启动的"全球重要农业遗产（Globally Important Agricultural Heritage Systems，简称 GIAHS）"项目，其背景是，当前消耗大量资源和能源的现代农业生产过程具有一定的弊端，引发了一系列全球性的生态与环境问题，与此同时

---

① 阳月华.乡村振兴战略背景下的乡风文明建设探析[J].新西部,2019(35):13,15.

人们逐渐意识到一些传统农耕方式在应对气候变化、保护生态环境等方面凸显了独特优势,因此该项目旨在保护这些传统农业技术、生物资源和农业景观。为加强对我国农耕文明的挖掘、保护、开发和继承,我国在全国范围内四次评选出 91 项"中国重要农业文化遗产",丰富乡村文化内涵的同时带动了地方产业振兴,在探索中逐渐构建起农业文化遗产的文化效益、生态效益、社会效益和经济效益"四统一"的动态保护机制,也同乡村振兴的目标相得益彰。

一、农业文化遗产

联合国对全球重要农业遗产的定义是"农村与其所处环境长期协同进化和动态适应下所形成的独特的土地利用系统和农业景观,这些系统与景观具有丰富的生物多样性,而且可以满足当地社会经济与文化发展的需要,有利于促进区域可持续发展"。按照联合国粮食及农业组织(FAO)所确定的试行标准,全球重要农业文化遗产的确定必须符合 5 个方面的标准:丰富的生物多样性、有利于食品安全、传统的农业知识、丰富的文化多样性、丰富的农业景观多样性。[①]农业文化遗产同一般农业遗产的区别,正如世界农业遗产基金会主席 Parviz Koohafkan 先生指出:"它是人类长期的生产、生活与大自然所达成的一种和谐与平衡。它不仅是杰出的景观,对于保护具有全球重要意义的农业生物多样性、维持可恢复生态系统和传承高价值传统知识和文化活动也具有重要作用。与以往的单纯层面的遗产相比,更强调人与环境共荣共存、可持续发展。"[②]

2005 年,我国"青田稻鱼共生系统"被 FAO 列为首批 GIAHS 保护试点。截至目前,全球共有 21 个国家 57 项 GIAHS 保护项目,其中 15 个保护项目在中国,除了浙江青田稻鱼共生系统以外,还有云南红河稻作梯田系统(2010)、江西万年稻作文化系统(2010)、贵州从江侗乡稻鱼鸭系统(2011)、云南普洱古茶园与茶文化系统(2012)、内蒙古敖汉旱作农业系统(2012)、浙江绍兴会稽山古香

---

① 闵庆文.关于"全球重要农业文化遗产"的中文名称及其他[J].古今农业,2007(3):116-120.

② 同①.

榧群(2013)、河北宣化城市传统葡萄园(2013)、江苏兴化垛田传统农业系统(2014)、陕西佳县古枣园(2014)、福建福州茉莉花和茶文化系统(2014)、甘肃迭部扎尕那农林牧复合系统(2017)、浙江湖州桑基鱼塘系统(2017)、山东夏津黄河故道古桑树群(2018)、中国南方稻作梯田系统(2018,包括广西龙胜龙脊梯田、福建尤溪联合梯田、江西崇义客家梯田、湖南新化紫鹊界梯田)。①

2012年4月,为加强我国重要农业文化遗产的挖掘、保护、传承和利用,农业部正式发文称将在全国范围内评选"中国重要农业文化遗产"。结合2015年7月30日农业部颁布的《重要农业文化遗产管理办法》,我国重要农业文化遗产指的是"我国人民在与所处环境长期协同发展中世代传承并具有丰富的农业生物多样性、完善的传统知识与技术体系、独特的生态与文化景观的农业生产系统,包括由联合国粮农组织认定的全球重要农业文化遗产和由农业部认定的中国重要农业文化遗产"。② 按照文化遗产的具体内容,则可以将重要农业文化遗产划分为广义和狭义两类,前者包括遗址类、工程类、景观类、文献类、技术类、物种类、民俗类、工具类、品牌类,后者更强调农业生物多样性和农业景观。③

从2012年开始,我国每两年发掘和认定一批中国重要农业文化遗产,这对于发掘和保护中国农耕文化、促进我国农业可持续发展具有重要意义。截至目前,我国共审批通过了4批91个农业文化遗产项目(表5.1),其评定标准包括历史性、系统性、持续性、濒危性四个方面。④ 我国重要农业文化遗产发掘工作的目标任务是"以筛选认定中国重要农业文化遗产为重点,不断发掘重要农业文化遗产的历史价值、文化和社会功能"⑤,并在有效保护的基础上,结合休闲农

---

① 华夏经纬网.我国"全球重要农业文化遗产"总数达15项[EB/OL].[2020-10-07].华夏经纬网.
② 农业部.重要农业文化遗产管理办法[EB/OL].(2015-08-28)[2020-10-07].中华人民共和国农业农村部网站.
③ 闵庆文,孙业红.农业文化遗产的概念、特点与保护要求[J].资源科学,2009,31(6):914-918.
④ 农业部.中国重要农业文化遗产认定标准[EB/OL].(2012-04-20)[2020-10-07].中华人民共和国农业农村部网站.
⑤ 农业部.农业部关于开展中国重要农业文化遗产发掘工作的通知[EB/OL].(2012-04-20)[2020-10-07].中华人民共和国农业农村部网站.

业产业,探索开拓动态传承的途径和方法,实现文化效益、生态效益、社会效益和经济效益的统一。通过建立我国重要农业文化遗产的动态保护机制,助力农业农村文化繁荣、推进现代农业发展、带动农民就业增收。

表 5.1　我国重要农业文化遗产项目清单

批次	内容			
第一批中国重要农业文化遗产	河北宣化传统葡萄园	内蒙古敖汉旱作农业系统	辽宁鞍山南果梨栽培系统	辽宁宽甸柱参传统栽培体系
	江苏兴化垛田传统农业系统	浙江青田稻鱼共生系统	浙江绍兴会稽山古香榧群	福建福州茉莉花种植与茶文化系统
	福建尤溪联合梯田	江西万年稻作文化系统	湖南新化紫鹊界梯田	云南红河哈尼稻作梯田系统
	云南普洱古茶园与茶文化系统	云南漾濞核桃-作物复合系统	贵州从江侗乡稻鱼鸭复合系统	陕西佳县古枣园
	甘肃皋兰什川古梨园	甘肃迭部扎尕那农林牧复合系统	新疆吐鲁番坎儿井农业系统	
第二批中国重要农业文化遗产	天津滨海崔庄古冬枣园	河北宽城传统板栗栽培系统	河北涉县旱作梯田系统	内蒙古阿鲁科尔沁草原游牧系统
	浙江杭州西湖龙井茶文化系统	浙江湖州桑基鱼塘系统	浙江庆元香菇文化系统	福建安溪铁观音茶文化系统
	江西崇义客家梯田系统	山东夏津黄河故道古桑树群	湖北赤壁羊楼洞砖茶文化系统	湖南新晃侗藏红米种植系统
	广东潮安凤凰单丛茶文化系统	广西龙胜龙脊梯田系统	四川江油辛夷花传统栽培体系	云南广南八宝稻作生态系统
	云南剑川稻麦复种系统	甘肃岷县当归种植系统	宁夏灵武长枣种植系统	新疆哈密市哈密瓜栽培与贡瓜文化系统

续表

批次	内容			
第三批中国重要农业文化遗产	北京平谷四座楼麻核桃生产系统	北京京西稻作文化系统	辽宁桓仁京租稻栽培系统	吉林延边苹果梨栽培系统
	黑龙江托远赫哲族鱼文化系统	黑龙江宁安响水稻作文化系统	江苏泰兴银杏栽培系统	浙江仙居杨梅栽培系统
	浙江云和梯田农业系统	安徽寿县芍陂（安丰塘）及灌区农业系统	安徽休宁山泉流水养鱼系统	山东枣庄古枣林
	山东乐陵枣林复合系统	河南灵宝川塬古枣林	湖北恩施玉露茶文化系统	广西隆安壮族"那文化"稻作文化系统
	四川苍溪雪梨栽培系统	四川美姑苦荞栽培系统	贵州花溪古茶树与茶文化系统	云南双江勐库古茶园与茶文化系统
	甘肃永登苦水玫瑰农作系统	宁夏中宁枸杞种植系统	新疆奇台旱作农业系统	
第四批中国重要农业文化遗产	河北迁西板栗复合栽培系统	河北兴隆传统山楂栽培系统	山西稷山板枣生产系统	内蒙古伊金霍洛旗农牧生产系统
	吉林柳河山葡萄栽培系统	吉林九台五官屯贡米栽培系统	江苏高邮湖泊湿地农业系统	江苏无锡阳山水蜜桃栽培系统
	浙江德清淡水珍珠传统养殖与利用系统	安徽铜陵白姜生产系统	安徽黄山太平猴魁茶文化系统	福建福鼎白茶文化系统
	江西南丰蜜橘栽培系统	江西广昌传统莲作文化系统	山东章丘大葱栽培系统	河南新安传统樱桃种植系统
	湖南新田三味辣椒种植系统	湖南花垣子腊贡米复合种养系统	广西恭城月柿栽培系统	海南海口羊山荔枝种植系统
	海南琼中山兰稻作文化系统	重庆石柱黄连生产系统	四川盐亭嫘祖蚕桑生产系统	四川名山蒙顶山茶文化系统
	云南腾冲槟榔江水牛养殖系统	山西凤县大红袍花椒栽培系统	陕西蓝田大杏种植系统	宁夏盐池滩羊养殖系统
	新疆伊利察布查尔哈农业系统			

资料来源：中华人民共和国农业农村部网站。

二、乡村振兴中的农业文化遗产

农业文化遗产的保护与发展遵循着保护优先、适度利用,整体保护、协调发展,动态保护、功能拓展,多方参与、惠益共享的原则,[①]且大多数农业文化遗产地处偏远地区,其基础设施建设较为薄弱,发展过程中缺乏资金援助和技术支持。由此可见,保护和发扬悠久的、重要的、典型的农业文化遗产项目,一方面将助力我国生态文明和精神文明建设,另一方面又可帮助偏远乡村的农民维持生计和传统生活方式,带动当地产业振兴、农民脱贫致富,同我国践行乡村振兴战略的目标相辅相成。

(一)文化之源

农耕文明是中华文化的根源,是我国劳动人民在长期生产、生活实践中形成的智慧结晶。对这些重要文化遗产进行发掘和保护、继承和创新,并向社会宣传农业文化的哲学精髓及承载其上的劳动智慧,将带动公众对传统农耕文化的关注,增强国民对民族文化的认同感和自豪感,树立起民族文化自信,并借助中华优秀传统文化带动农村文化繁荣。例如,浙江青田依托"稻鱼共生"系统这张"全球重要农业文化遗产"金名片,深入挖掘这一农耕文明的历史底蕴和文化因子,不断推进农旅结合。地方传统习俗——青田鱼灯舞也多次走向了世界舞台,彰显出青田人的文化自信,带动了乡村文化繁荣和休闲农业发展,通过创新发展让古老的"稻鱼共生系统"焕发勃勃生机。[②]

(二)生态之根

我国农耕文化丰富灿烂,源远流长。重要农业文化遗产不仅是一种文化形

---

① 农业部办公厅.农业部办公厅关于印发《中国重要农业文化遗产申报书编写导则》和《农业文化遗产保护与发展规划编写导则》的通知[EB/OL].(2013-07-20)[2020-10-07].中华人民共和国农业农村部网站.

② 张灿强,龙文军.活态传承农业文化遗产 助推脱贫攻坚及乡村振兴[J].自然与文化遗产研究,2019,4(11):30-33.

态，而且是一种经济社会生产方式，充分体现了系统要素之间、人与自然之间和谐相处的可持续发展理念。我国传统农业中的桑基鱼塘、稻鱼共生、农林复合、农牧结合等文化遗产，其蕴含的生产经验和传统技术，同当今倡导生态、绿色、环保、循环等理论的现代农业是一脉相承的，既能够为当地居民提供丰富且稳定的食品，又能够保障产品绿色和安全，为整个农林牧渔系统发挥着重要的生态功能。因此，对农业文化遗产的保护、发展和经验推广，将助推我国现代农业的可持续发展，在全社会发挥出巨大的生态效益，为解决农村环境问题提供新机遇。如湖州桑基鱼塘便形成了"塘基上种桑、桑叶喂蚕、蚕沙养鱼、鱼粪肥塘、塘泥植桑"的生态农业模式，实现了对生态环境的零污染，为新时期绿色农业、循环农业的发展提供了宝贵经验。

（三）产业之叶

充分认识重要农业文化遗产中的生物、技术和文化因素，为乡村产业振兴提供了有利的发展条件。一方面，当今品种单一化已成为全球性问题，而发掘农业文化遗产将有助于培育多元化的农业育种方向，发挥生物多样性的经济效益，带动传统优质品种的提纯复壮和推广利用。[①] 另一方面，农业文化遗产项目是发展休闲农业的重要资源库，通过挖掘利用农业文化遗产资源，在乡村振兴的"一乡一品""一村一品"建设中注入文化因素，助推乡村一二三产业的融合发展。此外，利用全球重要农业文化遗产项目和中国重要农业文化遗产项目的"金招牌"，打造出优异的地理标志产品，不断增加品牌附加值，带动农业产业振兴。如内蒙古敖汉旗以"全球环境500佳"和"全球重要农业文化遗产"两个品牌为抓手，极大地推动了当地小米产业的发展，在国内外市场上都具有较强的竞争力。

（四）富强之果

已认定的91个国家重要农业遗产覆盖了近40个国家级贫困县，且与少数

---

① 闵庆文,曹幸穗.农业文化遗产对乡村振兴的意义[J].中国投资,2018(17):47-53.

民族深度贫困区有很大的重叠。① 农业文化遗产保护项目为当地输入了资金、技术和人才,带动遗产地群众通过特色物产、品牌效应、新兴业态、古村活化等形式参与到脱贫攻坚任务中来。在加强农业文化遗产传承和保护的同时创新途径,将丰富的休闲农业文旅资源和景观资源加以开发与利用,能够拓宽遗产地农民的就业增收渠道,构建起农户与市场间的紧密利益联结机制,从而使得农民在保护、利用农业文化遗产过程中的获得感不断增强。在此过程中也涌现出一批批农民遗产保护和脱贫致富的典型案例。如云南省红河县嘎他村的郭武六,利用地方独特的自然资源优势和哈尼梯田稻鸭共生传统模式,吸纳了200多户成员户成立养鸭专业合作社,带领农民分散养殖梯田鸭并统一销售,并借助全球重要农业文化遗产和世界文化遗产的品牌优势让嘎他红心鸡蛋和嘎他梯田红米走出了大山。通过充分利用农业文化遗产的优势资源,农民的年收入增加了上万元,既使农业文化遗产得到了有效的保护,又带动了一方百姓增收致富。2015年,郭武六荣获了全球重要农业文化遗产保护与发展贡献奖。

第五节　案例分析

西江千户苗寨,位于贵州省黔东南苗族侗族自治州雷山县东北部的雷公山麓,距离县城36千米,距离黔东南州首府凯里35千米,距离省会贵阳市约200千米。西江千户苗寨是一个保存苗族"原始生态"文化较为完整的地方,由10余个依山而建的自然村寨相连成片,是中国乃至全世界最大的苗族聚居村寨。它是领略和认识中国苗族漫长历史与发展之地。西江每年的苗年节、吃新节和十三年一次的牯藏节等均名扬四海,吸引了大量来自国内外的游客参观游览。

西江千户苗寨自2008年正式进行旅游开发以来,已走过了近12年的发展

---

① 张灿强,龙文军.活态传承农业文化遗产 助推脱贫攻坚及乡村振兴[J].自然与文化遗产研究,2019,4(11):30-33.

历程。通过旅游开发，这个世界最大苗寨从一个经济滞后、贫困面较广、文化保护乏力的传统村落，一跃成为经济旺、百姓富、民族文化得到保护与彰显的现代民族村寨。2008 年，西江苗寨人均年收入仅为 1 800 元，2019 年，这一数据变为了 23 600 元；家庭的主要收入来源从 2007 年的以农业收入、打工收入和少量的农家乐与可以忽略的店铺经营为主，变为 2019 年的以农家乐、房屋门面土地租金、店铺经营、上班收入、民族文化保护经费和农业收入与打工收入为主；旅游综合收入从 2008 年的刚过 1 亿元，上升到 2019 年的 74.5 亿元。

从经济的角度来看，2008 年以前，西江苗寨跟全国众多的民族村寨一样，经济发展滞后，并无任何现代产业作为发展基础。通过旅游开发，到 2016 年，西江苗寨景区游客接待量超过 484 万人次，旅游综合收入达 41 亿元；在西江苗寨经营的各类商业主体多达 1 300 多家，涉及"吃、住、行、游、购、娱"等方面，形成了旅游开发完整的产业链；通过景区发展，不仅带动了周边 20 多个村寨养殖业、种植业的发展，也对当地的县域经济产生了重要的影响，目前，西江苗寨已成为贵州民族文化旅游发展的引擎。到贵州旅游，必到"西江苗寨"，已成为游客的共识。

就文化的角度来说，2008 年以前，西江没有一家民族博物馆，没有任何一个文化展示点，社区居民的文化自觉意识尚处在自然状态。2008 年以后，西江苗族博物馆和 20 多户家庭博物馆的成立，使得西江苗寨第一次有了本民族文化传承、保护和展示的场所。近年来，贵州省西江千户苗寨文化旅游发展有限公司对"银饰坊""刺绣坊""蜡染坊""古歌堂""鼓藏堂"等一系列民族文化展示点的推出，极大地保护与彰显了西江苗族的传统文化；西江村两委以及西江千户苗寨文化研究院在各种节庆举办的"学苗文、唱苗歌""千人齐唱苗族古歌"等活动，极大地唤醒了社区居民对民族文化保护的热情；雷山县旅游管理园区对千栋吊脚楼的奖励保护措施，有效地保护了苗族传统建筑吊脚楼这一珍贵文化遗产。

6

生态振兴：
乡村振兴之魅

　　乡村生态振兴是一个复杂的系统性工程，需要多方力量的共同努力，更好地展现新时代中国乡村的独特魅力。习近平总书记指出，要科学把握乡村的差异性，因村制宜，精准施策，打造各具特色的现代版"富春山居图"。践行绿水青山就是金山银山的发展理念，保持乡村韵味、彰显乡村特色、传承乡村传统、推动乡村转型，通过建设生态宜居的美丽乡村，满足人民群众对美好生活的向往与期待。2020 年中央农村工作会议提到，要坚持把解决好"三农"问题作为全党工作重中之重，举全党全社会之力推动乡村振兴，促进农业高质高效、乡村宜居宜业、农民富裕富足。全面推进乡村振兴，这是"三农"工作重心的历史性转移。2021 年中央一号文件中指出，全面推进乡村振兴的深度、广度、难度都不亚于脱贫攻坚，必须采取更有力的举措，汇聚更强大的力量。2021 年 2 月 25 日，习近平总书记在全国脱贫攻坚总结表彰大会上庄严宣告，我国脱贫攻坚战取得了全面胜利，现行标准下 9 899 万农村贫困人口全部脱贫，832 个贫困县全部摘帽，12.8 万个贫困村全部出列，区域性整体贫困得到解决，完成了消除绝对贫困的艰巨任务。

第一节　生态振兴的顶层设计

一、生态振兴的要求

　　党的十八大以来，习近平总书记在参加代表团审议时都强调了生态环境保护。绿水青山就是金山银山，良好生态环境是最普惠的民生福祉。习近平总书记指出，我们应该坚持人与自然共生共存的理念，像对待生命一样对待生态环境，对自然心存敬畏，尊重自然、顺应自然、保护自然，共同保护不可替代的地球家园，共同医治生态环境的累累伤痕，共同营造和谐宜居的人类家园，让自然生态休养生息，让人人都享有绿水青山。梳理自 2008 年以来的中央一号文件，生态这一关键词被多次提及(表6.1),特别是党的十九大报告中,首次提出实施乡村振兴战略以来,通过建设农村生态系统,调整农村生态结构和功能,以农村生态文化建设和生态产业发展为抓手,在兼顾农村社会经济稳定发展的前提下,促进农村生态环境的有效保护。

表6.1 2008—2021年中央一号文件梳理

年份	中共中央 国务院 中央一号文件	"生态"一词 出现频次	以生态为关键词的主要内容
2008	中共中央 国务院关于切实加强农业基础建设 进一步促进农业发展农民增收的若干意见	9	继续加强生态建设。深入实施天然林保护、退耕还林等重点生态工程
2009	中共中央 国务院关于2009年促进农业稳定发展 农民持续增收的若干意见	5	推进生态重点工程建设。发展山区林特产品、生态旅游业和碳汇林业。提高中央财政森林生态效益补偿标准
2010	中共中央 国务院关于加大统筹城乡发展力度 进一步夯实农业农村发展基础的若干意见	11	构筑牢固的生态安全屏障。加强农业面源污染治理,发展循环农业和生态农业
2011	中共中央 国务院关于加快水利改革发展的决定	14	搞好水土保持和水生态保护。建立水生态补偿机制
2012	中共中央 国务院关于加快推进农业科技创新 持续增强农产品供给保障能力的若干意见	4	开展水产养殖生态环境修复试点。探索完善森林、草原、水土保持等生态补偿制度
2013	中共中央 国务院关于加快发展现代农业 进一步增强农村发展活力的若干意见	6	完善主产区利益补偿、耕地保护补偿、生态补偿办法。推进农村生态文明建设
2014	中共中央 国务院关于全面深化农村改革 加快推进农业现代化的若干意见	13	促进生态友好型农业发展。加大生态保护建设力度。抓紧划定生态保护红线
2015	中共中央 国务院关于加大改革创新力度 加快农业现代化建设的若干意见	16	加强农业生态治理。挖掘乡村生态休闲、旅游观光、文化教育价值。明确生态公益功能定位

续表

年份	中共中央 国务院 中央一号文件	"生态"一词 出现频次	以生态为关键词的主要内容
2016	中共中央 国务院关于落实发展新理念 加快农业现代化实现全面小康目标的若干意见	22	加强资源保护和生态修复，推动农业绿色发展。划定农业空间和生态空间保护红线
2017	中共中央 国务院关于深入推进农业供给侧结构性改革 加快培育农业农村发展新动能的若干意见	16	大力推行高效生态循环的种养模式。加强重大生态工程建设。推进山水田湖整体保护、系统修复、综合治理，加快构建国家生态安全屏障
2018	中共中央 国务院关于实施乡村振兴战略的意见	44	乡村振兴，生态宜居是关键。良好生态环境是农村最大优势和宝贵财富
2019	中共中央 国务院关于坚持农业农村优先发展做好"三农"工作的若干意见	10	扎实推进生态扶贫，促进扶贫开发与生态保护相协调。加强农村污染治理和生态环境保护。发展生态循环农业
2020	中共中央 国务院关于抓好"三农"领域重点工作 确保如期实现全面小康的意见	4	治理农村生态环境突出问题。开展乡村全域土地综合整治试点，优化农村生产、生活、生态空间布局
2021	中共中央 国务院关于全面推进乡村振兴 加快农业农村现代化的意见	7	全面推进乡村产业、人才、文化、生态、组织振兴，充分发挥农业产品供给、生态屏障、文化传承等功能。农村生态环境得到明显改善。稳步恢复草原生态环境

资料来源：根据相关政策文件整理。

二、生态振兴的思辨

习近平生态文明思想展现了中国兼顾生态文明建设与统筹经济发展的辩

证战略高度,"两山"理念作为核心理念,成为协同推进生态环境保护与经济高质量发展的风向标。从理论与实践的角度,推动正确认识"绿水青山"与"金山银山"的辩证关系并在实践中运用,有利于稳步构建乡村绿色发展的内生机制,同时带动经济欠发达乡村实现跨越式发展。要实现"绿水青山"向"金山银山"转化,需要自然、物质、人力与社会资本间的协调互动。

第一,深化"绿水青山就是金山银山"的理念认识。思想认识上的转变及对理念的认同感会转化为行动共识,因此,要正确认识"两山"理念的具体内涵。"绿水青山"是一种形象的表达,不单指优美的生态环境,而是泛指一切具有地方特色、具有经济转化价值的生态环境。习近平总书记曾作出了"冰天雪地也是金山银山"的重要论断,为加强生态文明建设与发展绿色经济指明了方向。对于黑龙江等冰雪资源丰富的地区,特殊的区位优势使得冰天雪地的极寒气候也成为生态资源宝库。借助生态农业、旅游观光等产业,化冰雪资源为冰雪文化、冰雪经济,也是经济发展与环境保护激励相容的生动实践。

第二,创新"绿水青山就是金山银山"的转化思路。由于生态产品的公共属性较强,且生态产品的市场风险较大、商业模式不灵活、与市场需求的对接存在时滞性,需要创新转化思路,在商品经济的市场浪潮中实现生态产品价值。例如,浙江省丽水市打造了"生态+品牌+互联网+"的新型商业模式,通过与互联网、直播平台等第三产业紧密结合,探索生态产品价值转化的有效路径。在中国首创的覆盖全市区域、全产业、全品类的农产品区域公用品牌"丽水山耕",被评为浙江省优秀农产品区域公用品牌最具影响力十强品牌,是浙江省七张名片之一,成功入选全国"互联网+农业"百佳实践案例。丽水"九山半水半分田",山是丽水最大的自然特征,耕是传统生产方式的体现。在"好山、好水、好空气"的环境下,以传统生态生产方式"耕作"农产品,打造生态精品、健康良品、畅销产品。

第三,提升"绿水青山就是金山银山"的实践效率。"让居民望得见山,看得见水,记得住乡愁",习近平总书记视察安徽时指出,"要把好山好水保护好,实现绿水青山和金山银山有机统一,着力打造生态文明建设的安徽样板"。积极探索有效的转化路径,从而提升"两山"理念的实践效率。2016 年环境保护部将浙江省安吉县列为"绿水青山就是金山银山"理论实践试点县。在试点经验的基础上,2017 年命名 13 个地区为第一批实践创新基地,2018 年命名 16 个地区为第二批实践创新基地,2019 年命名 23 个地区为第三批实践创新基地,2020年命名 36 个地区为第四批实践创新基地。各地区在"两山"理念的指引下,建设生态乡村,提升生态产品供给水平和保障能力,积极探索理论转化路径的典型做法和经验。

第二节　美丽乡村建设

我国幅员辽阔,各地区经济发展水平、资源禀赋差异较大。在美丽乡村建设的过程中,各地区农村人居环境整治取得了积极成效。2015 年 5 月 27 日,由国家质量监督检验检疫总局、国家标准化管理委员会制定的《美丽乡村建设指南》正式发布。2018 年《美丽乡村建设评价》(GB/T 37072—2018)国家标准正式发布,为美丽乡村建设提供了详细明确、全面科学的评价指标与方法。在内容编制上,美丽乡村建设评价重点包括村庄建设、生态环境、经济发展、公共服务等内容,着力引导美丽乡村建设朝着村庄秀美、环境优美、生活甜美、社会和美的方向发展。在具体要求上,注重以人为本,对硬件建设提出要求的同时,也对设施管理、维护、经费支出、人员配备等软件方面提出了要求。同时规定群众满意度权重不低于 10%,村民参与性作为美丽乡村建设评价指标的一个加强项。

水光山色与人亲,绿水青山适宜居。建设美丽乡村,打造绿色宜居乡村,以生态振兴助力乡村发展已成为新时期新农村建设的真实写照。加快美丽乡村建设,以垃圾污水治理、改厕和村容村貌提升为重点,着力补齐短板。打造生态文明乡村建设,注重保护乡村生态环境、开发乡村生态资源、打造乡村生态文化,从环境、资源和文化入手,培育富有地方特色和时代精神的乡贤文化,发挥乡贤在乡村振兴特别是生态文明建设中的积极作用。在推进美丽乡村的过程中,加强特色农耕文化的保护、历史古村落的修复工作,积极推动乡村优秀传统文化的传承。

打造各美其美的美丽乡村精品示范村。新时代的美丽乡村是人民生态宜居的家园、和谐共生的田园、文明生活的乐园。建设新时代文明村镇,推动美丽乡村文化建设。打造文化特色示范村,深度发掘农耕文明,继承创新乡土文化。区分村庄类别、功能定位与发展方向,开展农村"黑水"治理,对农村塘坝、沟渠、水库开展清垃圾、清杂草、清淤泥等系列行动,实施村庄绿化美化工程,推动山、水、田、园、林深度融合。

下面以巢湖市为例,对其建设美丽乡村的经验进行介绍。

2019 年 1 月 24 日,全国农村生活污水治理工作推进现场会在巢湖市召开。2020 年 5 月,国务院办公厅印发通报,对 2019 年落实国务院重大政策措施真抓实干、取得明显成效的 213 个地方采取 30 项奖励支持措施,巢湖市位列全国 20 个、中部 3 个开展农村人居环境整治成效明显的县市之一。巢湖市 153 个村(居)、1 562 个自然村和 105 个美丽乡村中心村人居环境得到全面改善,先后荣获"全国农村生活污水全面治理示范县(市)""全国农村生活垃圾分类处理和资源化利用示范县(市)""全省美丽乡村建设先进县(市)"等称号。

(一)规划先行的设计机制

巢湖市编制了《市域乡村建设规划》《市域农村生活污水专项规划》《农村人居环境整治规划》等专项规划和农村人居环境整治实施方案,统筹污水垃圾治理工程,农村畅通工程,水、路、电等基础设施以及教育、医疗、文体等公共服务设施建设,按照三梯次分类实施。垃圾清理好、污水治理好、旱厕改造好、危房处理好。做好农业面源污染治理、农村"黑水"治理、村庄绿化亮化提升。打造功能完善、环境优美、文明和谐的美丽乡村。

（二）多部门联动的管理机制

巢湖市建立了"市级主导、乡镇主抓，村居主干"的三级联动机制，实行主要领导包保责任制，细化目标任务，明确责任分工并按照既定措施具体推进美丽乡村建设。发挥了村"两委"牵头、村干部示范的带头作用。在落实责任的同时，争取中央支持、省及合肥市级奖补、市级政府的财政支持，由乡级政府补贴、村集体补助、农户适度出资出劳，整合美丽乡村建设、农村环境"三大革命"、乡村绿化等专项涉农资金，确保措施落地。巢湖市坚持领导责任制的同时，建立了系统完善的督导考核机制。每月召开现场观摩推进会，通过现场评、实地比，找准差距、认清不足，及时发现并解决问题。将农村人居环境整治工作纳入市政府对市直相关部门、乡镇（街道）年度目标管理绩效考核，由市督查考核办和市整治办组成联合督导考核组，采取日常督查、调研检查、随机抽查相结合的办法，对各乡镇（街道）环境整治工作进行量化评分，依据结果兑现市级奖补资金，以此调动乡镇（街道）的积极性、主动性和创造性，确保整治工作顺利进行。

（三）优先补足短板的治理机制

巢湖市坚持完成农村地区"厕所+垃圾革命"的工作重点。对于农村地区进行厕所革命的 153 个村，均按照整村推进原则实施厕所改造，2020 年底完成7.27 万户改造任务，做到卫生改厕与人居环境整治、美丽乡村建设同步实施，加强改厕后期管护。建立"农户自管为主、社会化管护为辅"的长效机制，确保实现"厕具坏了有人修、粪液满了有人抽、抽走之后有效用"的粪污资源化综合利用，严防环境二次污染。在乡镇政府驻地、环巢湖流域一级保护区范围内的小集镇和村庄采用管网集中收集处理治污模式，美丽乡村中心村采用集中式污水处理设施治污模式，居住相对集中村庄采用微动力污水处理设施治污模式，集中连片区域采用联户小型污水处理治污模式，不能纳入污水管网的采用净化池污水处理治污模式，105 个中心村均建成污水处理设施，实现乡镇、中心村污水处理全覆盖，获评全国农村生活污水全面治理示范县（市）。垃圾革命则按照

"分类收集、定点投放、分拣清运、回收利用、生物成肥、焚烧减量处置"的方法对农村生活垃圾分类减量处理,建立了资源化利用体系,实现农村环卫市场化率、陈年积存垃圾清理率、垃圾治理自然村覆盖率、自然村庄清扫保洁率、农村生活垃圾收运率、垃圾无害化处置率均达到百分之百的工作目标,获评全国农村生活垃圾分类处理和资源化利用示范县(市)。

第三节　生态搭台经济唱戏

2018 年 5 月,全国生态环境保护大会首次提出加快构建生态经济体系、推动乡村产业生态化与助力乡村生态产业化成为生态搭台经济唱戏的有效实现路径。在乡村振兴战略的实施进程中,各地积极挖掘村内优势资源,打造资源节约型、环境友好型、绿色发展型的美丽乡村样板。积极探索乡村"两山"理念的转化路径,打通生态资源优势转化为村内生态经济的致富通道。

本节重点梳理各地区如何树立乡村生态经济发展新标杆。一是促进乡村形成完善的产业链条,吸引优秀人才回归乡村,促进乡村经济提档升级。二是提高乡村产业环保准入标准,保护生态是乡村发展的前提,从资源利用、科技推广等方面构建乡村绿色经济发展的创新体系。三是注重数字化与绿色化协同推进,农产品的标准化与绿色化,有利于打造乡村独具特色的农产品品牌,发挥互联网的溢出效应。四是制定差异化约束激励机制,以农业技术进步推动乡村生态经济系统效率提升。加快现有乡村企业的绿色化升级改造。鲜活的实践案例是对乡村生态振兴最生动的诠释,勾勒出新时期中国乡村发展新画卷。

一、打造特色优势产业,建设智慧生态农村

广东省河源市和平县,下辖 17 个镇,245 个村(居)委会。为进一步巩固和提升乡村振兴成效,和平县在乡村建设过程中坚持绿色发展、生态优先的理念,

积极培育龙头企业、专业合作社、家庭农场等新型经营主体,发挥猕猴桃省级现代农业产业园的示范作用,推进腐竹省级现代农业产业园建设,重点打造猕猴桃、百香果、花卉、腐竹、茶叶、油茶等特色优势产业。截至 2020 年 9 月,全县累计培育农民专业合作社 1 586 个,发展"一村一品、一镇一业"项目 35 个。推进"一镇、一区、两园、两带、四村、多点"项目建设,打造集"菜园+果园+花园+公园"为一体的园区,调动人民群众参与度和积极性。深入贯彻"绿水青山就是金山银山"的发展理念,以产业绿色化引领高质量发展,打造绿色发展和平样板,主要以产业园作为县域经济发展的主战场,加快产城融合步伐。

二、强调文化延续传承，建设传统村落古村

浙江省台州市椒江区下陈街道西北的横河陈村,是一座水乡古村,有近 700 年历史。村内一河蜿蜒流淌,穿村而过,该村古为漕运商埠,村民多以陈姓,因名"横河陈村"。2019 年 6 月,横河陈村列入第五批中国传统村落名录。该村在修复建设的过程中,根植本土,就地修复,强调当地文化传承与延续。古村落虽历经沧桑,仍保存完好,古风依旧,现有 131 间明清时老街建筑。村里对老街建筑进行保护性开发,改造丁字古街内 60 间与整体历史风貌相冲突的房屋,拆除沿河两侧以及村内的 40 多间违章建筑,重建了 10 座古桥,对村内水系进行恢复,疏浚古河道并建设河道示范段,重现昔日水乡风貌。古村落的保护是对文化的传承,生态修复后古色古韵的历史村落重新焕发出生命力,吸引各地游客慕名而来。

三、提升乡村颜值底蕴，建设经济发展强村

广东省韶关市共有 1 208 个行政村,已全面完成"三清三拆三整治",累计打造干净整洁村 730 个、美丽宜居村 267 个、特色精品村 61 个,干净整洁村达标率达 87% 以上,成功打造了翁源县"兰香古韵"廊线等一批"四沿"区域美丽乡

村示范带。截至 2020 年 8 月底,全市拆除破旧泥砖房 73.91 万间,拆除面积 1 854.49万平方米。翁源县"兰香古韵"廊线的坝仔镇珍珠村,全村道路硬化、污水处理全覆盖,该村共拆除破旧泥砖房 1 800 多间,拆除面积 27 800 平方米,重点打造村内"一酒、二兰、三鱼"产业,既为产业发展提供了地理区位上的广阔空间,同时通过生态修复,提升了村内整体颜值。村内全面推进农房管控和乡村风貌提升实施方案,严格落实路长制、楼长制、河长制,并细化了公益广告管理等长效机制。在建设经济强村的过程中,把生态宜居乡村建设变成农民的家事,调动农民的参与热情和积极性。

第四节　案例分析

中国的美丽乡村建设在各村自然资源禀赋、社会经济发展水平、产业发展特色、历史民俗文化等基础条件下,形成了各具特色的建村风格,限于本章篇幅,在案例分析部分,将结合实地调研的发现与思考,通过不同类型、不同模式的案例,总结可复制、易推广的经验。

一、多类型生态振兴村的典型案例

各地区针对农村突出环境问题进行综合治理,推动农业绿色发展,打造农民安居乐业美丽家园,农村人居环境整治初见成效,乡村生态保护与修复效果显著,大大改善并提高了农民的生活品质,村民共享了乡村生态振兴的红利。

(一)生态振兴之环境整治型乡村

建设环境整治型乡村,主要是指针对农村地区环境污染严重、基础设施建设滞后等突出问题进行综合整治。福建中部的三明市是山区农业大市,根据村史村情的差异探索了多样化的村居生态治理模式,建立村庄长效清洁的管理机制。永安市小陶镇五一村以原生态、低成本、有特色为环境整治要求,依托人均林地林木的资源优势,持续改善农村人居环境。福建省龙岩市长汀县策武镇南坑村是乡村水土流失治理的典范村。村内共计 266 户 1 137 人,山地面积为 12 467亩,但水土流失率曾一度高达 62.5%。在生态乡村建设的过程中,南坑村多措并举治理水土流失,修复村内水土生态。通过村民参与分户承包、联户承包、统一治理、分户管护、集体承包治理、专业队管护的方式,发动全体村民参与到水土流失的治理工程中,同时政府积极谋划,探索了"草灌乔结合"的立体式治理方法。引进工商资本打造村内生态农业,发展银杏产业,治理荒山4 300亩,定植了近 10 万株银杏树,修复了被破坏的水土生态。该村喜获"全国文明村""省级乡村旅游特色村""省级森林村庄"等多项荣誉称号。

(二)生态振兴之渔业开发型乡村

建设渔业开发型乡村,主要指依托独特的地理区位与资源优势,通过发展渔业产业,带动村庄发展。吉林省查干湖是吉林西部生态经济核心区,查干湖被国家认证为有机鱼水产品特优区,渔产品被认证为有机鱼。落实习近平总书记"擦亮查干湖这块金字招牌"的重要指示精神,践行保护生态就是保护生产力的理念,统筹推进生态保护,积极发展生态旅游。编制完成了《前郭县环查干湖区域农业绿色发展实施方案》,全面启动 5A 级景区创建工作。查干湖确定了42 个治理项目,总投资 66.7 亿元。修建查干湖至库里泡 6.7 千米泄水渠,以水体交换的方式改善查干湖水质。加大环湖种植结构调整,植树造林 3.17 万亩、还湿还草 2.61 万亩、种植中草药 0.79 万亩。实施"以水养鱼、以鱼净水"的保水渔业模式,通过投放花白鲢等滤食性鱼类,有效控制湖泊富营养化趋势。2019年,查干湖渔业产量达到 8 000 吨。2020 年春季,增殖放流投放苗种 1 200 万尾。附近的妙音寺村、渔场村从原来的穷村发展为现如今的经济强村,村民依靠农家乐、乡村旅游、渔业开发实现了华丽转身,村民的生活发生了质变。

(三)生态振兴之休闲旅游型乡村

建设休闲旅游型乡村,主要指以乡村的生产、生活、生态为特色,打造多元化、产业化、生态化的可持续乡村发展模式。广东省东莞市中堂镇打造三湛凤片区美丽幸福村居,由三涌村、湛翠村、凤冲村、袁家涌村重点区域共同组成,充分发挥都市近郊村的地理区位优势,多村联动建设城市休闲度假后花园。重点突出原生质朴的民俗文化特色,坚持生态环保理念,结合地方文化和产业特色,打造别具特色的历史名人故里与生态艺术水乡相融合的现代乡村。以村为中心,打造三涌村、湛翠村、凤冲村三个中心点。依据旅游市场及特色片区的景观特色,分别设置历史文化体验游与现代农业休闲游,发挥特色片区的多种功能,增强各个节点之间的联系。开展点、线、面相结合的绿化景观建设,提升宅旁绿化和道路绿化品质,改善村内生态环境,升级现有农田,建设观光农业园,完善绿道系统,结合绿地开敞空间,增加户外休闲游乐设施,创造自然生态的经济价值。休闲农业与乡村旅游的农旅融合模式对农业可持续发展发挥了重要作用,推进了农业生态效率提升。①

(四)生态振兴之产业发展型乡村

建设产业发展型乡村,主要指以产业转型带动乡村建设,通过打造特色产业带动村庄发展,或通过招商引资推动村庄升级。乡村生态振兴是提振乡村经济发展的前提,转化生态资源优势,帮助贫困落后地区农户增收致富,产业导向是重要突破口。广西壮族自治区河池市下辖县天峨县位于广西壮族自治区西北部,红水河上游,被誉为中国山鸡之乡、中国油桐之乡。依托山地生态优势,发展山地特色农业,鼓励农民因地制宜发展特色种养业。该县创建特色产业示范园基地 108 个,带动 6 000 多农户就近务工,增加农民工资性收入。天峨县成立科技特派员服务中心,由科技特派员全程提供技术指导,帮助农民掌握种植葡萄、砂糖橘、食用菌、中药材、旱藕等适宜村内的实用种植技术,以"公司+合作社+基地+农户"的经营模式,带动全县 35 个贫困村脱贫致富,保证农户农产品的品质,保证特色产业辐射全县 90%以上贫困户。天峨县发挥科学技术在产业

---

① 胡平波,钟漪萍.政府支持下的农旅融合促进农业生态效率提升机理与实证分析:以全国休闲农业与乡村旅游示范县为例[J].中国农村经济,2019(12):85-104.

发展中的关键作用,将科技扶贫、生态保护与产业发展有机结合,发展特色产业,帮助贫困村焕新颜。

(五)生态振兴之城郊集约型乡村

城郊集约型乡村特点各异,但与其他类型乡村相比,村庄环境与风貌整治、景观保护与修复等工作完成度较高,固体废物处置与资源化利用及污染控制水平较高,乡村内部管理高效,较好地保障了村内高水平发展,乡村旅游观光产业较为发达。浙江省安吉县递铺街道下辖7个社区、26个行政村。2017年,递铺街道规划建设"一带四园"。其中,"一带"为西港风情带,"四园"即田园鲁家、古色谷香、千年村落、印象三国四个美丽乡村综合体,涉及辖区21个村(社区)。2018年,随着小城镇整治的推进及精品示范村的创建,递铺街道三官村、康山村、塘浦社区、鹤鹿溪村、古城村协同发展,"四梁八柱"的内涵也不断丰富,"四梁"包括鹤鹿溪村、古城村、三官村、鲁家村;"八柱"包括康山、塘浦、安城、赵家上、义士塔、赤芝、横塘、南北庄8个辐射带动村。2019年,递铺街道高标准打造了"六点一线"的乡村振兴示范带,即"鹤鹿溪—塘浦—康山—三官—安城—古城"。加强村级生态文明建设的同时,引入产业项目,助力乡村振兴。

(六)生态振兴之草原牧场型乡村

草原牧场型乡村主要在中国牧区、半牧区县(旗、市),占地面积较大。草原畜牧业是牧区经济发展的基础产业,是牧民收入的主要来源。内蒙古太仆寺旗贡宝拉格苏木道海嘎查在美丽乡村建设中,坚持生态优先的基本方针,推行草原禁牧、休牧、轮牧制度,促进草原畜牧业由天然放牧向舍饲、半舍饲转变,发展特色家畜产品加工业,形成了独具草原特色和民族风情的发展模式。保护好草原生态环境是发展过程中的重要任务。太旗依托自然资源、区位优势,调整产业结构,推动农牧产业向特色化、规模化、现代化方向发展。养殖业方面,积极推广标准化养殖,引导农牧民转变发展方式,向规模化、集约化、标准化方向转变,引导农牧民走合作发展之路。苏木乡镇积极培育先进示范社,创新运作模式,提高经济效益,各类农牧民合作社已覆盖全旗 140 个嘎查村、9 000 多农牧户。为了向农牧民专业合作社提供全方位管理服务,苏木乡镇通过定期培训等方式宣讲政策,加强与农牧民的联系。

(七)生态振兴之高效农业型乡村

高效农业型乡村主要位于中国农业主产区,以发展农作物生产为主。高效农业型乡村农田水利等农业基础设施普遍相对完善,农产品商品化率和农业机械化水平高,人均耕地资源丰富。福建省漳州市平和县三坪村位于国家 4A 级三坪风景区,该村共有 8 个村民小组 2 086 人,三坪村全村共有山地 60 360 亩,毛竹 18 000 亩,种植蜜柚 12 500 亩,耕地 2 190 亩。该村在创建美丽乡村过程中充分发挥森林、竹林等林地资源优势,采用林药模式打造金线莲、铁皮石斛、蕨菜种植基地,以玫瑰园建设带动花卉产业发展,壮大兰花种植基地,做大做强现代高效农业。同时整合资源,建立千亩柚园、万亩竹海、玫瑰花海等特色观光旅游景点,构建观光旅游示范点,提高吸纳、转移、承载三平景区游客的能力。

江苏省盐城市响水县南河镇昌盛村积极引进农业龙头企业,发展高效农业,带动村民脱贫致富。绿色发展理念深入人心,该村依靠农业龙头企业带动高效农业发展,着力培植西兰花、西瓜等高效品种,创造当地绿色增收新亮点,既美了环境又富了百姓,实现了生态与经济的双赢。2018 年九丰农博园落户昌盛村,将目前世界上最先进的蔬菜种植管理技术与江苏地区的现代农业、设施农业栽培模式和技术进行充分融合,打造绿色智慧农业的行业标杆。2019 年,万银食品有限公司落户昌盛,建成 5 万吨蔬菜留置冻结生产线 2 条,保鲜蔬菜生产线 1 条,螺旋冻结及油炸产品生产线 1 条,5 万立方米冷库 2 个及包装中心、检测中心、新产品研发中心等,带动村民 200 人就业。为了全力推进高效农业发展,昌盛村引进盐城万洋公司,在村里投资建设了育苗中心,采用移动苗床、加温管道、加温锅炉等先进设备,年可供应质优价廉的蔬菜、花卉等园艺作物种苗 5 000 万株以上。昌盛村已建成 30 000 平方米智能观光大棚,400 亩高标准冬暖式蔬菜大棚、1 000 亩多功能联动生产大棚、2 500 平方米现代农民培训中心、60 000 平方米高科技智能温室育苗中心。

二、生态振兴村级发展模式

2020 年是全面建成小康社会和"十三五"规划的收官之年,习近平总书记发表的《关于全面建成小康社会补短板问题》指出,"坚决打好污染防治攻坚战,着力解决重点地区大气污染治理、长江流域生态保护修复、城市黑臭水体、农村环境脏乱差等突出问题,让天更蓝、地更绿、水更清、空气更清新"。深入探索乡村生态振兴的有效实现路径,进一步将"两山"理念运用到乡村生态建设中,打造乡村生态的转型升级版,在保护乡村资源环境的同时,实现自然资源与生态服务的经济价值。①

(一)生态循环农业模式

农业是中国国民经济的基础,生态农业更关注乡村社区的运作、乡村内部的集聚性,更好地建立了农业与乡村的纽带。② 因此,对于打造种植业、畜牧业、渔业等与加工业有机联系的综合经营方式,利用物种多样化微生物科技的核心技术,建设生态循环农业的良性生态链至关重要。生态循环农业利用传统农业精华和现代科技成果,协调经济发展、资源利用与环境保护间的矛盾,形成生态与经济的良性循环,实现经济效益、生态效益与社会效益的统一。生态循环农业可以有效解决农村环境污染问题,有助于农村地区优化产业结构,节约农业资源,提高产出效果。主要通过农业废弃物多级循环利用,积极推动资源节约型、环境友好型和生态保育型农业发展。例如,将畜禽养殖场排泄物、农作物秸秆、农村生活污水等作为沼气基料处理,将产生的沼气作为燃料,沼液、沼渣作为有机肥。开展沼渣、沼液生态循环利用技术研究与示范推广。通过秸秆还田

---

① 杨槿,陈雯,杨柳青,等.乡村生态转型中知识和社区的作用:以江苏句容市陈庄为例[J].资源科学,2020,42(7):1285-1297.
② 卢成仁.生态农业与新生产主义乡村的型构:江西垣村的田野调查[J].中国农业大学学报(社会科学版),2020,37(2):15-31.

减少焚烧排放,增加农田肥力。

江苏省人民政府在《省政府办公厅关于学习推广"戴庄经验"推动生态农业建设的意见》(苏政办发〔2018〕82号)中鼓励全省推广"戴庄经验",将发展生态农业作为推动绿色兴农、促进乡村振兴的重要措施,推广生态农业建设经验。戴庄在推进农业生态系统建设、化肥农药减量增效、畜牧业绿色发展、生态渔业发展、农田废弃物综合利用、农产品产地环境保护等方面做出了示范。"戴庄经验"是在特定的自然环境和社会条件下产生的,具有鲜明的地域特色和广泛的借鉴意义。戴庄坚持生态立业,推广高效生态农业新技术;坚持强村富民,建立利润多元分配新机制;坚持人才驱动,创新乡土人才培育新模式;坚持村社结合,探索农村基层治理新路径。

(二)生态产业园区模式

乡村地域空间结构的演化对生态服务功能有着重要影响,生态服务功能受乡村内部以及城市扩展的影响较大,乡村生态产业的发展可以推动乡村地域生态服务功能演化。[①] 生态产业园区模式是资源型地区产业转型的可行之路,通过开发生态资源,创造庄园经济价值,盘活空心村庄,带动农民增收致富。生态产业园区是继经济技术开发区、高新技术产业开发区发展后的第3代产业园区。

九寨沟现代生态休闲农业产业园,位于九寨沟县双河镇罗依片区,由四川川玖集团、罗依农业科技有限公司、大顺果蔬合作社共同投资建设。项目规划面积24 800余亩,总投资约52个亿,通过生态农业、乡村旅游的协同开发,打造了农旅融合的综合型生态产业园区模式。园区建设内容主要分为农业、加工、休闲旅游三个板块。园区以红酒文化内涵为核心,建设九寨庄园精品主题酒店,以高山秘境、古朴村落、葡萄基地、花海等为景观特色,以富锶鱼、牦牛肉、园区种植的生态蔬菜为美食特色,建设集生态旅游、文化观光、休闲度假为一体的

---

① 刘崇刚,孙伟,曹玉红,等.乡村地域生态服务功能演化测度:以南京市为例[J].自然资源学报,2020,35(5):1098-1108.

休闲度假中心。通过"政府+企业+科研院所""公司+合作社+基地+农户"的合作模式与农户签订合作协议，整合土地资源，完成土地流转 12 920 亩，在园区种植青脆李 700 亩、脆红李 1 500 余亩，种植酿酒葡萄 1 800 亩，完成 2 800 平方圈舍框架建造，种植红豆杉 9.5 万株。此外，通过"九寨庄园"葡萄酒、"九寨中蜂蜜"等品牌认证，开发了辣椒酱、美椒酱、苦荞茶、脆红李、高山雪菊、羊肚菌等高附加值产品，借助电商、展会等线上线下平台，拓展销售渠道。挖掘千户古寨、藏羌舞蹈、南坪琵琶等民俗文化，推动文旅融合，凸显园区亮点。

（三）生态数字乡村模式

2019 年 5 月 16 日，中共中央办公厅、国务院办公厅印发了《数字乡村发展战略纲要》，首次提出"数字乡村"的概念，纲要中明确提出，建设智慧绿色乡村，提升乡村生态保护信息化水平。建立农村生态系统监测平台，统筹山水林田湖草系统治理数据。强化农田土壤生态环境监测与保护。利用卫星遥感技术、无人机、高清远程视频监控系统对农村生态系统脆弱区和敏感区实施重点监测，全面提升美丽乡村建设水平。

截至 2020 年 8 月 16 日，拼多多"市县长直播间"已累计带动平台相关助农专区和活动共计成交 3.96 亿单，卖出农副产品总计超过 23.8 亿斤，推动超过 260 个特色农产区产品直连中国近 7 亿消费者，直接帮扶农户超过 85 万户。2020 年拼多多第二季财报数据显示，其年度活跃买家数为 6.832 亿，第三季度财报营收 142.1 亿元，截至 2020 年 9 月底，平台年活跃买家数增加至 7.313 亿。新消费业态推动包括农产品分销、品牌建设等在内的传统模式发生重大变革，公司仅成立 5 年，农产品销售额保持翻倍增长的态势，由其创立的"农田直连小区"和"前店后厂"等模式，助力特色农产品大规模销往全国市场。2020 年"6·18"活动期间，平台农产品订单增长 136%，共计 3.8 亿单。拼多多专注于农业价值链投资，将提升农产品上行效率作为核心战略，已成为农产品线上流通的主要通道。

近年来，电商产业蓬勃发展，农村地区的网络化、信息化和数字化建设加速,中国的数字乡村生态模式发展迅猛。淘宝村分布于28个省份的148个市517个县,淘宝镇分布于27个省份196个市695个县。电商的发展,带动了电商服务拓展以及供应链的延伸,产生了明显的聚集效应,促进了产业集群的形成和发展。服装、家具、日用品等劳动密集型产业广泛分布于县域,随着数字经济时代的加速到来,互联网将赋予县域空间更大的生机与活力,例如浙江的义乌模式、遂昌模式,江苏的沙集模式、沭阳模式,山东的菏泽模式等。各地的实践已充分证明,电商产业能够为乡村生态振兴注入"源动力"。2020年9月25至27日,第八届中国淘宝村高峰论坛在河北省肃宁县举办。肃宁县人口不到40万,但鱼竿渔具产业在国内市场占有率超60%,全县9个乡镇全部获评"淘宝镇"称号,在中国率先实现"全域淘宝镇"。

乡村数字经济发展潜力巨大,数字技术渗透到农业生产经营管理的各个环节,以智慧"农田+牧场+渔场+"为新型农业生产载体,借助互联网推动农业生产标准化与品牌化。农业物联网在生产领域的广泛应用推动了现代设施农业规模化发展。生态智慧数字经济模式将持续为乡村发展注入活力,助力农业经营的数字化转型,绿色可持续的发展理念将根植于乡村新型数字经济的新浪潮。

7

组织振兴：
乡村振兴之基

实施乡村振兴战略,是党的十九大对新时代"三农"工作作出的重大决策部署,是决胜全面建成小康社会、全面建设社会主义现代化国家的重大历史任务。农村基层党组织是党在农村工作的基础和落脚点,是推动我国农村改革和现代化进程的重要力量。[①] "九层之台,起于累土",农村基层党组织是党的组织体系的基础,必须持之以恒抓紧夯实,扎实推进农村组织体系建设,不断强化乡村振兴组织保障。[②]

第一节 构建完善的农村组织体系

农村基层党组织是农村组织体系的重要内容,是党在农村工作的基础和落脚点,是推动我国农村改革和现代化进程的重要力量。完善的农村组织体系对推进乡村振兴、实现农业现代化具有重要的实践意义。新中国成立七十多年来,中国共产党始终重视加强农村基层党组织建设,但在我国农村改革与发展的探索历程中,受诸多历史因素的影响,基层党组织建设经历了许多曲折和坎坷。考察农村基层党组织诞生近百年的发展脉络,有助于完善农村组织体系,提高党在农村的执政能力。

一、1949—1958 年:农村基层党组织的建立与巩固时期

1949 年新中国成立后,我党在农村迅速建立了基层党组织,对数以万计的农村组织进行了改造,由农民代表会议产生的乡人民政府委员会制度取代了民国时期的保甲制度,建立起农村基层政权组织。1950 年 6 月,中央人民政府委员会颁布了《中华人民共和国土地改革法》,开启了全国的土地改革运动,运动

---

① 中央组织部组织二局.深入贯彻落实《中国共产党农村工作条例》 大力加强新时代农村基层党组织建设[J].农村工作通讯,2020(15):36-37.
② 赵兵.坚持和加强党对农村工作的全面领导:中央农办负责人就《中国共产党农村工作条例》答记者问[EB/OL].(2019-09-02)[2020-10-07].人民网.

将贫下中农和地主分别作为基层党组织团结和专政的对象。1950 年 12 月,中央人民政府政务院颁布《乡(行政村)人民代表会议组织通则》和《乡(行政村)人民政府组织通则》,首次规定行政村是一级基层政权,由村人民代表会议选举产生村政府,对农村地区进行管理。1955 年,党的七届六中全会通过了《关于农业合作化问题的决议》,指出农村基层党组织着力推行农业社会主义改造,建立起农业合作社。总体来看,这一时期是农村基层政权的逐步建立和巩固阶段,积累了不少实践经验,不仅继承了民主革命时期重视基层组织建设的优良传统,也符合当时农业农村发展的需要。

二、1958—1978 年：农村基层党组织高度集中时期

人民公社制度在农村延续了二十余年。在这段时期,农村基层党组织最典型的特征就是高度集中。

1958 年 8 月,中共中央发布《关于在农村建立人民公社问题的决议》,在全国范围内开始成立人民公社。1958 年 12 月,党的八届六中全会通过了《关于人民公社若干问题的决议》,指出人民公社是我国社会主义社会结构的工农商学兵相结合的基层单位,人民公社应当实行统一领导、分级管理的制度。在党内成立党委和监察委员会,行政上成立管理委员会。

从本质上看,人民公社既是农村合作经济组织,又是政党合一的基层政权组织,在党的集中领导下,它既是农村生产的组织者,又是各类农村资源的分配者,更是农村公共事务的管理者。

三、1978—1989 年：调整和创新组织模式的历史转折时期

党的十一届三中全会以后,中国共产党对家庭联产承包责任制予以充分肯定并在全国范围内推广。此后,党从政策上积极引导农村建立以家庭联产承包经营为基础、统分结合的双层经营体制,实现了我国农业生产经营体制由"统"

到"分"的转变,充分调动了广大农民从事农业生产活动的积极性。随着家庭联产承包责任制的推广,农村基层党组织的工作重心也转移到以经济建设为中心上来,农村党支部作为基层组织的坚强战斗堡垒作用得以充分发挥。

1983 年 10 月,中共中央、国务院颁布了《关于实行政社分开、建立乡政府的通知》,要求在全国范围内进行政社分开,建立乡政府,按乡成立乡党委,重新建立村级组织。到 1985 年 2 月,全国原有的 5.6 万多个人民公社转变为 9.2 万多个乡,共 82 万多个村民委员会,原有的生产队则改为村民小组,由此在全国大多数省区的农村基层形成了市(县、区)、乡镇、村委会三级基层建制。1985 年,农村人民公社体制废除,在全国完成撤社建乡任务后,农村基层党组织由原来的以生产队为单位,改为以行政村为单位。为了加强对迅速崛起的乡镇企业、村办企业等新经济组织的领导,中共中央组织部于 1986 年发布《关于调整和改进农村中基层组织设置的意见》,对乡镇企业、跨村、跨乡、跨县的经济联合体、村办企业、个体工商户等四类经济组织中的党组织进行了明确规定,要求这些经济组织中党员有 3 人以上的都要建立党支部,50 人以上的要建立党总支。为了加强对外出务工、经商农民工党员的管理工作,中共中央组织部于 1986 年颁布实施了《关于调整和改进农村中基层组织设置的意见》,对农民工流动党员的组织设置和隶属关系作出了明确的规定,要求农民工流动党员人数相对集中的地方设立流动党员党支部,由所在乡镇或村党组织领导。1987 年,党的十三大通过的《中国共产党章程部分条文修正案》,要求凡有党员 3 人以上的基层单位,都应当成立党的基层组织,自此我国农村党的基层组织按乡、镇、村来设置,并以党内法规的形式被确定下来。此后,随着农村经济与社会的不断发展,与以往不尽相同的新情况出现了,因此需要制度体系作适当调整。1987 年,第六届全国人大常委会第二十三次会议颁布了《中华人民共和国村民委员会组织法(试行)》,对村委会的性质、地位、职责、产生方式、组织机构和工作方式等作了较为具体的规定,并正式从法律上将村民自治确立为一项新型的群众自治制度和直接民主制度。村民自治将授权方式从"由上而下"改变为"自下而上",体现了现代法治与民主精神。

四、1989—2002 年：确立围绕经济工作抓党建的现代化建设新时期

1989 年,党的十三届四中全会后形成了全党抓党建的新形势,农村基层党组织建设因此进入了新阶段。1994 年党的十四届四中全会通过了《中共中央关于加强党的建设几个重大问题的决定》,提出"要建立健全责任制,把农村基层工作的好坏,作为考核县委和县委书记实绩的一个重要依据"。同年,全国农村基层组织建设会议,第一次专门研究和部署农村基层组织建设工作,要求全国各地党组织制定农村基层组织建设规划,会后下发了《关于加强农村基层组织建设的通知》,提出农村基层组织建设"五个好"的目标要求,即一个好领导班子,一支好队伍,一条发展经济的好路子,一个好经营机制,一套好管理制度,并把整顿软弱涣散和瘫痪状态的农村基层组织作为重点。为做好这项工作,中共中央组织部专门印发《关于进一步整顿农村软弱涣散和瘫痪状态党支部的意见》,对 3 年内分期分批完成整顿任务提出了具体要求。此后,全国 99.7% 的县(市、区)委建立了农村党建责任制,初步形成了"党委结合中心任务抓,党委书记带头抓,常委分工负责抓,有关部门一起抓"的工作格局。1998 年,《中华人民共和国村民委员会组织法》正式颁布实施。为了加强农村党组织在村民自治中的领导地位,1999 年,中共中央制定出台了《中国共产党农村基层组织工作条例》,进一步规范了农村基层党组织的相关工作。

此外,中共中央在 20 世纪 90 年代召开了多个重要会议,并印发了多个重要文件,对加强农村基层政权建设和党组织建设进行了有力的部署。1990 年 8 月,中央有关部门在山东省莱西县召开全国村级组织建设工作座谈会,进一步明确了农村基层党组织的领导核心地位,确立了以党支部为核心的村级组织配套建设的工作格局,这次会议在党的基层组织建设史上具有重要意义。1995 年和 1996 年,中共中央组织部为推动地方党委重视农村基层党组织建设,派出 6 个蹲点调查组驻村,具体了解和指导农村基层组织建设工作。与此同时,中共

中央组织部组织 10 省、自治区、直辖市交叉检查,举办县(市)、区委书记抓好农村基层组织建设专题研讨班。1995 年 10 月,中共中央组织部召开了全国农村基层组织建设经验交流会,胡锦涛同志作了重要讲话。1996 年 3 月 1 日,中共中央组织部又召开全国农村基层组织建设电话会议,请全国 2 000 多名县委书记到分会场听会。在电话会议上,胡锦涛同志再次强调"三年看头年,二年是关键",各级党委,特别是县委一定要抓紧抓紧再抓紧,落实落实再落实。1996 年 10 月,召开了全国农村基层组织建设工作座谈会,胡锦涛同志作了题为《全面、深入、扎实、持久地推进农村基层组织建设》的报告,研究部署如何善始善终地完成 3 年整顿任务。1997 年,中共中央决定再用三年时间对后进乡镇党委和村党组织进行整顿建设,明确要求地方党委建立农村党建的责任制。1998 年,党的十五届三中全会确定了农业和农村跨世纪发展的目标,进一步明确了农村基层组织与民主法制建设的任务和要求。

五、2002 年至今:新农村建设和全面建设小康社会时期

进入 21 世纪后,中国开始了全面建设小康社会的新时期,确立了"生产发展,生活宽裕,乡风文明,村容整洁,管理民主"的新农村建设目标。这一时期的农村基层党组织建设,围绕新农村建设的任务和要求,以提高广大党员干部的自富能力、带领群众共同致富能力为主要目标。

2005 年底,党的十六届五中全会正式提出了建设社会主义新农村的目标,并把它作为我国现代化进程中的重大历史任务。2006 年 2 月,《中共中央 国务院关于推进社会主义新农村建设的若干意见》(2006 年中央一号文件)正式发布,其内容可以概括为"生产发展、生活富裕、乡风文明、村容整洁、管理民主"。社会主义新农村建设给农村基层党组织提出了新的目标和要求,2006 年中央一号文件明确要求不断增强农村基层党组织的凝聚力、战斗力和创造力。[①] 充分

---

① 贺国强.大力推进农村基层组织建设 为建设社会主义新农村提供坚强组织保证[J].求是,2006(7): 8-17.

发挥农村基层党组织的核心领导作用,为建设社会主义新农村提供坚强的组织保障。

　　此后,历年中央一号文件均重点提及加强农村基层党组织建设,体现出中共中央对农村基层党组织建设这项"伟大工程"的高度重视,为目前开展脱贫攻坚与乡村振兴战略打下了坚实的基础(表7.1)。

表7.1　自2005年以来中央一号文件关于加强农村基层党组织建设的论述

时间	文件名称	内容
2005	中共中央 国务院关于进一步加强农村工作提高农业综合生产能力若干政策的意见	进一步加强农村党建工作,深入开展农村党的建设"三级联创"活动,增强农村基层党组织的创造力、凝聚力和战斗力,充分发挥农村基层党组织的领导核心作用,进一步巩固党在农村的执政基础
2006	中共中央 国务院关于推进社会主义新农村建设的若干意见	不断增强农村基层党组织的战斗力、凝聚力和创造力。要以建设社会主义新农村为主题,在全国农村深入开展保持共产党员先进性教育活动。加强农村基层组织的阵地建设,继续搞好农村党员干部现代远程教育
2007	中共中央 国务院关于积极发展现代农业扎实推进社会主义新农村建设的若干意见	加强农村基层组织建设,巩固和发展农村保持共产党员先进性教育活动成果。继续开展农村党的建设"三级联创"活动,选好配强乡村党组织领导班子,加强以村党组织为核心的村级组织配套建设。加快推进农村党员干部现代远程教育工程,大力推进村级组织活动场所建设
2008	中共中央 国务院关于切实加强农业基础建设 进一步促进农业发展农民增收的若干意见	加强村级党组织建设。巩固和发展保持共产党员先进性教育活动成果,坚持和完善基层组织建设的有效经验和做法,深入推进农村党的建设"三级联创"活动,加强以村党组织为核心的村级组织配套建设,充分发挥基层党组织的战斗堡垒作用。创新农村基层党组织设置和活动方式,加强和改进对流动党员的服务和管理
2009	中共中央 国务院关于2009年促进农业稳定发展 农民持续增收的若干意见	抓好以村党组织为核心的村级组织配套建设,深化农村党的建设三级联创活动,创新农村党组织设置方式,扩大党在农村的组织覆盖和工作覆盖。建立健全城乡一体党员动态管理机制,加强农民工党员教育管理。广泛开展创先争优活动

续表

时间	文件名称	内容
2010	中共中央 国务院关于加大统筹城乡发展力度 进一步夯实农业农村发展基础的若干意见	加强和改进农村基层党的建设。推动农村基层党组织工作创新,扩大基层党组织对农村新型组织的覆盖面,推广在农民专业合作社、专业协会、外出务工经商人员相对集中点建立党组织的做法
2012	中共中央 国务院关于加快推进农业科技创新 持续增强农产品供给保障能力的若干意见	推进以党组织为核心的农村基层组织建设,完善农村基层自治机制,健全农村法制,加强和创新农村社会管理
2013	中共中央 国务院关于加快发展现代农业 进一步增强农村发展活力的若干意见	强化农村基层党组织建设。切实发挥基层党组织战斗堡垒作用,夯实党在农村的执政基础。扩大农村党组织和党的工作覆盖面,加强基层党组织带头人队伍建设,加强农民合作社党建工作,加强农村党风廉政建设
2014	中共中央 国务院关于全面深化农村改革 加快推进农业现代化的若干意见	加强农村基层党的建设。深入开展党的群众路线教育实践活动,推动农村基层服务型党组织建设。进一步加强农民合作社、专业技术协会等的党建工作,创新和完善组织设置,理顺隶属关系
2015	中共中央 国务院关于加大改革创新力度 加快农业现代化建设的若干意见	切实加强农村基层党建工作。认真贯彻落实党要管党、从严治党的要求,加强以党组织为核心的农村基层组织建设,充分发挥农村基层党组织的战斗堡垒作用,深入整顿软弱涣散基层组织,不断夯实党在农村基层执政的组织基础
2016	中共中央 国务院关于落实发展新理念 加快农业现代化 实现全面小康目标的若干意见	加强农村基层党组织建设。始终坚持农村基层党组织领导核心地位不动摇,充分发挥农村基层党组织的战斗堡垒作用和党员的先锋模范作用,不断夯实党在农村基层执政的组织基础
2017	中共中央 国务院关于深入推进农业供给侧结构性改革 加快培育农业农村发展新动能的若干意见	要深入贯彻党的十八届六中全会精神,切实增强"四个意识",将全面从严治党要求落实到农村基层,严格落实农村基层党建工作责任制,坚持整乡推进、整县提升,切实加强农村基层党组织建设,全面规范农村基层党组织生活,持续整顿软弱涣散村党组织,选好管好用好农村基层党组织带头人,实行村党组织书记县级备案管理

续表

时间	文件名称	内容
2018	中共中央 国务院关于实施乡村振兴战略的意见	扎实推进抓党建促乡村振兴,突出政治功能,提升组织力,抓乡促村,把农村基层党组织建成坚强战斗堡垒。强化农村基层党组织领导核心地位,创新组织设置和活动方式,持续整顿软弱涣散村党组织,稳妥有序开展不合格党员处置工作,着力引导农村党员发挥先锋模范作用
2019	中共中央 国务院关于坚持农业农村优先发展 做好"三农"工作的若干意见	抓实建强农村基层党组织,以提升组织力为重点,突出政治功能,持续加强农村基层党组织体系建设。充分发挥农村基层党组织战斗堡垒作用,全面推进乡村振兴,确保顺利完成到2020年承诺的农村改革发展目标任务
2021	中共中央 国务院关于全面推进乡村振兴加快农业农村现代化的意见	充分发挥农村基层党组织领导作用,持续抓党建促乡村振兴。开展县乡村三级党组织书记乡村振兴轮训。加强乡村人民调解组织队伍建设,推动就地化解矛盾纠纷

资料来源:根据历年中央一号文件整理。

第二节　中国共产党农村工作条例：乡村振兴的制度保障

随着农业农村的不断发展,产业、人口等结构发生了重大变化,村基层党组织的运行机制和功能发挥也面临着许多新情况和新问题。为此,必须按照习近平新时代中国特色社会主义思想的要求,进一步创新结构设置,明确功能定位,完善制度机制,加强物质保障,使之形成一个自身功能不断完善、充满生机活力的基层组织体系。① 进入新时代以来,农业农村不断取得新成绩,中共中央于

---

① 广东省委组织部,广东省委农村工作办公室.创新六大举措 深入贯彻落实《中国共产党农村工作条例》[J].农村工作通讯,2020(15):52-54.

2019年8月制定了《中国共产党农村工作条例》,为全面实现乡村振兴和农业农村现代化提供了坚实的制度保障。[①]

一、解读《中国共产党农村工作条例》

党的十八大以来,习近平总书记站在党和国家事业全局的高度,围绕"三农"发展发表了一系列重要的论述。这一系列论述是我党"三农"理论的最新成果,是习近平新时代中国特色社会主义思想的重要组成部分,是新时代做好"三农"工作的行动指南和根本依据,是坚持和完善党对农村工作领导的重大举措,对做好新时代"三农"工作具有重要意义。[②]《中国共产党农村工作条例》(以下简称《条例》)将习近平总书记关于"三农"工作的重要论述全面贯彻落实到党管理农村的方方面面,切实把增强"四个意识",坚定"四个自信",做到"两个维护"体现到行动上、落实到"三农"工作中。《条例》对我们党的农村工作应该坚持的重要方针、基本原则进行了全面系统的归纳和总结,可以从七个方面来解读和理解。

(一)加强党对农村工作全面领导的重大举措

中国共产党始终把解决好"三农"问题作为全党工作的重中之重,作为关系党和国家事业全局的根本性问题,也始终牢牢掌握党对农村工作的领导权。《条例》是中国共产党首次制定的关于农村工作的党内法规,充分体现了以习近平同志为核心的党中央对农村工作的高度重视。

《条例》是巩固党在农村执政基础的需要,也是深入贯彻落实乡村振兴战略的必然选择。党的十九大报告指出,我国社会主要矛盾已经转化为人民日益增长的美好生活需要和不平衡不充分的发展之间的矛盾。只有更好地满足农民

---

① 新华社.中共中央印发《中国共产党农村基层组织工作条例》[EB/OL].(2019-01-10)[2020-10-07].新华网.
② 唐紫,高小升.试论新时代农村基层党组织功能的提升:基于《中国共产党农村基层组织工作条例》的分析[J].农村经济与科技,2020,31(5):281-284.

群众对美好生活的期待,保障农村居民物质利益,提高农村居民生活水平,才能筑牢党在农村的执政基础。《条例》就是以牢固树立以人民为中心的发展思想为出发点,将解决农民的各类问题作为目标和方针政策加以规定和细化,解决农民生产生活中遇到的实际问题,提高农民生活水平,增强农民群众对我们党工作的满意度,使他们更加紧密地团结、拥护中国共产党。党的十九大报告提出实施乡村振兴战略,这是党中央从党和国家事业全局出发、着眼于实现"两个一百年"奋斗目标所作出的重大决策,是中国特色社会主义进入新时代做好"三农"工作的总抓手。深入推进乡村振兴战略,必须充分发挥党在农村工作中总揽全局、协调各方的作用,确保乡村振兴战略顺利实施。

(二)坚持农业农村优先发展

乡村振兴战略明确将农业农村优先发展作为现代化建设的重要原则,也确立为实施乡村振兴战略的总方针。因此,农业农村发展将是未来农业农村工作的重点和要点,也是党管农村工作的重要方向。落实农业农村优先发展的总方针,推进建立健全农业农村优先发展的体制机制,以更大的力度推进农业农村各项改革,扩大农业农村投资规模,提高地方专向债用于农业农村比例,推进集体经营性建设用地入市改革,解决农业农村发展的资本和用地瓶颈问题。

坚持农业农村优先发展是实施乡村振兴战略的必要保证。2019年中央一号文件在《乡村振兴战略规划(2018—2022年)》的基础上进一步明确,坚持农业农村优先发展是实施乡村振兴战略的总方针,是解决城乡发展不平衡、农村发展不充分的根本出路,是加快推进农业农村现代化的必然选择。《中国共产党第十九届中央委员会第五次全体会议公报》中指出,优先发展农业农村,全面推进乡村振兴,全面实施乡村振兴战略,走中国特色社会主义乡村振兴道路。因此,坚持农业农村优先发展,对推进乡村产业发展、提高农民生活水平和质量、确保第一个百年目标如期实现具有重要意义。

（三）坚持推动城乡融合发展

坚持推动城乡融合发展是我党"三农"工作的重要原则。2020 年 10 月 29 日，中国共产党第十九届中央委员会第五次全体会议通过了《中共中央关于制定国民经济和社会发展第十四个五年规划和二〇三五年远景目标的建议》（以下简称《建议》）。《建议》明确指出，要深化农村改革，健全城乡融合发展机制，推动城乡要素平等交换、双向流动，增强农业农村发展活力。会议还通过了《中国共产党第十九届中央委员会第五次全体会议公报》（以下简称《公报》）。《公报》指出，强化以工补农、以城带乡，推动形成工农互促、城乡互补、协调发展、共同繁荣的新型工农城乡关系，加快农业农村现代化。

实现乡村振兴，乡村发展和城镇化必须协同推进。当前，我国城镇化率正稳步提升，2019 年我国城镇化率已达到 60.60%，户籍城镇化率达到 44.38%，并呈现出增长的趋势。这说明我国城镇化已经达到了较高的水平，且具有较大的增长空间。因此，乡村振兴必须要在乡村人口逐步减少的基础上，科学施策、分类推进，更好地实现乡村全面振兴。为协调推进乡村发展和城镇化，应健全城乡融合发展的体制机制和政策体系，处理好工农关系、城乡关系，坚持以工补农、以城带乡、工业反哺农业、城市支持农村，推动形成工农互促、城乡互补、全面融合、共同繁荣的新型工农城乡关系。

（四）坚持走中国特色社会主义乡村振兴道路

走中国特色社会主义乡村振兴道路，就是要抓好"乡村五大振兴"，即产业振兴、人才振兴、文化振兴、生态振兴、组织振兴。

产业振兴方面，推动乡村产业振兴、实现产业兴旺，首先需要解决农村一二三产业布局不协调、农村产业类型和规模不全面不平衡、制约产业发展因素较多等问题和挑战，紧紧围绕农民不断增长的美好生活需要，坚持质量兴农、绿色兴农，以农业供给侧结构性改革为主线，加快构建现代农业产业体系、生产体系、经营体系，提高农业创新力、竞争力和全要素生产率。

人才振兴方面,要正确认识到乡村在教育、医疗、文化等方面的人才缺乏问题,建立专业人才统筹使用制度和农村人才定向委托培养制度。随着城镇化的不断加快,越来越多的适龄劳动力涌入城市,导致乡村人才严重流失,发展环境有待提高。乡村振兴重在人才振兴,只有打造一批技术、管理过硬的脱贫致富领路人、基层组织带头人,才能从根源上调动跟随者与参与者建设乡村的积极性,从而推动基层组织活起来、动起来、强起来。

文化振兴方面,习近平总书记指出,实施乡村振兴战略,不能光看农民口袋里的票子有多少,更要看农民的精神风貌怎么样。实现乡村振兴,必须推进物质文化和精神文化两面推进,提升农民精神风貌,提高乡村社会文明程度。另外,文化的发展振兴也可以提高农民的科技文化水平和生产技能,培养造就有文化、懂技术、会经营的新型农民,提高农民的科学文化素质,拓宽农民增收渠道。

生态振兴方面,要牢固树立绿水青山就是金山银山的理念,加强农业生态环境保护力度,着力改善农村人居环境,建设生态宜居的美丽乡村。习近平总书记深刻指出,推进农业绿色发展是农业发展观的一场深刻革命。乡村生态振兴是普惠的民生福祉,也是发展的深刻革命。推动乡村振兴,要立足于生态优势,深入践行绿水青山就是金山银山理念,让良好生态成为乡村振兴的支撑点。

组织振兴方面,目前仍存在部分基层党组织软弱涣散、干部队伍老龄化、村民自治组织功能未能有效发挥等诸多问题,因此应当着力培育乡村振兴工作队伍,加快建立一支因村制宜、本领过硬、指导到位、帮扶精准的乡村振兴指导员队伍,为实现到2050年乡村全面振兴的任务目标提供重要支撑,解决基层党组织软弱涣散的问题。

(五)完善党管农村工作保障措施

坚持农业农村优先发展,就要建立强有力的机制保障。打造一支能打硬仗的"三农"干部队伍,引导和支持各类发展要素向农业农村流动,突破"三农"发展资金瓶颈,加快补齐农村公共服务、基础设施等短板,健全农业农村法规制度体系。

首先,优先考虑干部配备。各级党委要把懂农业、爱农村、爱农民作为基本要求,各级党委和政府主要负责人应懂"三农"、会抓"三农",分管负责人应当成为抓"三农"的行家里手。其次,优先抓好人才队伍建设。鼓励和引导各类人才向农村基层一线流动,深入实施科教兴农战略,健全以新型职业农民为主体的农村实用人才培养机制,培养一支有文化、懂技术、善经营、会管理的高素质农民队伍,造就更多乡土人才。再次,优先保障资金投入。建立"三农"财政投入稳定增长机制,以规划引领地方涉农资金统筹使用和集中投入,健全商业性金融、合作性金融、政策性金融相结合的农村金融服务体系,加强农村金融服务平台建设。最后,优先满足要素配置。强化制度性供给和政策安排设计,让资本、知识、技术等生产要素更多流向农村。完善乡村产业发展用地政策,加强各类规划统筹管理和系统衔接,科学有序推进乡村建设发展。

(六)压实各级党委政府做好农村工作的政治责任

深入实施乡村振兴战略、加快推进农业农村现代化,必须建立健全一套行之有效的考核监督体系,让抓紧抓好农村工作成为各级党委和政府的行动自觉,确保各级党委和政府真正把农村工作放在心上、抓在手上、扛在肩上。

第一,健全五级书记抓乡村振兴的考核机制。各级党委和政府主要负责人、农村基层党组织书记是乡村振兴工作第一责任人。上级党委和政府应当对下级党委和政府主要负责人、农村基层党组织书记履行第一责任人职责情况开展督查考核,并将考核结果作为干部选拔任用、评先奖优、问责追责的重要参考。第二,建立乡村振兴工作报告制度。省委、省政府应每年向党中央、国务院报告乡村振兴战略实施情况,市县级党委、政府应每年向上一级党委、政府报告乡村振兴战略实施情况。第三,建立乡村振兴实绩考核机制。各级党委将抓好农村工作特别是推进乡村振兴战略实绩、贫困县精准脱贫成效作为政绩考核的重要内容,将考核结果作为对党政领导班子和有关领导干部综合考核评价的重要依据。第四,建立乡村振兴工作激励机制。按照规定表彰和奖励在农村工作中作出突出贡献的集体和个人。对乡村振兴年度考核优秀的省、市、县,通过表彰形式给予奖励,对表现优秀、业绩突出的干部优先选拔任用。第五,建立健全容错纠错机制。宽容干部在改革创新中的失误错误，切实为敢于担当的"三农"干部撑腰鼓劲。严肃查处诬告陷害行为，及时为受到不实反映的干部澄清正名、消除顾虑。第六，建立责任追究机制。省市县乡党政领导班子和主要负责人，不履行或者不正确履行农村工作职责的，应当依照有关党内法规和法律法规予以问责；对农村工作履职不力、工作滞后的，上级党委应当约谈下级党委，本级党委应当约谈同级有关部门。

（七）准确把握脱贫攻坚与乡村振兴新要求

《条例》坚持组织路线服务政治路线的要求，着眼于打赢脱贫攻坚战、推动新时代乡村全面振兴，对建设农村基层党组织、充分发挥农村基层党组织战斗堡垒作用和党员先锋模范作用提出了明确要求。要推动这些规定和要求落到实处、见到实效，将党中央决策部署转化为团结带领群众创造美好生活的生动实践。

首先，加强对经济工作的领导。坚持以经济建设为中心，贯彻创新、协调、绿色、开放、共享的新发展理念，加快推进农业农村现代化，持续推动农民增收，不断满足人民日益增长的美好生活需要。坚持以公有制为主体、多种所有制经济共同发展的基本经济制度，巩固和完善农村基本经营制度，坚持农村土地集体所有，坚持家庭经营基础性地位，坚持稳定土地承包关系，走共同富裕之路。稳定发展粮食生产，发展多种农业生产经营应当同支持和促进粮食生产相结合。推动乡村产业振兴，推进农村一二三产业融合发展，让农民合理分享全产业链增值收益。坚持绿水青山就是金山银山的理念，实现农业农村绿色发展、可持续发展。领导制定本地经济发展规划，组织、动员各方面力量保证规划实施。组织党员、群众学习农业科学技术知识，运用科技发展经济，吸引各类人才到农村创业创新。

其次，助推乡村振兴战略实施。按《条例》要求，大力推进村党组织书记通过法定程序担任村民委员会主任和集体经济组织、农民合作组织负责人，提倡由非村民委员会成员的村党组织班子成员或党员担任村务监督委员会主任；村民委员会成员、村民代表中党员应当占一定比例。帮助农村基层党组织和党员在脱贫攻坚和乡村振兴中提高威信和影响力。加强农村新型经济组织和社会组织的党建工作,要始终坚持为农民服务的正确方向。将抓党建促脱贫攻坚、促乡村振兴情况作为每年市县乡党委书记抓基层党建述职评议考核的重要内容,纳入巡视、巡察工作范畴,作为领导班子综合评价和选拔任用领导干部的重要依据。

最后,凝聚脱贫攻坚强大合力。农村基层党组织要对当前脱贫攻坚的政策部署、工作要求有清醒的认识、正确的解读与坚定的执行。因地制宜、因户施策,探索多渠道、多样化的精准扶贫精准脱贫路径,提高扶贫措施的针对性和有效性。加强和改进定点扶贫工作,健全驻村帮扶机制,落实扶贫责任。以解决突出制约问题为重点,以重大扶贫工程和到村到户到人帮扶为抓手,加大政策倾斜和扶贫资金整合力度,着力改善深度贫困地区发展条件,增强贫困农户发展能力。鼓励和引导社会各界投身乡村建设,以乡情乡愁为纽带,建立有效政策机制吸引和支持企业家、专家学者、医生教师、技能人才等通过多种方式服务乡村振兴事业。注重扶志扶智,引导贫困群众克服"等靠要"思想,逐步消除精神贫困。

二、农村基层党组织建设展望

农村基层党组织是党直接联系群众的纽带,各级各部门要高度重视基层党组织在乡村振兴中发挥的核心作用。近年来,农业农村部会同中央组织部等部门全面加强农村基层党组织建设,切实发挥农村党支部战斗堡垒作用。2018年,农业农村部会同中央组织部、财政部联合印发《关于坚持和加强农村基层党组织领导扶持壮大村级集体经济的通知》(以下简称《通知》),在 5 年内通过中央财政扶持 10 万个左右行政村发展壮大集体经济,健全村党组织领导、村集体经济法人治理、经营运行、收益分配和监督管理等机制,鼓励基层党组织领办创办合作社、成立社会化服务组织,成为农业农村现代化的领头雁。《通知》印发以来,国家投入 289 亿元扶持村级集体经济,促进了农民增收与产业增效,推动了集体经济发展壮大。2019 年,经国务院同意,中央农办、农业农村部等 11 个部门和单位联合印发了《关于开展农民合作社规范提升行动的若干意见》,坚持把全面加强农村基层党组织对农民合作社的领导作为农民合作社规范提升工作的基本原则,强调充分发挥党组织战斗堡垒作用和党员先锋模范作用,通过加强示范引领,优化扶持政策,强化指导服务等措施,促进农民合作社规范提升。

下一步,国家有关部门将继续支持各地加强农村基层党组织建设,大力推动基层党组织通过领办合作社、成立社会化服务组织等多种形式带动农业转型升级,提高基层党组织的凝聚力、战斗力,带领群众加快实现农业农村现代化。[①]

第三节　"党支部+合作社"典型案例

2019 年 8 月施行的《中国共产党农村工作条例》明确提出:"坚持农村基层党组织领导地位不动摇,乡镇党委和村党组织全面领导乡镇、村的各类组织和各项工作。村党组织书记应当通过法定程序担任村民委员会主任和村级集体经济组织、合作经济组织负责人,推行村'两委'班子成员交叉任职。"这一规定是中央对农村基层组织建设的重大创新和突破,有利于巩固党在农村的执政基础,为推进乡村振兴战略注入强大动力。自此,全国各地纷纷推进"党支部领办合作社"工作,取得了较好的成效,积累了不少典型案例。

一、栖霞市党支部领办合作社打造优质苹果产业

自 2020 年以来,山东省栖霞市提出抓党建促乡村振兴,率先在全域推进党支部领办合作社。在党支部带领下,栖霞建设现代农业产业园,发展园区生态循环农业,打造绿色有机优质苹果品牌,并建立起村集体和农民之间紧密的利

---

① 乐明凯."村社合一"模式统一推广值得借鉴[N].农民日报,2019-06-17(5).

益联结机制,实现了果农多渠道增收,有力推进了农业供给侧结构性改革和乡村振兴。[①]

山东省栖霞市下辖 3 个街道、12 个镇、1 个开发区,共计 398 个行政村。本地农村以苹果为主要产业,截至 2018 年底,共有农民专业合作社 2 089 家。随着承包经营责任制的发展和城镇化进程的加快,农村出现了村级集体经济、基层组织、农民组织建设相对薄弱以及人口老龄化、树龄老化、管理模式老旧的"三老三弱"问题,这个问题影响了富民强村,制约了乡村振兴,阻碍了栖霞市乡村振兴进程。为了打破禁锢本地发展的"三老三弱"问题,2013 年山东栖霞蛇窝泊镇东院头村党支部经过分析,在栖霞市率先开展党支部领办合作社这一创新模式。经过五年的发展党支部领办合作社取得了显著成效,如东院头村在 2018 年成员分红 104 万元,村集体分红 11.9 万元,在合作社务工的本村人员年均收入 4 万元。近几年村集体累计投资 500 万元改善村容村貌,实现了壮大村集体经济、带动农民致富的目标。东院头村的党支部领办合作社发展模式在栖霞市引起了巨大反响,随即在栖霞市开始全面铺开。2018 年栖霞市确立了 100 个党支部领办合作社示范村,吸纳社员 2.8 万余人,新增集体收入 8 200 万元,示范带动 560 个村党支部领办合作社。栖霞创新的党支部领办合作社模式,有诸多特点:

(一)以规范运行提升公信力

党支部领办的合作社,村书记兼任董事长,其行为会受到上级政府监督,避免了农民专业合作社经常会出现的精英俘获问题和将个人利益置于集体利益之上的行为。党支部领办合作社能够较好地解决上述问题,保证合作社的规范运行。

(二)产业方向清晰、扶持力度大

多数空壳社是因发展方向模糊或者发展方向错误造成的。栖霞市是苹果

---

① 赵家兴,张立昌,刘鑫妮.栖霞市"党支部+"合作社模式促进农村农民双增收分析[J].南方农业,2019,13(Z1):111-112.

之都,对苹果合作社有着很健全的政策扶持,不管是政策上还是技术上,党支部都给予合作社很大的帮助。东北桥村党支部与栖霞市在京流动党员异地共建,领办成立瑞中果蔬专业合作社,与北京工业大学、中国农业大学、首都师范大学及中国农科院共同打造融科普、种养及休闲于一体的可循环生态农业园。清晰的产业发展方向和政府、研究机构的大力扶持是栖霞模式成功的重要法宝。

(三)政策引导解决资金问题

资金的匮乏会导致部分合作社的经营难以为继。栖霞市以优质苹果闻名于世,由于苹果树升级是必要而紧迫的,如果没有政府引导解决资金问题,绝大部分的苹果合作社会陷入严重的资金困难。栖霞市政府引导农业龙头企业入股投资合作社,从 2017 年开始改造了老残苹果园 3.1 万亩,预计到 2020 年老残苹果园总体改造提升约 30 万亩,保证了合作社的可持续发展。

(四)以统一规划提高站位

相对于单一、小型合作社发展模式,党支部领办的合作社站在了更高的角度设计发展模式。① 庙后镇成立栖霞市丰卓果业农民专业合作社联合社,将 24 个村党支部领办合作社纳入联社统一管理,通过群众入股、村集体筹股、党委政府配股,实现"项目统一、推进统一、管理统一"。镇财政瞄准大樱桃产业,筹措各项资金 350 万元用于智慧化高品质樱桃示范园建设。建立了对公账户专户,本社资金由镇党委统一调配、保管和把关,确保每一笔账目清晰。2016 年栖霞市开发区管委牵头,为了壮大村集体经济成立了恒辉光伏发电农民专业合作社。村集体投资 30%,开发区管委会补贴 70%,对于贫困村可以免费提供光伏设备,所得收入全部纳入村集体,村均增收 5.72 万元。②

---

① 刘燕舞.党支部领办型合作社发展研究:以山东省招远市西沟村为例[J].西北农林科技大学学报(社会科学版),2020,20(3):76-82.
② 山东省烟台市委组织部,烟台市农业农村局.山东烟台 村党支部领办合作社 抱团发展强村富民[J].农村工作通讯,2019(6):53-56.

二、威海市高新区"四种模式"推动党支部领办合作社

威海市高新区把党支部领办合作社作为提升支部组织力和集体经济"造血"能力的重要载体,坚持形象标识、项目论证、章程审核、财务管理等"七统一"。一村一策,分类推进,推动党支部领办合作社村数达 30%,发展兴农项目 15 个,年增加集体收入 170 万元,实现集体年收入 5 万元以下村清零、10 万元以上村达到 71%。

(一)"党支部+合作社+农户"——资源整合、自主经营模式

对有土地、资金、技术的村,坚持支部带动引领,整合资源,自主开展特色经营,实现规模种植、抱团发展。① 该模式代表——佃里院村党支部领办现代果蔬种植合作社,村集体以乡村振兴服务队扶持资金入股,组织 72 户村民以土地入股,依托"两委"干部丰富的果蔬种植经验,建设 130 亩现代果蔬种植项目,并租赁 16 个冬暖大棚,由村"两委"带领村民自主经营、统一管理,连片打造休闲采摘基地,年可增加集体收入 28 万元。在佃里院村示范引领下,周边 5 个村整合土地、人才和资金,分别领办蜜蜂养殖、休闲赶海、苗木培育等合作社,实现支部组织力提升与集体经济发展"双赢"。

(二)"党支部+合作社+企业"——强企带动、融合发展模式

对有土地资源、毗邻企业的村,依托新型经营主体,发展订单农业,融入产业链条,构建村集体、农户和强企的利益联结共同体。该模式代表——长夼店子村党支部领办红薯种植合作社,引进农业科技龙头企业,把分散农户组织起来,建设 1 000 亩日本"红春香"红薯种植基地,由企业统一供苗、统一技术指导、统一收购产品;村集体组织农户种植,年增加集体收入 18 万元,并吸纳 120 名社员到村企加工厂工作,实现以企带村、融合发展。同时,依托区内 9 个单体 500 亩以上现代农业项目,以红薯种植、现代苹果种植等为主线,组织周边村通

---

① 李荣梅.农村党支部领办创办土地股份合作社中的问题及对策浅析[J].新西部,2020(15):36-37.

过领办合作社、组建联合社等,带动集体增收 30 万元。

(三)"党支部+合作社+资本"——产业空投、对外承包模式

对有土地、无资金、无项目的村,盘活资源、内部挖潜,引入社会资本,租赁承包、引进项目,推动强村富民。该模式代表村西北道村党支部领办土地股份合作社,流转村民 230 亩撂荒土地,引进总投资 5 000 万元的畜牧养殖项目,建设现代化养猪大棚 26 个,将其交由专业公司托管经营,带动 40 多名合作社成员"家门口"就业,村集体每年增收 6 万元,让荒地"复活"、闲地"生金"。在西北道村党支部示范带动下,周边 2 个村党支部领办土地股份合作社,整合撂荒土地 400 多亩,引进专业公司,发展绿化苗木种植等项目,年增加集体收入 8 万元。

(四)"党支部+合作社+服务"——统购统销、精准服务模式

对无资金、少土地、无产业基础的村,依托社会帮扶资源,开展统购统销、文化创意等社会化服务,形成聚合裂变效应。该模式代表村卧龙村党支部领办专业合作社,分别与卧龙饮品厂、村内长江以北最大核桃园签订合作协议,依托企业、专业园区等社会资源,包销其生产的矿泉水、核桃等,整体打造"卧龙山"品牌,年增加集体收入 20 万元。同时,带动其他村党支部领办服务类合作社,依托特色农产品、文化创意等资源,开展统购统销服务,形成"1+1>2"的倍增效应。

三、平原县党支部领办合作社推进适度规模经营

针对农村劳动力外流和集体经济薄弱等特点,平原县于 2017 年 9 月印发了《关于推进农村党支部领办创办土地股份合作社服务农业适度规模经营的实施意见》,提出了"入社自愿、退社自由、持股入社、到期分红"的基本原则和具体操作方法,鼓励发展党支部领办合作社。① 此后,平原县坚持多点突破,从产业、

---

① 孔祥智.怎样认识党支部领办合作社:山东省平原县调研手记[J].中国农民合作社,2020(7):50.

科技、规范、机制、联合等多方面精准发力,开展党支部领办合作社提速、提质、提效发展的"三提"工程,不断拓宽合作社覆盖面,提升发展水平,形成了坚持产业立社、促进科技兴社、严格规范治社、创新机制活社、鼓励联合强社的"五轮驱动"新模式,推动平原县党支部领办合作社高质量发展。

2017年,平原县坚持党支部领导、土地入股分红和集体经济增收三个基本原则,就农村党支部领办土地股份合作社进行了试点探索,实施加强组织领导、广泛宣传发动、夯实群众基础、强化政策激励的"四步走"战略,初步实现了强化支部班子、发展集体经济、促进群众增收的三赢局面。

成立乡村振兴战略产业联盟,进一步推动党支部领办合作社提档升级。为积极筹措党支部领办合作社与集体企业业务对接工作,产业联盟围绕整合的2.1万亩耕地及1.5万亩的蔬菜产业进行探索,在种植链条的各个环节,对接外部企业,共同交叉"织网",促进三产融合,打造品牌效应,推广平原无公害"绿色"农产品,实现了由党支部领办合作社单兵作战向产业联盟的转型升级。在平原县委县政府的积极推动下,平原县采用党支部领办"合作社+专业合作社+产业联盟""党支部领办合作社+乡镇联合社+特色订单种植基地模式""党支部领办合作社+龙头企业、科研院所+一体化农事服务平台"三种经营模式,实施农民土地集约化管理、农产品集约化销售,实现了农民增收,发展了集体化经济,为农业规模化、产业化、现代化奠定基础,解决了单个合作社无法对接市场的问题,实现了党支部领办合作社的再合作,初步探索出了一条传统农业大县村级集体经济发展之路,积累了可复制、可推广的经验。

8

农村基本经营制度：
乡村振兴之梁

　　中国的改革发轫于农村,农村改革则以经营制度改革为突破口,"农村集体经济组织实行以家庭承包经营为基础、统分结合的双层经营体制"这一农村基本经营制度是在农民的实践经验中提炼并逐步在政策层面确立、实施的,它符合农业生产的本质特点并适应了社会主义市场经济体制的内在要求,具有广泛的适应性和旺盛的生命力,为中国农业乃至国民经济的改革和发展做出了举世瞩目的贡献,是我们党在农村的政策基石。在新时代的中国农村,巩固和完善农村基本经营制度,发展多种形式的农业适度规模经营是深化农村改革、实现乡村振兴的必由之路。坚持维护家庭经营在农业中的基础性地位,构建家庭经营、集体经营、合作经营、企业经营等共同发展的新型农业经营体系,发展多种形式适度规模经营,提高农业的集约化、专业化、组织化、社会化水平,实现小农户与现代农业发展的有机衔接,是乡村振兴的应有之义和内在要求。本章分为三部分,分别对农村基本经营制度对乡村振兴的支撑作用、稳定和完善农村基本经营制度、实现小农户与现代农业发展有机衔接展开探讨。

第一节　农村基本经营制度对乡村振兴的支撑作用

　　根据《中共中央 国务院关于实施乡村振兴战略的意见》对乡村振兴所做出的部署,到 2035 年,乡村振兴取得决定性进展,农业农村现代化基本实现;到2050 年,乡村全面振兴,农业强、农村美、农民富全面实现。许多学者由此提出实现农业农村现代化是中国乡村振兴战略的总目标。①② 而稳定和完善农村基本经营制度,建立起符合现代农业要求的经营体制机制,加快农业经营方式转型,对于农业农村现代化的重要性不言而喻,因而对乡村振兴也具有重要的支撑作用。本节首先介绍农村基本经营制度的确立,继而在此基础上分析该制度的重要优势,帮助读者明晰农村基本经营制度对乡村振兴的支撑作用。

---

① 黄祖辉.准确把握中国乡村振兴战略[J].中国农村经济,2018(4):2-12.

② 叶兴庆.新时代中国乡村振兴战略论纲[J].改革,2018(1):65-73.

一、农村基本经营制度的确立

1978 年党的十一届三中全会通过了《中共中央关于加快农业发展若干问题的决定（草案）》，明确提出"不许包产到户，不许分田单干"，但是开始允许"在生产队统一核算和分配的前提下，包工到作业组"（联产到组），与之同时，经历了 1976—1978 年关于真理标准问题的大讨论之后，全党范围内开始重新确立解放思想、实事求是的思想路线，因而该文件也同时强调了"我们的一切政策是否符合发展生产力的需要，就是要看这种政策能否调动劳动者的积极性"。随着党内思想的进一步解放，次年 9 月党的十一届四中全会下发了《中共中央关于加快农业发展若干问题的决定》，把"不许包产到户，不许分田单干"，改为"不许分田单干。除某些副业生产的特殊需要和边远山区、交通不便的单家独户外，也不要包产到户"。上述政策表述变动给经营制度改革创造了一个宽松的环境，逐渐让广大农民和基层干部感受到制度创新的希望并迎合了农民自身的诉求，包产到户在实践中迅速推行开来，从 9 月到年底，短短 4 个月里，全国包产到户的比重已经达到 9%。① 1980 年中央发布《关于进一步加强和完善农业生产责任制的几个问题》（中央 75 号文件），明确提出"群众对集体丧失信心，因而要求包产到户的，应当支持群众的要求，可以包产到户，也可以包干到户，并在一个较长的时间内保持稳定"，由此，政策进一步放宽对包产到户、包干到户的限制，华夏大地上不断兴起"双包"的实践。

包产到户与包干到户具有共同点，即农民以家庭为单位向生产队承包一定的生产任务，并根据双方签订的合同指标考核农民的生产任务，农户根据考核情况获得相应收入。但是二者又有不同，包产到户是农民承包产量指标，指标内产品全部上缴生产队后以记工分的形式参与分配，超出产量的部分可以以公分或者实物方式奖励承包者，集体仍是统一经营、统一分配的主体；而包干到户

---

① 孔祥智,刘同山.论我国农村基本经营制度：历史、挑战与选择[J].政治经济学评论,2013（4）：78-133.

是农民家庭向生产队承包国家的农业税和农产品生产任务以及应上缴的集体提留、统筹和其他费用,在完成以上任务后,全部盈余都归农户所有,不经生产队核算分配。广大读者所熟知的凤阳小岗村 18 户农民掀起的"大包干"是包干到户的范畴。"大包干,大包干,直来直去不拐弯""交够国家的,留足集体的,剩下的都是自己的"等话语既简明易懂深入人心,也充分表达了包干到户满足农民自主性的诉求,包干到户责任更明确、方法更简单、利益更简单,[①]也因此比包产到户更为广大农民所欢迎。

1982 年中央一号文件《全国农村工作会议纪要》提出"目前实行的各种责任制,包括小段包工定额计酬,专业承包联产计酬,联产到劳,包产到户、到组等,都是社会主义集体经济的生产责任制"并将其视作"社会主义农业经济的组成部分",正式赋予"双包"合法性,1983 年中央一号文件在此基础上明确指出"完善联产承包责任制的关键是,通过承包处理好统与分的关系。以统一经营为主的社队,要注意吸取分户承包的优点"和"以分户经营为主的社队,要随着生产发展的需要,按照互利的原则,办好社员要求统一办的事情"。由此,集体层面统一经营和家庭层面分散经营的双层经营体制的框架逐步被勾勒。1991年,党的十三届八中全会把这一体制正式表述为"统分结合的双层经营体制",1993 年 3 月《中华人民共和国宪法(修正案)》正式把这一体制纳入宪法,由此农村基本经营制度正式确立。

二、制度优势支撑乡村振兴

稳定和完善农村基本经营制度,有利于强化农户土地承包权益保护,有利于推进农村土地资源优化配置,有利于激活主体、激活要素、激活市场,为实现乡村振兴提供更加有力的制度保障,对乡村振兴战略具有重要的支撑作用。而支撑作用的具体表现就是农村基本经营制度在我国农业发展进程中的制度优

---

① 国鲁来.农村基本经营制度的演进轨迹与发展评价[J].改革,2013(2):98-107.

势,首先坚持了农地集体所有的制度优势,其次激活家庭经营主体,发挥微观层面的效率优势,最后注重"统分结合",发挥匹配优势。

首先,具有集体所有制度优势。农村基本经营制度探索时期的家庭联产承包责任制将农地的集体所有权与农户的承包经营权(或者说土地使用权)进行分离,一方面是中国的意识形态和社会性质决定了中国只能在集体所有制框架下变革农村土地制度,①另一方面也是充分考虑到人多地少的资源禀赋和社会稳定需要。中国共产党是无产阶级革命政党,中国的社会主义社会性质决定了生产资料公有制,而土地是最重要的生产资料,因而土地私有制道路在中国走不通。② 人多地少,只有采取社区所有的集体所有制,才能保证起点和终点的公平性,而且当时农村集体还有少量不可分割的固定资产,并且可以依托这部分资产为农户提供统一的服务。③ 集体所有权的功能也体现在代表政府对农地的占有使用状况进行监督管理,代表所有者管理农地的发包、调整,服务农户土地流转,促进农业土地规模经营。④ 实际上,农村社区还提供生存保障、教育、治安等公共品供给,在农村社会保障体系不健全的情况之下,土地具有社会保障功能,而集体所有制更是将农村社区以及土地的社会保障功能进行强化。土地可以为集体成员提供必要的生产生活资料,并在集体所有制框架中,能更好地维系长期以来的社区自治传统,而且这套制度在相当长的时期内可为城乡转型的有序推进提供缓冲空间。⑤

其次,具有家庭经营效率优势。如上所述,农村基本经营制度冲破之前集体经营的桎梏,将农户家庭确立为农业经营当中的微观主体,这极大地调动了农民的积极性,得到了广大农民的拥护和支持。究其主要原因,家庭经营与农业生产本质上具有高度的契合性。一方面,农业生产的对象是动植物、微生物

---

① 韩俊.中国农村土地制度建设三题[J].管理世界,1999(3):184-195.

② 刘守英.直面中国土地问题[M].北京:中国发展出版社,2014:159-174.

③ 温铁军."三农"问题与制度变迁[M].北京:中国经济出版社,2009:290-295.

④ 米运生,罗必良,徐俊丽.坚持、落实、完善:中国农地集体所有权的变革逻辑:演变、现状与展望[J].经济学家,2020(1):98-109.

⑤ 贺雪峰.论农村土地集体所有制的优势[J].南京农业大学学报:社会科学版,2017(3):1-8,155.

等生命有机体,其生长、繁殖都需要依赖并遵循自然规律,因而农业生产的本质是经济再生产和自然再生产的有机融合。因此农业生产具有自己的独特规律,比如农业生产具有季节性和周期性,农业生产需要在广袤的大地上进行,具有地域性和分散性,农产品更是不可间断的生命连续生长过程的结果,需要尊重自然季节时序依次作业,在生物体生长发育的不同阶段,对于劳动的需求也呈现不一致的特点。另一方面,上述自然特性决定了在农业生产中人并不处于绝对主导地位,人类在农业中统治自然的程度较低,更多扮演着"照料者、侍弄者",①导致农业生产无法像工业一样进行社会化大分工,并且在雇用劳动时面临着棘手的劳动监督问题。而家庭作为农业生产中的经营单位,往往以自身的血缘情感关系维系为基础,加之中国传统家庭观念,家庭经营在农业领域中的普遍适用性不是靠生产经营单位人员多少,而是成员之间的特殊联系。家庭成员往往在农业生产中集经营者和劳动者于一身,监督失效的问题自然不复存在。此外,基本经营制度下家庭这一经营主体更是具有保证经济组织有效率的重要原则——实现剩余索取权和剩余控制权的对称②这一制度优势,因而能化解劳动生产中的激励难题,保证利益目标与行为动机的一致和协调。

最后,具有"统分结合"的匹配优势。"统分结合的双层经营体制"制度设计一直致力于处理好"统"与"分"的关系,固然如上所述,家庭经营在农业生产中有着诸多优势,但是多年来,党和政府始终坚持认为集体经济组织的统一经营职能十分必要。首先,我们现在的基本经营制度发源于人民公社时期"三级所有,队为基础"体制,土地仍是集体所有,家庭经营之后农村社区还保留了一些集体积累(如生产资料、水利设施等),因而保留集体统一经营有一定基础。尤其需要注意的是,人多地少且土地均分带来了细碎化的严重问题,"人均一亩三分地"的狭小经营规模制约了我国现代农业发展,在此基础上,农业生产中有

---

① 周其仁.家庭经营的再发现:论联产承包制引起的农业经营组织形式的变革[J].中国社会科学,1985(2):31-47.

② ALCHIAN A, DEMSETZ H. Production, Information Costs, and Economic Organization[J]. The American Economic Review, 1972, 62(5):777-795.

许多一家一户"办不了、办不好、办了不划算"的事，诸如大型农机使用、农田水利兴修等，且在农业生产中许多环节如机耕、机收、植保等方面农户也有相互合作以及"统"的需要。在家庭分散经营基础上进行统一的社会化服务供给，有利于帮助农户家庭经营节本增效，更是能够在产前产后环节增加市场话语权，提高市场竞争地位，促进我国现代农业发展和生产力水平提高。此外，农业中也需要大量基础设施投资，但是该项投资具有高度的外部性，是典型的公共产品，家庭经营层面的微观市场效率优势在面对此类市场失灵的问题时略显无力，所以农业经营既需要集体层面"统"的服务供给，也需要家庭经营层面"分"的效率优势。实现农业现代化，推进乡村振兴，一方面注重家庭层面分散经营建立合理的激励监督机制；另一方面也要发挥"统"的优势，追求规模经济优势。

第二节　稳定和完善农村基本经营制度

如前所述，农村基本经营制度是我们党农村政策的基石，早在 1984 年中央一号文件就曾提出"继续稳定和完善联产承包责任制"。此后，如何稳定和完善这一制度一直受到政策设计制定、学术理论研究、基层工作实践等各方的关注。1991 年党的十三届八中全会提出"把以家庭联产承包为主的责任制、统分结合的双层经营体制，作为我国乡村集体经济组织的一项基本制度长期稳定下来"。1993 年该制度被纳入宪法和法律框架之后，农村基本经营制度处于稳定时期，从此以后的政策演化主要围绕两个方面展开，一方面稳定土地承包经营关系，另一方面从财产权利的角度强化土地承包经营权的法律地位。[①] 本节将从保持土地承包关系稳定并长久不变和建设现代农业经营体系两个方面展开讨论。

---

① 周振,孔祥智.新中国 70 年农业经营体制的历史变迁与政策启示[J].管理世界,2019(10):24-38.

一、保持土地承包关系稳定并长久不变

　　土地作为农民的"命根子",土地问题对农业发展和农村稳定以及农民生产生活都有着举足轻重的影响,土地制度是农村的基础制度,一方面土地制度决定了农民和土地结合的具体方式,另一方面也是根据土地制度来安排农业生产经营的具体形式,当家庭承包经营制度逐渐确立之后,土地承包期限的问题日益重要。1984年中央一号文件在强调稳定和完善生产责任制的同时提出:"土地承包期一般应在十五年以上。"1993年发布的《中共中央 国务院关于当前农业和农村经济发展的若干政策措施》明确指出,"在原定的耕地承包期到期之后,再延长三十年不变",开启了第二轮农村土地承包的进程。第二轮承包相较于之前具有显著特点,就是特别强调稳定承包经营关系,提倡"承包期内增人不增地,减人不减地",旨在严格控制土地频繁调整。近年来我国完善农村土地承包制度的着力点在于稳定农村土地承包关系,以确保所有权、稳定承包权、放活使用权为目标,把现有土地承包所形成的权利义务关系按照法律法规要求落实。在学界多年的讨论中,对于土地承包关系稳定的作用主要围绕如下几个方面展开:一是给予农民产权预期,激励农民增加土地中长期投资,从而促进农地改良提高农业产出率;[1]二是有利于缓解因土地调整而引发耕地细碎化加剧的问题;[2]三是有助于降低土地流转交易费用,培育土地流转市场;[3]四是促进农村劳动力转移和城市非农就业,增加农户家庭收入。[4] 由于土地承包主要与农民户籍相联系,一方面自二轮承包以来,我国农村户籍人口增幅较大,另一方面伴随我国工业化城镇化的快速推进,农村户籍人口变动情况也相较之前大幅提

---

① 姚洋.中国农地制度:一个分析框架[J].中国社会科学,2000(2):54-65,206.
② 丰雷,蒋妍,叶剑平,等.中国农村土地调整制度变迁中的农户态度:基于1999—2010年17省份调查的实证分析[J].管理世界,2013(7):44-58.
③ 钱忠好.农村土地承包经营权产权残缺与市场流转困境:理论与政策分析[J].管理世界,2002(6):35-45,155-156.
④ YANG D T. China's Land Arrangements And Rural Labor Mobility[J]. China Economic Review,1997,8(2):101- 115.

升,若根据户籍人口的变动而频频调整土地承包关系,带来的往往是新的社会矛盾与利益纠纷。

　　2008年党的十七届三中全会通过的《中共中央关于推进农村改革发展若干重大问题的决定》首次提出"现有土地承包关系要保持稳定并长久不变",实现了从"长期不变"到"长久不变"的根本性转变。"长久不变"一方面是指第二轮承包"30"年不变到期以后,农民与集体之间的土地承包关系长期延续,相应的面积、地块除法律另有规定外仍然保持不变,农民对承包经营的耕地拥有的权利和承担的义务长久不变;另一方面也是指保持土地集体所有、家庭承包经营的基本制度长久不变,农村土地集体所有、家庭承包经营的基本制度有利于调动集体和农民积极性,对保障国家粮食安全和农产品有效供给具有重要作用,必须毫不动摇地长久坚持。我国新修订的《中华人民共和国农村土地承包法》于2019年1月1日起正式施行,将原先的第一条修改为:"为了巩固和完善以家庭承包经营为基础、统分结合的双层经营体制,保持农村土地承包关系稳定并长久不变,维护农村土地承包经营当事人的合法权益。"

　　土地问题涉及亿万农民切身利益,平衡好各方土地权益,实行"长久不变",进一步明晰集体与农户、农户与农户、农户与新型农业经营主体之间在承包土地上的权利义务关系,有利于发挥社会主义集体经济的优越性。通过起点公平、机会公平,合理调节利益关系,消除土地纠纷隐患,促进社会公平正义,进一步巩固党在农村的执政基础。这一制度安排的不断落实,既契合了我国实现强国目标的重大战略节点,也满足了广大承包农户和新型经营主体对长期而又稳定的土地政策预期的迫切需要。值得注意的是,实行"长久不变"不仅关乎基本经营制度的稳定,也有利于推动实施乡村振兴战略。实行"长久不变",完善承包经营制度,有利于强化农户土地承包权益保护,有利于推进农村土地资源优化配置,有利于优化产权配置,促进要素市场化发展,为实现乡村振兴提供更加有力的制度保障。

二、构建现代农业经营体系

2007 年党的十七届三中全会提出"推进农业经营体制机制创新,加快农业经营方式转变"并将其作为稳定和完善农村基本经营制度的重要内容,并且明确提出了"两个转变"的政策要求,即"家庭经营要向采用先进科技和生产手段的方式转变;统一经营要向发展农户联合与合作,形成多元化、多层次、多形式经营服务体系的方向转变"。政策层面逐渐意识到超小规模家庭经营难以适应现代农业发展需要,同时意识到统一经营层次的职能发挥不畅这一问题制约我国现代农业发展。围绕这一问题,我们的政策一脉相承,具有高度的连贯性。2012 年党的十八大提出"发展农民专业合作和股份合作,培育新型经营主体,发展多种形式规模经营,构建集约化、专业化、组织化、社会化相结合的新型农业经营体系"。2017 年党的十九大报告提出"构建现代农业产业体系、生产体系、经营体系,完善农业支持保护制度,发展多种形式适度规模经营"。在此期间,政策层面主要围绕着发展土地适度规模经营解决耕地细碎化问题、培育新型农业经营主体解决劳动力结构性短缺问题两个方面来展开,推动农业经营体制机制创新,构建现代农业经营体系。

一是发展土地适度规模经营,解决耕地细碎化问题。近年来,政策设计层面注重赋予农民更加充分而有保障的土地承包经营权,丰富完善土地承包经营权权能,这是开展土地流转的必要条件。党的十七届三中全会召开的同年,修订的《中华人民共和国物权法》将土地承包经营权界定为用益物权,指出土地承包经营权人"有权将土地承包经营权采取转包、互换、转让等方式流转",极大地鼓励了发展土地流转、开展土地适度规模经营。2008 年中央一号文件提出"尽快完善土地流转合同登记、备案制度,健全土地承包经营权流转市场",2010 年中央一号文件提出"加强土地承包经营权流转管理和服务,健全流转市场"。中央政策支持迅速提高了土地流转的发展速度,有力地促进了农地规模经营的发展。据统计,截至 2012 年底,全国土地流转面积达到 2.7 亿亩,较 2007 年增加 2

亿多亩,6 年间增加了 4.22 倍。[①] 2014 年中共中央办公厅、国务院办公厅印发了《关于引导农村土地经营权有序流转发展农业适度规模经营的意见》,正式提出农村土地"三权分置"改革思路,随后陆续出台的政策文件又为之提供了强有力的政策保障。党的十八大以来,土地制度改革不断深化,本着顺应农民保留土地承包权、流转土地经营权意愿的原则,将土地承包经营权分为承包权和经营权,实行所有权、承包权、经营权分置并行,这一改革是农村基本经营制度的自我完善,是继 20 世纪家庭联产承包责任制之后农村改革的又一重大创新,有力地促进了土地规模经营的开展。根据农业农村部的数据,截至 2018 年底,全国家庭承包经营耕地流转面积 5.39 亿亩,流转出承包地的农户数达 7 235.2 万户。[②]

二是培育新型农业经营主体,解决劳动力结构性短缺问题。改革开放以来,伴随着工业化、城镇化的深入推进,农村劳动力大量向城市非农产业转移,农村劳动力老龄化、妇女化的现象极为突出,"谁来种地,怎么种地"的问题日益凸显。2012 年底,我国农村有 26 261 万劳动力转向了城镇和非农就业,占当年农村从业人员总数的 48.76%,尽管彼时在农业中从业的劳动力还有 2.7 亿多人,但多数都是老人和妇女。[③] 此外,由于我国农户承包经营的耕地规模细小且高度分散,抵御自然风险、市场风险的能力不强,农民纯收入中来自农业的比重在不断下降,农业兼业化副业化现象十分严重,农业存在被"边缘化"的风险,任其发展下去,势必威胁我国粮食安全。围绕上述问题,学术界也展开了广泛的讨论,较早地将家庭农场、农民合作社、农业龙头企业等主体纳入"新型农业经营主体"的概念中系统研究,[④]认为上述主体体现了改造传统农业的历史规律,

---

① 顾仲阳.农业部:全国土地流转面积 2.7 亿亩[EB/OL].(2013-03-05)[2020-10-07].央视网.
② 农业农村部.关于政协十三届全国委员会第二次会议第 0815 号提案答复的函[EB/OL].(2019-09-05)[2020-10-07].中华人民共和国农业农村部网站.
③ 陈锡文.构建新型农业经营体系刻不容缓[J].求是,2013(22):38-41.
④ 黄祖辉,俞宁.新型农业经营主体:现状、约束与发展思路:以浙江省为例的分析[J].中国农村经济,2010(10):16-26,56.

是中国农业发展的中坚力量,是建设现代农业的微观基础。① 2012 年党的十八大首次提出"培育新型经营主体,发展多种形式规模经营",2013 年党的十八届三中全会提出"鼓励承包经营权在公开市场上向专业大户、家庭农场、农民合作社、农业企业流转,发展多种形式规模经营"。2017 年中共中央办公厅、国务院办公厅印发了《关于加快构建政策体系培育新型农业经营主体的意见》,从财税政策、金融信贷、人才培训等方面部署、健全支持新型农业经营主体发展的政策体系,同年党的十九大重申"构建现代农业产业体系、生产体系、经营体系,完善农业支持保护制度,发展多种形式适度规模经营,培育新型农业经营主体"。政策层面的支持极大地推动了新型农业经营主体的成长。农业农村部统计,截至2019 年底,我国各类新型农业经营主体超过 300 万家,②各类主体不仅在数量上增长迅速,规模上日益壮大,同时在质量上也取得了明显进步。到 2019 年 10月底,全国依法按交易量(额)分配盈余的农民合作社数量约为 2012 年的 2.5倍,平均为每个成员二次分配 1 400 多元;有 3.5 万家农民合作社创办加工实体,近 2 万家农民合作社发展农村电子商务,7 300 多家农民合作社进军休闲农业和乡村旅游业,服务功能持续增强。③ 截至 2020 年 6 月底,农民合作社超过220 万家,辐射带动全国近一半农户。④ 通过培育和壮大新型农业经营主体,发挥规模主体的能动优势,农业生产规模化、集约化与专业化水平有力提升。

三、开展土地承包到期再延长三十年试点

2017 年党的十九大报告进一步指出"保持土地承包关系稳定并长久不变,第二轮土地承包到期后再延长三十年"。"长久不变"的定性不变,从定量的角

---

① 楼栋,孔祥智.新型农业经营主体的多维发展形式和现实观照[J].改革,2013(2):65-77.
② 农业农村部.关于政协十三届全国委员会第二次会议第 0815 号提案答复的函[EB/OL].(2019-09-05)[2020-10-07].中华人民共和国农业农村部网站.
③ 农业农村部农村合作经济指导司.推进农民合作社高质量发展[N].农民日报,2019-12-30(5).
④ 农业农村部发展规划司.上半年农业农村经济运行总体平稳、稳中向好[EB/OL].(2020-07-24)[2020-10-07].中华人民共和国农业农村部网站.

度规定延长 30 年,第二轮承包到期的时间是 2050 年左右,届时我国已经建设成社会主义现代化强国,30 年的定量延长也与我们强国目标的时间点相契合。① 2018 年中央一号文件则明确提出了衔接落实好第二轮土地承包到期后再延长 30 年的政策,让农民吃上长效"定心丸"。2020 年中央一号文件提出"完善农村基本经营制度,开展第二轮土地承包到期后再延长 30 年试点,在试点基础上研究制定延包的具体办法"。2021 年中央一号文件进一步提出"有序开展第二轮土地承包到期后再延长 30 年试点,保持农村土地承包关系稳定并长久不变"。

在现阶段推进延包三十年试点的过程中,首先要注重稳定土地承包关系,不得将承包地打乱重分,确保绝大多数农户原有承包地继续保持稳定,从而推进政策平稳过渡。中央也提出对少数存在承包地因自然灾害毁损等特殊情形且群众普遍要求调地的村组,届时可按照大稳定、小调整的原则,由农民集体民主协商,经本集体经济组织成员的村民会议三分之二以上成员或者三分之二以上村民代表同意,并报乡(镇)政府和县级政府农业等行政主管部门批准,可在个别农户间作适当调整,但要依法依规从严掌握。

其次,承包期再延长三十年要以土地确权登记颁证工作为基础。已颁发的土地承包权利证书,在新的承包期继续有效且不变不换,证书记载的承包期限届时作统一变更。对个别调地的,在合同、登记簿和证书上作相应变更处理。做好承包地确权登记颁证工作格外重要,承包地确权登记颁证是稳定农村土地承包关系的重大举措,也是落实"长久不变"的重要前提和基本依据。在 2018 年年底前基本完成确权登记颁证工作的基础上,继续做好收尾工作、化解遗留问题,健全承包合同取得权利、登记记载权利、证书证明权利的确权登记制度,并做好与不动产统一登记工作的衔接,赋予农民更有保障的土地承包权益,为实行"长久不变"奠定坚实基础。

---

① 黄少安,文丰安.中国经济社会转型中的土地问题[J].改革,2018(11):5-15.

再次,继续提倡"增人不增地、减人不减地"。为避免承包地的频繁变动,防止耕地经营规模不断细分,进入新的承包期后,因承包方家庭人口增加、缺地少地导致生活困难的,要帮助其提高就业技能,提供就业服务,做好社会保障工作。因家庭成员全部死亡而导致承包方消亡的,发包方应当依法收回承包地,另行发包。通过家庭承包取得土地承包权的,承包方应得的承包收益,依照继承法的规定继承。

最后,建立健全土地承包权依法自愿有偿转让机制。维护进城农户土地承包权益,现阶段不得以退出土地承包权作为农户进城落户的条件。对承包农户进城落户的,引导支持其按照自愿有偿原则依法在本集体经济组织内转让土地承包权或将承包地退还集体经济组织,也可鼓励其采用多种形式流转承包地经营权。对长期弃耕抛荒承包地的,发包方可以依法采取措施防止和纠正弃耕抛荒行为。完善落实农村土地所有权、承包权、经营权"三权"分置政策体系,不断探索农村土地集体所有制的有效实现形式,充分发挥所有权、承包权、经营权的各自功能和整体效用,形成层次分明、结构合理、平等保护的格局。深入研究农民集体和承包农户在承包地上、承包农户和经营主体在土地流转中的权利边界及相互权利关系等问题,充分维护农户承包地的各项权能。完善土地经营权流转市场,健全土地流转规范管理制度,探索更多放活土地经营权的有效途径。

第三节　实现小农户与现代农业发展有机衔接

2017年党的十九大报告提出"健全农业社会化服务体系,实现小农户和现代农业发展有机衔接"并将其作为乡村振兴战略的重要内容加以高度重视。这是"小农户"一词首次出现在党代会的报告当中,充分考虑到我国人多地少的基本国情、农情,这一论断(实现小农户与现代农业发展有机衔接)揭示了当前我国农业发展的主要矛盾,符合我国农业农村发展的方向,具有重要的意义。本节首先将对"小农户"的概念进行理论探讨并梳理小农户与现代农业之间的关系,在此基础上介绍实现小农户与现代农业发展有机衔接的必要性,最后指出如何实现小农户与现代农业发展有机衔接。

一、"小农户"与现代农业

比起"小农户"而言,读者似乎对"小农"的概念更为熟悉,两千年自给自足的小农经济是中国封建社会统治的经济基础。《中国大百科全书》对"小农"的定义是"建立在生产资料私有制的基础上,从事小规模耕作的个体农民"。[①] 伴随着人类经济社会发展,资本主义生产关系开始浮现,马克思主义者开始用"小农"的概念去分析农民的阶级结构,恩格斯对"小农"的定义是"小块土地的所有者或租佃者——尤其是所有者,这块土地既不大于以自己全家的力量通常所能耕种的限度,也不小于足以养活他的家口的限度"。[②] 上述两种定义从字面上来说都是围绕小规模经营而展开的,实际上"小农"的概念应该与小农经济更为紧密,小农经济更是一种传统农业的生产方式。根据舒尔茨的研究,传统农业即完全以农民世代使用的各种生产要素(如畜力)为基础的农业,其技术状况长期保持不变,小农经济仅仅基本维持简单再生产,处于长期发展停滞状态。[③]

将目光回到改革开放以来的中国,伴随着工业化、城镇化的快速推进以及农村经济社会发展,小规模农户的生产方式与传统农业大相径庭。因此,也有学者开始用"社会化小农"的定义,指出与传统小农不同,社会化小农已广泛进入开放流动的现代社会,融入现代的市场经济,小农生产生活方式的社会化程度日益提高。[④] 而"小农户"的概念的确是源自"小农",大多数情况下,二者的概念相容。也有研究发现,"小农户"更突出家庭经营基础性地位,淡化小农经济色彩,当代中国的农民绝大多数都是小规模土地经营者。从这个意义来看,

---

① 中国大百科全书《经济学卷》编委会.中国大百科全书·经济学Ⅲ[M].北京:中国大百科全书出版社,1998:1089.

② 马克思,恩格斯.马克思恩格斯文集:第4卷[M].北京:人民出版社,2012:358.

③ 西奥多·W.舒尔茨.改造传统农业[M].北京:商务印书馆,2006:22-32.

④ 徐勇,邓大才.社会化小农:解释当今农户的一种视角[J].学术月刊,2006(7):5-13.

我国确实以小农户为农业的绝对主体,但是其生产方式又与小农经济存在本质区别,①不再是自给自足的小规模经济体,而是融入了现代市场体系之中,农民从市场购买生产资料,再将农产品销回市场之中。因而小规模经营农户同样高度依赖市场,并且相当一部分农户的经营规模虽然小,但专业化水平很高,如山东寿光等地的菜农,已成为"微型家庭农场主"。

学术界长期存在着小农户与现代农业关系的争论,一方坚定认为改造小农户是农业现代化的关键,小农户与现代农业无疑是互斥的。"去小农化""小农消亡说"的代表人物是马克思和恩格斯。由于小农生产具有分散性、孤立性、小规模性等特点,马克思主义者认为小农与先进技术、生产设备应用是相互排斥的。马克思在《资本论》中叙述了小农的弊端,即"既排斥生产资料的积聚,也排斥协作,排斥同一生产过程内部的分工,排斥对自然的社会统治和社会调节,排斥社会生产力的自由发展",认为小农最终将伴随着土地所有权的灭亡而变成雇佣工人。② 在《法德农民问题》一文中,恩格斯认为:"我们的小农,正如任何过了时的生产方式的残余一样,在不可避免地走向灭亡。""我们对于小农的任务,首先是把他们的私人生产和私人占有变为合作社的生产和占有……我们要挽救和保全他们的房屋和土地,只有把它们变成合作社的占有和合作社的生产才能做到。"恩格斯甚至提出了"资本主义生产形式的发展,割断了农业小生产的命脉"的论断。③ 列宁认同了对小农进行社会主义改造的马克思主义观点,认为应通过合作化运动来"消灭"小农,指出:"公社、劳动组合耕种制、农民协作社——这就是摆脱小经济弊病的出路。"④毛泽东指出:"几千年来都是个体经济,一家一户就是一个生产单位,这种分散的个体生产,就是封建统治的经济基

① 郭庆海.小农户:属性、类型、经营状态及其与现代农业衔接[J].农业经济问题,2018(6):25-37.
② 马克思.资本论:第一卷[M].中共中央马克思恩格斯列宁斯大林著作编译局,译.北京:人民出版社,2004:872.
③ 马克思,恩格斯.马克思恩格斯选集:第四卷[M].中共中央马克思恩格斯列宁斯大林著作编译局,译.北京:人民出版社,2012:358.
④ 列宁.列宁全集:第35卷[M].中共中央马克思恩格斯列宁斯大林著作编译局,译.2版.北京:人民出版社,1992:174.

础,而使农民自己陷于永远的穷苦。克服这种状况的唯一办法,就是逐渐地集体化。而达到集体化的唯一道路,根据列宁所说,就是经过合作社。"①应该说明的是,不管是苏联还是中国,合作社只是从小农经济到集体经济(苏联是集体农庄,我国是人民公社)的过渡阶段,而发展合作社的目的,就是消灭小农经济。

也有一部分学者认为小农户与现代农业之间的关系是相容的。早在 20 世纪,舒尔茨认为小农贫穷但是有效率,改造传统农业的关键是通过人力资本投资等方式改造小农,而非扩大农场规模。② 恰亚诺夫认为小农经济具有极强的稳定性与生存能力,小农家庭的生产方式能够抵御资本主义外界侵蚀。③ 中国小农的勤劳忍耐等优势与工业化社会优势相契合的结构使得亿万农民在宏观经济发展良好时期能够获取务工收入以满足基本生活需求,在经济危机时期能够安全退守回到农村。④ 因此,有研究明确指出中国的农业现代化道路必然是小农经济的现代化之路,⑤农业现代化与小农经济不应该相互排斥。

二、实现小农户与现代农业发展有机衔接的必要性

实现小农户与现代农业发展有机衔接对于当下我国乡村振兴战略而言,有着非同寻常的意义。首先,立足于大国小农的基本国情,实现小农户与现代农业发展有机衔接是实施乡村振兴战略的客观要求。我们需要认识到当前和今后很长一个时期,小农户家庭经营将是我国农业的主要经营方式。第三次全国农业普查数据显示,截至 2016 年底,小农户占农业经营户比重高达98.1%,小农户从业人员占农业从业人员的比重接近九成,小农户经营耕地面积占总耕地面积的比例超过 70%。根据世界银行的标准,土地规模在 2 公顷(30)亩以下的农

①　毛泽东.毛泽东选集:第三卷[M].2 版.北京:人民出版社,1991:931.
②　西奥多·W.舒尔茨.改造传统农业[M].北京:商务印书馆,2006:150-171.
③　A.恰亚诺夫.农民经济组织[M].萧正洪,译.北京:中央编译出版社,1996:20-41.
④　温铁军.八次危机[M].5 版.北京:东方出版社,2013:198-201.
⑤　贺雪峰,印子."小农经济"与农业现代化的路径选择:兼评农业现代化激进主义[J].政治经济学评论,2015(2):45-65.

户定义为小农户①。而 2018 年中国耕地经营规模在 10 亩以下的农户有 2.1 亿户,户均土地经营规模 7.8 亩。② 因此,小农户仍是我国农业经营中的核心主体,小农户是我国农业生产的基本组织形式,对保障国家粮食安全和重要农产品有效供给具有重要作用。尽管现阶段我国小农户已经脱离传统农业小农经济的属性,但是,狭小的规模使其难以分享某些先进的技术与装备并在市场交易中处于弱势地位,千家万户的小生产与大市场对接问题较为严峻。小农户是乡村振兴战略的主体,没有小农户的振兴,乡村振兴就是无本之木、无源之水。

其次,中国农业长期以来发展的土地规模经营面临瓶颈。在人地关系紧张的中国,农地流转市场并非单纯的要素流动市场。③ 土地对于农民兼具生产资料和社会保障的双重功能,使得土地已成为农民的人格化财产,加之土地产权残缺和不稳定等因素造成土地流转内含高昂交易成本,④导致了实践中土地规模经营面临发展瓶颈。全国土地流转面积占家庭承包经营总面积的比例在 20世纪末期仅为 1% 左右,虽然 2008 年这一比例为 8.9%,到 2016 年底达到35.1%,但近年来土地流转增速明显放缓,并且土地规模经营主体数量偏少。根据《第三次全国农业普查主要数据公报》,2016 年中国农业经营户 20 743 万户,其中规模农业经营户 398 万户,占比仅为 1.9%。

最后,维护农村基本经营制度,强化家庭经营在双层经营体制中的基础性地位。长期以来在土地规模经营道路的探索中,地方政府违背农户意愿人为"垒大户"现象屡见不鲜,由于土地租金存在刚性成本约束问题,加之农业生产面临着自然和市场的双重风险,流转大户亏损跑路现象也常见于新闻媒体报道中,⑤

---

① World Bank. Reaching the Rural Poor: A Renewed Strategy for Rural Development [M]. World Bank Publications, 2010,19(4): 563-573.

② 韩俊.以习近平总书记"三农"思想为根本遵循实施好乡村振兴战略[J].管理世界,2018(8):1-10.

③ 罗必良.农地确权、交易含义与农业经营方式转型:科斯定理拓展与案例研究[J].中国农村经济,2016(11):2-16.

④ 王兴稳,钟甫宁.土地细碎化与农用地流转市场[J].中国农村观察,2008(4):29-34,80.

⑤ 中国乡村之声.外地种粮大户亏钱、撂荒、跑路以后谁还敢流转土地?[EB/OL].(2016-09-14)[2020-10-07].央广网.

难以保障转出土地的小农户利益。此外，积年的土地规模经营探索，学界对小农户的抨击与日俱增，诸如"小农生产过时了，农业必须发展规模经营"等观点甚至在社会上引发了讨论。2017 年 3 月北京大学的姚洋教授在《北京日报》作出回应，表示小农生产长盛不衰，一方面是历史理性的选择，另一方面是立足于我国人多地少的基本现状，具有高度的现实考量因素。[①] 我们需要清醒地认识到小农户是家庭承包经营的基本单元，而坚持和完善农村基本经营制度更是今后很长一段时间内我国农业政策的重中之重。在坚持家庭经营基础性地位的同时，促进新型农业经营主体对小农户的带动以及发展小农户之间的合作与联合，有利于激发农村基本经营制度的内在活力，有利于夯实现代农业经营体系的根基，有利于实施以农民为主体的乡村振兴战略。

三、如何实现小农户与现代农业发展有机衔接

自党的十九大报告提出"实现小农户与现代农业发展有机衔接"这一命题以来，不论是主流政策界、学术界、基层实践界都对此命题应如何实现展开丰富多样、内容翔实的探讨，主流的观点主要有以下几类。

一是健全面向小农户的社会化服务体系，发展服务规模经营。农业社会化服务是指由社会上各类服务机构为农业生产提供产前、产中和产后全过程的综合配套服务，[②]社会化服务体系则是由上述各类机构和个人共同形成的网络与组织系统，包括物资供应、生产服务、技术服务、信息服务、金融服务、保险服务和农产品运销服务。[③] 学界前人在研究中关于农业社会化服务对生产作用的看法比较一致：随着大量农村劳动力持续向城市非农行业转移，农业劳动力老年化和女性化趋势明显，农业社会化服务"产中环节"即生产性服务已成为缓解因

---

① 姚洋.小农生产过时了吗[N].北京日报,2017-03-06.
② 陈义媛.土地托管的实践与组织困境:对农业社会化服务体系构建的思考[J].南京农业大学学报:社会科学版,2017,17(6):120-130,165-166.
③ 孔祥智,楼栋,何安华.建立新型农业社会化服务体系:必要性、模式选择和对策建议[J].教学与研究,2012(1):39-46.

农村青壮劳动力流失对农业生产产生的负面影响的重要途径之一,在农业生产中发挥着日益重要的作用,能够提高农业生产专业化程度,提高农业劳动生产率。[1][2][3] 早在20世纪末,就有研究发现农业社会化服务对于中国以小规模农户经营为主的生产经营格局的独特作用,学界开始认识到小规模农户家庭经营辅以社会组织承担部分作业,能够达到社会分工的深化进而实现农业现代化目标,[4]在小农经济占优势的国家可以通过建立健全社会化服务体系的方式将个体农户纳入农业现代化轨道。[5] 面对农户家庭小规模土地经营的现实局面,21世纪以来有研究发现,社会化服务技术替代作用的发挥不受其所限制,[6]农机服务能够与小规模土地经营现实局面相容。[7] 随着社会化服务实践的不断发展,各地涌现出诸如土地托管、联耕联种等新型社会化服务模式,越来越多的研究发现,通过给分散的小农户提供规模化的社会化服务,可以冲破束缚小农户的外在条件,实现农业适度规模经营。[8] 随着研究的进一步深化,学界在反思土地规模经营瓶颈的基础上提出服务规模经营的概念,[9]赋予了社会化服务新的意义,如弥补小规模家庭经营的不足、[10]将小农户卷入分工经济从而纳入现代农业

---

① 胡雪枝,钟甫宁.农村人口老龄化对粮食生产的影响:基于农村固定观察点数据的分析[J].中国农村经济,2012(7):29-39.

② 陈超,李寅秋,廖西元.水稻生产环节外包的生产率效应分析:基于江苏省三县的面板数据[J].中国农村经济,2012(2):86-96.

③ BINAM J N, TONYE J, WANDJI N, et al. Factors affecting the technical efficiency among smallholder farmers in the slash and burn agriculture zone of Cameroon[J]. Food Policy, 2004, 29(5):531-545.

④ 严瑞珍.农业产业化是我国农村经济现代化的必由之路[J].经济研究,1997(10):74-79.

⑤ 郭翔宇,范亚东.发达国家农业社会化服务体系发展的共同特征及其启示[J].农业经济问题,1999(7):60-63.

⑥ 刘凤芹.农业土地规模经营的条件与效果研究:以东北农村为例[J].管理世界,2006(9):71-79,171-172.

⑦ 曹阳,胡继亮.中国土地家庭承包制度下的农业机械化:基于中国17省(区、市)的调查数据[J].中国农村经济,2010(10):57-65,76.

⑧ 罗必良,李玉勤.农业经营制度:制度底线、性质辨识与创新空间:基于"农村家庭经营制度研讨会"的思考[J].农业经济问题,2014(1):8-18.

⑨ 罗必良.论服务规模经营:从纵向分工到横向分工及连片专业化[J].中国农村经济,2017(11):2-16.

⑩ 韩俊.以习近平总书记"三农"思想为根本遵循实施好乡村振兴战略[J].管理世界,2018(8):1-10.

发展轨道。①②

二是培育新型农业经营主体,促进新型主体与小农户融合发展。新型农业经营主体往往凭借自身实力和规模,专业化、标准化、集约化经营水平较高,有研究认为,专业大户、家庭农场、农民专业合作社和农业企业是中国现阶段农业发展的中坚力量,它们体现了改造传统农业的历史规律,引领着现代农业的发展方向,符合提升农业现代化的基本要求。而新型农业经营主体集经营和服务功能于一身,③多年来,政策培育起来的新型农业经营主体在当下对于中国农业的意义不仅是自身的适度规模经营,更是通过服务的方式连接小农户。诚如上文所述,我们对于新型农业经营体系的构建目标是"以农户家庭经营为基础、合作与联合为纽带、社会化服务为支撑的立体式复合型现代农业经营体系"。在这一体系中,经营主体的层次来源是多方位的,并将全面覆盖农业产业链的各个环节;各经营主体的经济性质是多元化的,所发挥的功能作用是相互加强和融合的,而不是相互排斥或界限分明的,这也为新型农业经营主体与小农户融合发展提供理论上的依据。④ 新型农业经营主体自身从事农业生产经营,对于实际生产环节乃至产前、产后的实际需求更为熟悉,其面向小农户提供的社会化服务有利于促进小农户家庭经营冲破外在限制,这对于促进实现小农户与现代农业发展的有机衔接、实现中国现代农业发展有着重要的意义。农民家庭经营与新型农业经营主体社会化服务相结合的发展模式,符合当前我国城市化和工业化发展阶段的客观实际,是在充分尊重小农户根据资源禀赋和拥有自由选择进城与返乡权利的基础上平衡城乡劳动力、维护中国经济平稳快速发展并有序推进中国特色农业现代化的可行选择。

---

① 张露,罗必良.小农生产如何融入现代农业发展轨道? ——来自中国小麦主产区的经验证据[J].经济研究,2018(12):144-160.
② 叶敬忠,豆书龙,张明皓.小农户和现代农业发展:如何有机衔接? [J].中国农村经济,2018(11):64-79.
③ 李显刚.新型农业经营主体实践研究[M].北京:中国农业出版社,2018:11-17.
④ 钟真.改革开放以来中国新型农业经营主体:成长、演化与走向[J].中国人民大学学报,2018,32(4):43-55.

　　三是壮大小农户自身发展实力,拓宽小农户增收空间。小农户的生产方式凭借农民和劳作对象的亲和性以及种养产品的绿色健康性和乡土特色,能够有效填补城市市场当中消费者对于事物的需求空白。在我国农业现代化建设实践当中,以小农户为主体的现代农业发展道路可以完整保留小农户的生产特性,充分发挥小农户精耕细作和人与自然协同生产的优势,在小农户分散经营的基础上实现统筹动员,并通过高附加值、差异化和特色化农产品实现与地方市场的对接,满足日益多元、绿色、健康的城市消费需求。① 同时我们也应该积极地给予小农户政策支持,夯实小农户这一经营主体的发展基础,比如以提供补贴为抓手,鼓励小农户接受新技术培训,提升小农户科技装备应用水平,推广应用面向小农户的实用轻简型装备和技术,改善小农户生产基础设施,支持村集体组织小农户开展农业基础设施建设和管护,并提高小农户的组织化程度,引导小农户开展合作与联合。支持小农户通过联户经营、联耕联种、组建合伙农场等方式联合开展生产,共同购置农资,接受统耕统收、统防统治、统销统结等服务,降低生产经营成本。

---

①　叶敬忠,贺聪志.基于小农户生产的扶贫实践与理论探索:以"巢状市场小农扶贫试验"为例[J].中国社会科学,2019(2):137-158,207.

9

农村集体产权制度：
乡村振兴之骨

农村集体产权制度改革是全面深化农村改革的重大任务。推进农业现代化,产权清晰是一个重要前提。自党的十四大要求把建设社会主义市场经济作为经济体制改革目标以来,我国农村集体产权制度改革问题不断受到中央和地方的重视(表9.1)。2016年底中共中央、国务院印发了《关于稳步推进农村集体产权制度改革的意见》,对深化集体产权制度改革进行了系统全面的部署,明确了改革的目标方向、推进原则和重点任务。党的十九大进一步提出,"深化农村集体产权制度改革,保障农民财产权益,壮大集体经济"。2020年中央一号文件也提出要抓好农村的重点改革任务,全面开展农村集体产权制度改革试点,有序开展集体成员身份确认、集体资产折股量化、股份合作制改革、集体经济组织登记赋码等工作。2021年中央一号文件指出,要深入推进农村改革,2021年基本完成农村集体产权制度改革阶段性任务,发展壮大新型农村集体经济。

表9.1　2016—2021年农村集体产权制度改革有关政策措施

年份	文件名称	政策内容
2016	中共中央 国务院关于落实发展新理念加快农业现代化 实现全面小康目标的若干意见	到2020年基本完成土地等农村集体资源性资产确权登记颁证、经营性资产折股量化到本集体经济组织成员,健全非经营性资产集体统一运营管理机制。探索将财政资金投入农业农村形成的经营性资产,通过股权量化到户,让集体组织成员长期分享资产收益。制定促进农村集体产权制度改革的税收优惠政策
2017	中共中央 国务院关于深入推进农业供给侧结构性改革 加快培育农业农村发展新动能的若干意见	深化农村集体产权制度改革,落实农村土地集体所有权、农户承包权、土地经营权"三权分置"办法。统筹协调推进农村土地征收、集体经营性建设用地入市、宅基地制度改革试点。允许地方多渠道筹集资金,按规定用于村集体对进城落户农民自愿退出承包地、宅基地的补偿。鼓励地方开展资源变资产、资金变股金、农民变股东等改革,增强集体经济发展活力和实力

续表

年份	文件名称	政策内容
2018	中共中央 国务院关于实施乡村振兴战略的意见	全面开展农村集体资产清产核资、集体成员身份确认，加快推进集体经营性资产股份合作制改革。维护进城落户农民土地承包权、宅基地使用权、集体收益分配权，引导进城落户农民依法自愿有偿转让上述权益。研究制定农村集体经济组织法，充实农村集体产权权能
2019	中共中央 国务院关于坚持农业农村优先发展做好"三农"工作的若干意见	加快农村集体资产监督管理平台建设，建立健全集体资产各项管理制度。做好成员身份确认，注重保护外嫁女等特殊人群的合法权利，加快推进农村集体经营性资产股份合作制改革，继续扩大试点范围。积极探索集体资产股权质押贷款办法，健全农村产权流转交易市场，研究完善适合农村集体经济组织特点的税收优惠政策
2020	中共中央 国务院关于抓好"三农"领域重点工作确保如期实现全面小康的意见	以探索宅基地所有权、资格权、使用权"三权分置"为重点，进一步深化农村宅基地制度改革试点。全面推开农村集体产权制度改革试点，有序开展集体成员身份确认、集体资产折股量化、股份合作制改革、集体经济组织登记赋码等工作。探索拓宽农村集体经济发展路径，强化集体资产管理
2021	中共中央 国务院关于全面推进乡村振兴加快农业农村现代化的意见	深入推进农村改革，2021年基本完成农村集体产权制度改革阶段性任务，发展壮大新型农村集体经济

资料来源：根据相关政策文件整理。

第一节　农村集体产权制度改革的政策背景

农村集体产权制度改革是一项全面而深刻的变革，是实现全面建成小康社会目标的根本保障。推进农村集体产权制度改革，对于发挥市场在资源配置中的决定性作用,建立城乡要素平等交换关系、促进新型城镇化发展,壮大农村集体经济、确保农民财产权利实现形式多样有效,推进乡村治理体系和治理能力现代化具有重要而深远的意义,是实施乡村振兴战略、实现共同富裕的制度基础,[1][2]对于全面深化农村改革、激发农业农村发展活力具有重要意义。自2016年农村集体产权制度改革启动以来,各地改革取得了重大进展和显著成效。课题组在2018—2019年进行了实地调研,发现了一些值得总结的做法和值得推广的经验。

第二节　各地农村集体产权制度改革的实践

一、调研区域分布和概况

　　课题组先后对山东、江苏、浙江、内蒙古、上海、广东、广西等地的农村集体产权制度改革试点展开了调研,共涉及13个县(区),具体情况见表9.2。通过调研发现,各地在改革过程中的工作安排、具体做法以及实践效果等方面有明显的地区差异和地方特色。

表9.2　调研区域分布

省(区、市)	县(区)	村(社区)
山东省青岛市	黄岛区	珠海街道郝家石桥村
山东省泰安市	东平县	彭集街道马流泽村、后围村、梯门镇西沟流村、梯门镇西沟流村、南堂子村等
江苏省南京市	高淳区、溧水区、江宁区	
浙江省嘉兴市	海盐县	武原街道小曲社区、德胜村

---

① 　张红宇.深入推进农村集体产权制度改革[J].农村工作通讯,2020(4):18-20.
② 　宋洪远,高强.农村集体产权制度改革轨迹及其困境摆脱[J].改革,2015(2):108-114.

续表

省（区、市）	县（区）	村（社区）
内蒙古自治区	阿荣旗	六合镇东山屯、向阳峪镇松塔沟村、查巴奇乡猎民村、民族村、河西村
上海市	闵行区	七宝镇
广东省惠州市	惠阳区	镇隆镇长龙村和楼下村、秋长街道白石村
	博罗县	园洲镇刘屋村、麻陂镇艾埔村、罗阳街道鸡麻地村
	惠城区	江北街道办事处三新村、水北社区
广东省肇庆市	四会市	城中街道仓岗社区、江谷镇黎寨村、江谷镇清平村
广西壮族自治区北海市	银海区	银滩镇
广西壮族自治区贵港市	港南区、覃塘区	

如何在经济发达地区、高度城镇化地区推行农村集体产权制度改革一直是农村集体产权制度改革的重要难题。浙江省海盐县作为全国综合实力百强县，属于经济快速发展的地区，处于快速城镇化发展区域。调研中同样属于经济发展水平较高、城镇化进程较快的地区还有青岛市黄岛区、上海市闵行区、江苏省南京市。

经济欠发达地区农村集体产权制度改革模式的典型代表有山东省东平县、广西壮族自治区、广东省等地，如何在脱贫攻坚中促进村集体经济发展、完成改革试验任务是这些地区面临的难题。

二、各地农村集体产权制度改革的实践

各地区开展了一系列卓有成效的工作，扎实有序地推进了农村集体产权制度改革任务。

（一）工作开展情况

第一，强化组织领导。调研的各地都从不同层面成立了专门的农村集体产权制度改革工作领导小组，明确各成员单位职责，建立联席会议制度，形成改革会商协商机制，确保党政主要领导抓改革工作，"一把手"亲自抓工作责任，做到事有人管、责有人负、密切配合、协调推进。比如，江苏省南京市成立了三级工作领导小组，既包括市级层面，也包括区级层面甚至镇级层面，将办公室设在市委农工委，工作领导小组组长由市长直接担任。工作组组织审定改革实施方案和配套政策，负责研究、协调解决改革试验区任务推进中的重大问题，开展风险评估，统筹推进全市农村集体产权股份合作制改革。各郊区党委、政府是各区改革试验任务承担的责任主体和实施主体，负责辖区改革试验工作的组织领导。各区也成立了改革试验区工作领导小组，具体组织推进各区农村集体产权股份合作制改革工作，制定改革相关政策制度，协调解决本区农村集体产权股份合作制改革中的重点问题、突出难题。试点镇街主要负责人要亲自挂帅，组织实施农村集体产权股份合作制改革工作。山东省东平县则是在县、乡、村三级分别成立由书记担任组长的改革工作领导小组，形成三级书记负总责、抓改革的局面。各个领导小组下设综合协调、政策指导、实施推进、工作保障、宣传推广五个工作小组，领导小组办公室设在县农业局，负责改革试验区的日常工作。各个乡镇（街道）成立了相应的领导机构和工作机构，为农村集体产权股份合作制改革试点工作提供了有力的组织保障。通过搭建组织机构，在试点过程中随时召开会议，分管领导时刻把握进度、及时组织协调解决问题，更能确保各地按时间节点完成农村集体产权制度改革工作。

第二，做好宣传工作。立足把握全局，切实做好宣传发动工作是农村集体产权制度改革的前提。各地充分利用有线电视、宣传栏、横幅标语、发放宣传资料等形式进行宣传动员，阐明农村集体产权股份合作制改革工作的必要性和重要性，充分调动广大干部群众参与的积极性、主动性，营造了良好的工作氛围。改革试点工作刚开始时，难免会出现村"两委"干部思想上想不通、怕麻烦、有抵触和畏难情绪的现象。各地也通过宣传、培训和密切交流等方式解决思想上的问题。比如内蒙古自治区阿荣旗印发股改知识问答 2 000 本、《致广大农民朋友的一封信》8 万份、股改联系卡 1 000 张,喷绘宣传标语 300 条,营造了良好的改革氛围。为了增强试点工作的群众认可度,阿荣旗委、政府还在向阳峪镇松塔沟村举行了挂牌、发证仪式,制定了《阿荣旗农村集体经济组织成员身份界定的指导意见》。又如江苏省南京市先后举办了 6 次由郊区农工委、镇街和试点村(社区)干部参加的全市农村集体资产清产核资、农村集体产权股份合作制改革、农村产权交易市场建设专题培训班,详细讲解集体产权股份合作制改革等政策业务。广东省博罗县组织业务指导员前往北京、上海闵行区、浙江省嘉兴市和江苏省苏州市参观学习,借鉴全国各地关于农村集体产权制度改革工作的先进经验,并印发《博罗县农村集体产权制度改革漫画》2 万多册、《致农民朋友的一封信》2 万多份,以微信形式发布了《博罗县农村集体产权制度改革宣传片》,通俗易懂,加深了农民群众对改革工作的理解与支持。

第三,坚持民主原则。在改革过程中,各地都坚持民主决策,用民主的方法推进改革。商议过程尊重客观历史和农民意愿,保障农民的知情权、参与权、表达权、监督权,凡是涉及农民群众切身利益的问题,都严格履行民主程序,极大地减少了农村基层矛盾和纠纷。比如山东省青岛市黄岛区产权制度改革就在民主参与、民主议事、民主决策的前提下,把依法、自主、公开、公正、透明、稳定精神贯穿于改革的全过程。改制的每一个环节、每一个步骤、每一个事项,都按规定程序广泛征求意见,集思广益,起草方案并进行公示或公告,这期间召开领导小组会、村居"两委"会、村民代表会等大小会议近 10 次,13 次张榜公示相关文件、决定,村居民代表先后 4 次入户做工作,赢得农民群众的理解和支持,保证了改革的顺利推进。集体经济组织成员通过参与决策和管理,增加集体身份认同感的同时也增强了集体凝聚力。

第四,加强监督管理。监督管理工作贯穿改革试验任务的始终,各地相关工作的开展呈现出多元有效的特征。比如广东省博罗县通过鼓励集体成员参与资产运营来激发监督管理的积极性。其中罗阳街道鸡麻地村委规定下辖各股份经济合作社从每13户中选1户为代表,成为本社股份经济合作联合社股东户主代表,合理发挥好成员的监督管理作用。山东省青岛市黄岛区在工作程序的管理方面,通过探索与实践完善固化了"三段九步"工作法,三个阶段、九个步骤使得改革过程规范,具体操作中能够确保民主公正,确保政府取信于民。"三段"即将改制过程分为前期准备、工作实施、成立组织三个阶段,"九步"即组成改制班子、形成改制决议、人口摸排、清产核资、界定成员、折股量化、注册登记等九个具体操作步骤。上海市闵行区则将集体资产民主监督管理贯穿产权改革及经营管理的全过程,制定重大经济决策时都做到会前广泛征求意见,会后及时公布结果。各改革村已经建立健全集体经济组织的"三会四权"治理机制,建立成员代表会议、理事会、监事会等现代法人治理结构,赋予成员知情权、表决权、收益权和监督权。实行成员代表会议决策,监事会全过程监管的程序。

第五,加大财政扶持。调研中大部分地区的财政部门都会安排财政专项资金用于支持改革试点工作的进行。比如闵行区各镇都设立财政专项资金,资金来源为改革后农村集体经济组织上缴的税收形成的区的增量部分,时间定为5年。对开展产权制度改革的村,区对村给予10万~20万元奖励。对开展改革的村,根据村集体经济组织资产规模、人员状况、改革难易程度及相关因素综合考虑,划为三档,区、镇分别给予10万元、15万元、20万元的工作支持与奖励。专项资金主要用于改革过程中宣传发动、召开座谈会、召开成员(代表)大会、成员身份界定与农龄统计、清产核资或资产评估、培训、学习交流、政策咨询及其他有关工作经费以及村集体经济发展。自2012年考评奖励开始施行后,5年来共发放区镇两级专项资金4 650万元,考评了8个镇、2个街道、1个工业区共142户,确保了改革的顺利进行。

(二)任务完成情况

1.农村集体资产清产核资

清产核资是顺利开展农村产权制度改革的基础和前提,目的在于全面搞清集体资产的存量、结构、分布和运用效益情况，加强对农村集体资产的管理。通过调研发现，各地清产核资的工作方式主要有三种。一是聘请第三方会计公司开展的清产核资方式。以广西北海市银海区为例。在清产核资阶段，北海市银海区结合已有工作成果，聘请第三方会计公司协助开展清产核资工作。首先，以村级会计账目和镇财政所会计账目为依据，固定资产有原始凭证的按原值登记，无凭证则进行资产评估，评估结果由村民代表大会确定；其次，聘请第三方会计公司协助开展清产核资，以村（组）为单位厘清资产权属，逐笔逐项登记集体资产。二是镇级财政所指导的清产核资方式。以广西玉林市为例。在清产核资阶段，玉林市镇财政所专业会计全程参与，在充分利用已有数据摸底登记的基础上，在镇财政所专业会计的指导下，对价格不明、票据不清、合同丢失、无法追究的村进行重新评估。2018 年 12 月底，玉林市全市清产核资数据全部录入系统完成市级审核上报，后又经过 7 轮查漏补缺、复核完善。江苏省南京市把集体资产清产核资的认定结果在区、镇（街）农村集体资产管理部门备案，在此基础上积极推行农村集体资产、资源统一编码，颁发农村集体资产产权证书，实行"一物一码一证"管理，并与不动产登记工作相衔接。三是自行清产核资方式。例如，山东东平试验区村集体资产总量小、增量小，因此成立了清产核资小组，对村内计提资产进行清查登记评估，张榜公示，召开村民（代表）会议确认，同时报乡镇审核。广西万秀区主要采取自我清查的方法，核实了各村、组的资金、资产和资源，解决了数据不明、权属不清的问题；其次进行了系统录入和审核上报，实现了系统化管理。

2.农村集体经济组织成员身份确认

成员资格的合理界定是农村集体产权制度改革过程中难以回避的问题，其中的关键就是要保证有资格的成员得到认可，而没有达到资格要求的人员排除在外。具体的成员身份确认条件由各地市县区辖区内的村组根据自己本地的实际情况，综合考量户籍、土地承包关系、人员生活历史等方面，制定出成员身份确认方案或办法开展成员身份确认工作，各试点单位所采取的成员身份认定办法大同小异,在方法导向上,为避免出现涉及社会稳定的不可控风险和民众矛盾,普遍采取从宽界定的认定办法,只要成员身份不在不同集体经济组织内重复认定即可。在认定准则上,农村主要以改革基准日实际在册人口为基础,村改居社区则以祖居户为基础,进行成员身份确认。例如,广西贵港市港南区新庆村农村集体经济组织成员身份的取得分为三种情况。一是原始取得,包括本村出生且户口未迁出的;刑满释放后户口迁回本村的;大中专院校的在校大学生,就读期间其户口由原籍临时迁入学校管理的学生,属于集体经济组织成员,学生毕业以后,按有关规定迁回原籍的。二是法定取得,包括:与本村村民结婚且户口迁入本村的;本村村民依法办理子女收养手续且其所收养子女户口已迁入本村的;外国、省、市人员因婚姻关系与本集体经济组织成员结婚的,限于户籍政策原因,户口暂时不能迁入的,以其结婚证为依据,且需户籍所在地村委出证明确认不属于该村集体经济组织成员后,才可确认为本集体经济组织成员身份,外国人员则至少凭结婚证才可确认为本集体经济组织成员身份。三是协商取得,上述情形之外的其他人员,是否具有集体经济组织成员资格,由本集体经济组织村民(代表)会议讨论决定并经三分之二以上成员或者三分之二以上村民代表同意,可接纳为本集体经济组织成员。对少数、特殊群体的身份认定问题,各地也高度重视、因地制宜。主要情况和认定办法总结见表9.3。

表9.3　各地对特殊群体的认定办法

省份	地区	群体类型及认定办法
广西	港南区新庆村	户籍在本村内的合法再婚人员及依法随其生活户口迁入的未成年子女,确认其具有集体经济组织成员身份
山东	青岛市黄岛区	大学生村官、聘用制教师、部队干部自主择业人员,属于国家财政供养人员,在进行成员资格界定时不属于人口股享受对象。历次机关事业单位机构改革中的分流人员中,只要是财政承担工资福利、按事业单位投保标准缴纳社保费用的,也认定为财政供养人员,在进行成员资格界定时,不属于人口股享受对象

续表

省份	地区	群体类型及认定办法
浙江	海盐县	一是本村全日制大中专毕业生户口间接回迁者按80%享受，随其迁入的配偶及子女按30%享受；二是嫁给本村社员，无争议的无土居民及知青子女回迁者按80%享受；三是有争议的婚嫁女配偶、子女及其他有争议人员按30%享受；四是离婚后户在人不在者按20%享受；五是原已出嫁在外，现户口回迁者按20%享受；六是顶替回迁者本人按60%享受；随其迁入的配偶和子女按30%享受；七是离婚后再婚户口迁入者，以二轮土地承包（1998年12月31日）时间为界限，即二轮土地承包前迁入者全额享受；二轮土地承包后迁入者按50%享受
山东	东平县	在校大中专学生以及毕业后未取得固定工作的，现役义务兵和符合国家有关规定的士官，正在服刑人员以及刑满释放后户口迁回本村的，离婚、丧偶的女性成员及其子女仍在本村居住、生产、生活的人员，仍然为其保留成员资格
内蒙古	阿荣旗	正在服兵役的本村社员、正在劳教服刑的本村社员、因小城镇综合改革中，户籍关系从本村迁入小城镇的原本村社员及因被征地而农转非的本村社员以及与本村社员已办理结婚证书但户口尚未迁入的对象及子女等十二种特殊情况均保留集体成员资格
广东	惠城区	通过界定时间节点，在此之前户籍在村均可被认定为集体成员，外嫁女等特殊人群一视同仁，极大地化解了社会矛盾，促进了社区的稳定和谐，保障了妇女权益。比如水北社区以2007年1月10日为基准日，户籍在水北的享受原集体分配的村民及其合法生育的子女均可配股，对于出嫁女及其子女也均按规定实行配股。比如三新村设置了缓冲期，对于之前属于村集体成员但是户口已经迁出的村民，如果在缓冲期内迁回则可以继续保留股民资格，并享有50%的股份分红权

资料来源：根据调研资料整理所得。

3.经营性资产股份合作制改革

经营性资产股份合作制改革的任务主要从三个方面展开。一是在股权量化上。广西各地区主要根据经营性资产收益的多少进行分类量化。对经营性资产和收益较多的村（组），将集体经营性资产以股份或者份额的形式量化到本集体成员。对经营性资产和收益较少或没有经营性资产但资源性资产较多的村（组），在充分尊重承包农户意愿的前提下，可先界定固化成员，明确成员在集体资产中的股份数额，暂不量化资产，待集体经济发展到一定水平后再量化集体资产，实行确权确股不确值的办法。对经营性资产和资源性资产都较少的村（组），在清产核资、界定成员、劳龄登记的基础上，组建集体经济组织。浙江海盐县则将除公益性资产和资源性资产外的集体经营性净资产列入股份量化范围，从制度上改变了以往村集体资产处于"人人有份、人人无份"的虚无状态，确立了股东在村集体资产中的份额和收入预期。内蒙古阿荣旗量化股权以人口、土地、劳力等为基本要素，区分社员类别，确定合理的计算比例，界定各户股权，设置股份数量。考虑到改革过程中存在着不可预计因素，可量化资产不得同时全部分光或配置完，可提取村集体净资产总额 10% 左右作为改制风险金，用于妥善解决改革中不可预计的问题和改革后的遗留问题，产权制度改革工作完成后，改制风险金如有剩余，按原定量化方案全部量化。广东四会市股权量化种类多元，以人口股为基础股、年龄股为累加股、田亩股为附加股。其中，田亩股是基于成员对集体的历史农业方面贡献程度而配置的，按照村民当前承包地的面积及承包年份计算，承包年份越长、土地数量越多的成员，所得股份就越多。

二是在股权设置上。各地以成员股为主，是否设置集体股由本集体经济组织成员民主讨论决定。成员股中可设置基本股、劳龄股等，按照集体净资产总额，考虑人口、土地、劳龄等要素，合理确定权重和比例。比如浙江海盐县、南京市、青岛市黄岛区、内蒙古阿荣旗均不设集体股，但在个人股的设置上又有差别。其中黄岛把个人股细分为人口福利股和劳动贡献股（农龄股），二者比例为 6:4~8:2。还有一些地区允许集体股占有一定比例。比如上海市闵行区允许集体股占 20% 以下，山东东平县则是根据产权归属区分为集体配置股、个人自愿股、定向扶持股。集体股一般不高于 30%，个人股一般不低于 70%。

三是在股权管理上。大部分地区提倡实行不随人口增减变动而调整的静态管理方式，比如浙江海盐县、青岛市黄岛区、内蒙古阿荣旗、广东四会市和惠城区，明确股东对量化到人的股权享有收益分配权，以长期保障集体成员股份权益。少数地区也探索了几年一调的动态管理模式，比如广东博罗县园洲镇刘屋村股份经济合作联合社在成员大会表决的基础上出台了五年一调的股权管理模式。上海闵行区七宝镇采取"生要增、死要退"的管理方式，集体成员在持股期间，其股权原则上不得转让、不得退股，对改革基准日后新生和新增的人员，户籍在本村且符合本村规定的，可以入股。

第三节　农村集体产权制度改革的成效

农村集体产权制度改革旨在破解农村集体资产混乱、集体产权主体缺位、农村集体经济组织成员权利不清、法人治理结构不完善和集体经济缺乏长效发展机制等难题。各地通过清产核资、成员身份认定、资产量化及股权设置、建立股份经济合作社、多种方式发展集体经济等工作，不断深入推进农村集体产权制度改革，取得了良好效果。

一是创新了集体经济运营模式。明晰集体产权制度并不能自动解决当前农村集体经济组织普遍的"空壳"问题，[1]在集体经济薄弱村，农村集体经济组织工作人员往往能力、市场信息掌握程度有限，难以有效盘活集体资产，未能探寻出集体经济有效增长的路径。新型农业经营主体由于懂经营、擅管理，能够推动集体经济发展突破困境，完善经营性资产增量转化方式。通过农村集体产权制度改革，核资确员、折股量化，建立集体股份合作社、集体经济合作社、土地股份合作社、集体经济股份合作联社等组织形式，提高了农民组织化能力和水平。在广西覃塘区山北乡石马村，经过产权制度改革之后，土地产权不清晰、权

---

① 郭晓鸣，王蔷.深化农村集体产权制度改革的创新经验及突破重点[J].经济纵横，2020(7):52-58.

责不明确、流转不顺畅的问题得到了解决。通过股份经济合作社，石马村将清产核资之后的细碎化土地流转集中790亩，出租给当地种植专业户种植圣女果、黑米和红米，每年收取30元/亩的服务费，这不仅增加了集体经济收入，同时也能在当地创造雇工岗位，增加集体经济组织成员土地流转收入和务工收入，真正做到盘活本地资源、激活劳动力、赋予组织生命力，从而调动了农村发展活力，促进农村集体经济发展。

二是促进了农业高质量发展。一方面体现在农村集体产权制度改革提高了资源配置效率，促进了农地规模化，提高了生产率。内蒙古阿荣旗借助土地确权成果，截至2018年底全旗规范流转土地270万亩，成为全自治区规模化流转土地面积最大的旗县，其中耕地轮作整建制推进140万亩，占耕地总面积的30%。轮作任务区土地流转价格高出农民自行流转100元/亩，促农增收1.4亿元，减少农户贷款利息支出4 000万元，规模效益达到6.42亿元。另一方面体现在农村集体产权制度改革盘活了资源，促进了乡村旅游、休闲农业等新产业的发展。山东东平县南堂子村是电视剧《新水浒传》的主要取景地，2014年以来，南堂子村采取"固定土地股、变动户口股"的模式，成立了土地股份合作社，利用银行贷款对村庄进行旅游开发，探索出兼顾土地、户口和劳动贡献的收益分配机制：土地股每年1 000元/亩的保底收益+年终分红；户口股随人口变动而变化，并仅参与年终分红；管理人员的收益直接与当年合作社盈余情况挂钩。通过这种方式，南堂子村的门票和鲜果采摘收入已经从几年前的10万元快速增加至2017年底的500万元，该合作社的年盈余达到了50万元，带动了本村及周边4 000多人就业。

三是提高了农民收入。农村集体产权制度改革，盘活了集体资产，保护了农民的财产权利，同时改变了农户家庭内部的要素配置，促进了劳动生产效率的提高，进而实现了农民增收。实践中，多数集体经济组织依靠股份合作的方式鼓励农民以资金、土地等入股合作社或企业等集体经济，通过资源的优化配置，促进了农民增收。广东、广西的大多数试点单位通过开展"土地集中入股合作社"的模式,解决了劳动力少、撂荒严重地区的集体经济发展问题。在该模式下,集体将成员的土地以入股的方式集中流转,进行统一经营管理,因地制宜地发展农业产业,收益按入股面积分红,盘活了资源,增加了收入。又如广西北海市银海区通过农村集体经济产权制度改革,实现了村民收入的来源多元化。首先,建立流转土地收租金、园区务工挣薪金、入股股份合作分股金、产业经营赚现金在内的"四金",拓宽了当地村民的收入渠道。其次,政府通过加大对改革村的项目扶持力度,持续助力村集体经济发展,一些村实现了集体收入的倍数增长。比如福成镇竹林村在政府的帮助下,通过开发"四荒"资源,凭借区位优势发展渔家乐等休闲旅游项目,扩展村集体收入渠道,实现项目增收。最后,通过利用集体土地对外出租,建设农村农贸市场,增加集体经济收入,采取此做法的包括广西北海市福成镇的西村、东村、福成村以及平阳镇的包家村。

四是增加了农民的获得感和幸福感。农村产权制度改革不仅促进了集体经济的发展,农民收入的增加,还辐射带动了公益事业、教育事业和环保产业的发展。例如广东覃塘区二龙村将多余的收益用于村委的公共事务和公益事业,重阳节组织敬老用餐,重要节日举办歌唱比赛、篮球比赛等活动,弘扬了中华民族传统文化,提高了村民的幸福指数。广西专门设立教育股或助学股,用于激励村集体受教育水平的提高。例如丹竹镇白马村、丰塘村另设教育股 200 股,凡本集体经济组织成员有子女考取重点大学的,每户奖励 20~25 股不等。广东惠城区水北社区还创造性地将敬老与股份分红挂钩,这一举措极大地增强了对村民行为的约束力,基本杜绝了不赡养老人的现象。

五是缓解了社会矛盾。农村集体产权制度改革还增强了村民的归属感与认同感。广西北海市通过规范村集体资金的支出明细,将村内资产资源处置权交还给村民,村级事务从"一言堂"变为"全民参与",从"暗箱操作"变为"阳光运行",有利于缓和村民与村干部间的矛盾,有利于干部赢得村民的信任,密切党群干群关系。又如,广西设立世居股,奖励社区内长久居住、做出贡献的老村民,增强了村庄的凝聚力,减少了因归属感丧失导致的社会矛盾。上海闵行区通过完善股权 6 项权能,特别是干部岗位股和村民受让股全部退出后,有效缓解了干群矛盾,将改革红利更多落到百姓身上,改革村入股率由改革初期的70%提高到现在的 90%以上,改革村无一例集访,实现了农村社会和谐稳定。

六是推动乡村治理现代化。通过产权制度改革,转变了治理结构,提高了村民的民主与集体意识,实现了基层事务治理由村民漠不关心到集体参与、群策群力的变化。农村集体产权制度改革过程中,清理盘活集体资产,使人们心中有数,为民主监督奠定基础;股权量化分配,做到了责任到人,调动了民主监督的积极性。广西北海市银海区福成镇亚平村创造性地设立"基本股+福利股",将股权与表决权挂钩。遵纪守法、遵守村规民约并履行村民义务的村集体经济组织成员享有 10 股个人股(福利股 2 股+基本股 8 股)。福利股只有分配权,没有表决权;基本股具有表决权、分配权,有效保障了集体经济组织成员的民主权益,使成年人能按照股权持有量行使表决权。

第四节　农村集体产权制度改革对壮大集体经济的启示

农村集体产权制度改革对集体经济发展的促进效果非常明显。一是由于改革确权到人的主要特征,极大地提高了集体经济组织的运行效率;二是因为改革中正向激励的干部工作制度激发了干部队伍的积极性、主动性,激励各级干部进行具有地方特色的制度创新。以山东青岛市黄岛区、泰安市东平县为例,通过对各地壮大集体经济模式的探索,总结出以下两种典型的集体经济发展模式。

一、经济发达地区的改革发展模式:以青岛市黄岛区为例

(一)产业功能区(园)村产权制度改革新模式

针对产业功能区(园)村,青岛市黄岛区开展确权、确股、确利、不确地的试

点,探索开展农民土地承包经营权和集体资产股份"绑定"改革。产业功能区
(园)内的村庄因城市发展需要,将原有的耕地转换为建设用地,村民集中上楼,
导致产业功能区(园)内的村庄集体经济无法通过土地整治的方式发展。如青
岛市黄岛区薛家泊子社区已于2004年7月实行了村改居,2013年底社区拆迁
改造已经完成,现在社区已经没有农田,原来依靠种地的生活模式已经不存在
了,社区居民就业也已经城市化,不再有农村、农业、农民的概念。在薛家泊子
社区集体经济改制中,遵循公正、平等的原则对所在社区居民进行人员资格认
定。此外,薛家泊子社区集体经济改制后,成立薛家泊子社区农村经济组织合
作社,并严格按照合作社章程要求进行经营。在每一会计年度结束后,公司委
托会计师事务所对合作社经营情况进行审计。经济合作社经营性净收入按以
下比例进行分配:提取公积公益金不少于40%;股东红利分配不超过60%。此
外,薛家泊子社区规定,经济合作社成员可以在本经济合作社内部转让股权,但
不得退股提现;单个主体受让股权不得超过总股份的5%。为保证经济合作社
资产及成员股权安全,在相应法律法规出台之前,转让股权应经经济合作社理
事会过半数通过,且只能转让给本社区居委会。

(二)城中村产权制度改革模式

针对城中村,探索规范成员资格界定、集体资产产权变更、法人治理结构的
有效途径。城中村不同于传统农业村以及产业功能区(园)村,这类村庄在发展
的过程中,耕地逐渐变为工业用地,村中主导产业以写字楼租赁、工业及加工业
企业场地租赁等为收入来源。随着项目占地和人员外出打工增多,村庄农田越
来越少,原来依靠种地的生活模式逐步转变为外出就业模式。因此,通过实施
改革,把资产量化到人,明晰产权关系,避免农村在向城市化过渡过程中集体资
产被平调、流失的可能,解决农民对集体(土地)资产的依附关系,促进农村劳动
力转移。青岛市黄岛区的城中村(城乡接合部村)在集体经济发展过程中,主要
采取了集体资产改制的方式,量化资产,明晰成员资格。

如黄岛区珠海街道郝家石桥村位于城区内,属典型的城中村,共有804户。

该村 2016 年完成集体资产改制,共量化资产 3 亿元,界定社员 2 721 人,2016 年实现村集体经济收入 1 200 万元,村经济收入主要来源为土地、房产租赁。改制后新成立的农村经济合作社,有了经营发展的主体地位,对全村 3 亿元的集体资产进行经营管理,可以把集体资产、资源调动起来,投资、融资、参股、注册新企业,最大限度地参与到市场经济运行当中,实现集体资产的保值增值。此外,改制完成后,农民的集体收益分配由按人头发放实物变成按股份发放红利,农民通过分红的形式,享受集体经济发展带来的红利,有了固定且稳定的收入来源,成为有股金、薪金、租金、医保金、养老金的"五金"农民。

二、经济欠发达地区的改革发展模式:以泰安市东平县为例

东平县经营权分散、土地细碎化,难以形成规模化、现代化的土地经营模式。全县共有家庭承包经营的土地 86.6 万亩、集体"四荒"土地以及村庄内"空荒"土地 20 万亩。细碎化的土地分散在一家一户的小农手中,难以形成规模化经营,现代化农业项目也无法推进。长期以来,村集体"三资"主体不清、权责不明,致使农民主体权益缺位,出现了集体资产流失的现象,村集体经济难以持续发展壮大。

针对这种现状,东平县通过农村产权股份合作制改革,增加农民收入和集体收入,确保农民利益不受损、集体资产不流失。其土地股份合作的经营模式大体形成了三种:一是合作经营型。土地股份合作社引入外部资金、技术和管理,将土地股份合作社打造为新型农业经营主体,实现合作发展。接山镇后口头村炬祥土地股份合作社以土地和劳务的形式,与经营大户以资金和苗木形式进行合作经营,双方按 5∶5 收益分成,实现了农民集体双增收。二是内股外租型。土地股份合作社把土地整体对外租赁,获取稳定租赁收入。梯门镇西沟流村宝泉土地股份合作社将 1 400 亩土地对外租赁给灵泉农场,将分散的山岭薄地连片发展樱桃、石榴、核桃等高效优质林果规模种植,提高了土地产值,每亩平均收益由 700 元提高到 1 300 元。三是产业经营型。成立土地股份合作社,

自主培育产业。彭集街道安村，由土地股份合作社牵头，发展起了粉皮加工、生态养殖、有机蔬菜、中药材种植四大产业，村集体由三年前的负债变为 2020 年收入过千万元，农民人均纯收入有望突破 1.5 万元。

此外，在资源股权设置上，东平县探索出了 A、B 两类股的发展模式。A 股为集体配置股，即集体"四荒"地与村内"荒片"地；B 股为个人自愿股，即由成员以家庭承包地自愿有偿加入，实行"租金保底＋分红"，确保农民承包权保值增值。如彭集街道后围村，清理、清退、收回 6 个自然村荒片土地 300 多亩，平均量化股权后，成立土地股份合作社，统一经营苗木花卉，收入按股分红。又如接山镇后口头村实行 A、B 两类股，为方便统一规模经营，该村规定，自愿入股的家庭承包地必须是整户土地入股，入股期限不低于 5 年。访谈时发现，原来农户之间的土地流转一般每亩地 300~500 元，入股后每亩地保底收益在 700~1 000 元，一定程度上实现了土地承包权的财产性收益翻倍。

东平县是调研中经济欠发达地区发展模式的典型代表。实践中发现，越是经济欠发达地区，改革后农村集体经济发展的效果越明显，农民得到的实惠越多。通过集体产权制度改革，东平县破解了农村集体产权权属不明、管理难的问题，把细碎分散的土地集中起来，实现农业产业化，壮大了集体经济，进而提升了村集体话语权与办事能力。可见，后脱贫时代保持农村集体经济发展效果，应稳定产权结构，构建农村集体经济发展长效机制，重视改革后农村集体经济组织的合法经营建设，优化农村集体经济组织发展的制度环境。[1]

第五节　深化农村集体产权制度改革的政策建议

农村集体产权制度改革是一项重大的产权制度创新，调研发现改革的综合效益已初步显现。继续推进农村集体经济发展，需要法律保障、政策支持、政府

---

[1]　孔祥智.产权制度改革与农村集体经济发展：基于"产权清晰＋制度激励"理论框架的研究[J].经济纵横，2020(7)：32-41,2.

指导等多方面的配套措施。

一、加快农村集体经济组织立法

通过立法,对农村集体经济组织在经营管理、权利义务等方面的内容,以法律条文的形式作出明确规定。根据《中华人民共和国民法典》第四节第九十六条,规定农村集体经济组织为特别法人。换句话说,《中华人民共和国民法典》确定了农村集体经济组织的法人主体地位,但对于其主体特征、构成、结构、运作规则、与其他市场主体之间的关系等,都需要专门的法律法规予以规定。因此,农村集体经济组织法的出台,将会极大地优化农村集体经济组织发展的制度环境。

二、紧跟国家农村集体产权制度改革方针

深入贯彻党的十九大报告和 2020 年中央一号文件有关农村集体产权制度改革的精神。首先,理顺农村集体产权股份合作制改革过程中的各项职责,建立健全工作激励机制。通过多方评估、绩效评价、座谈交流等途径激发出农村改革的强大动力,有效保障改革试验任务顺利推进。其次,进一步建立并完善改革过程中的风险防控机制。要对改革进程中可能产生的风险保持高度警惕,尤其是农村集体经济在不同区域发展的不平衡、不充分,所面临的各项挑战,亟须探索出改革内外部风险预判和防范机制,做到防患未然。最后,进一步加强部门之间的联动,发挥乘数效应。改革试验任务并不是单一部门的事情,而是整个区域内的事情,农村集体产权股份合作制改革涉及多个部分,平衡各部门的利益,保障改革顺利进行。

三、构建农村集体经济发展的长效机制

促进集体经济发展到一个较高的水平,需要构建股份经济合作社的长期发

展机制。首先要建设一支经营管理人才队伍，保证集体经济组织良性运行。根据一些地方的经验，合作社理事长不一定由原村干部担任，可以由合作社成员大会或代表大会选举出有经营能力的村民担任，如聘请本村的民营企业家担任合作社理事长，或者理事长由原村干部担任，外聘职业经理人担任合作社社长，全面负责合作社的经营活动。对于确实没有经营管理人才或找不到经营项目的村，可以借鉴东平县的经验，以现有的资源、资产入股到农业产业化龙头企业或者实力雄厚的农民专业合作社，也可以实现集体资产的增值保值，确保集体经济发展。

10

农业支持保护制度：
乡村振兴之本

党的十九大明确提出实施乡村振兴战略,并且要求"完善农业支持保护制度"。改革开放以来,我国农业支持保护制度对于保障国家粮食安全、维持农村社会稳定起到了积极作用。但是,当前农业仍面临着抵御风险能力差、资源配置方式低效、基础设施和科技水平落后等问题。农业支持保护制度对推进农业农村现代化,实现乡村振兴的宏伟蓝图,把握农业支持保护政策实施的理论依据,梳理农业支持保护政策改革发展历程,探索新时期农业支持保护政策发展方向具有重要意义。

第一节　农业支持保护政治经济学

一、农业政策的政治经济学

农业支持保护制度是政府宏观经济调控的一种经济手段。相对于个量经济活动的微观经济,宏观经济是国民经济的总量经济活动,包括社会总供给和总需求、国民生产总值、国民收入等多方面内容。国家对宏观经济的调控是采用经济、法律、行政等手段,以政府为主体对现代市场经济运行发展进行的系统、综合以及全面的指导调控,为微观经济活动提供了必需的外部市场条件,有利于整个国民经济健康发展。

（一）宏观经济调控的必要性

中国特色社会主义发展的新时期面临着全面建成小康社会、实现中华民族伟大复兴的中国梦目标。在经济层面上,应协调多元化、多层次经济主体利益与国家整体利益之间的关系,克服地区经济发展的不均衡性。因此,国家在宏观层面上的经济调控至关重要,主要体现在以下几个方面。

1.宏观经济调控是市场经济高效运行、健康发展的保证

党的十八大报告指出,经济体制改革的核心问题是处理好政府和市场的关

系,要更加尊重市场规律,更好地发挥政府作用。在社会主义市场经济体制的建设中,应充分发挥市场机制对资源的基础性配置作用。同时应该明确的是,市场不是万能的,市场机制调控具有盲目性、自发性和滞后性。一是市场中企业等主体为了追求利润最大化的目标,可能出现盲目生产等行为,造成市场供需失衡;二是市场机制不能将社会效益和生态效益纳入其决策体系,如市场无法对公共设施进行有效的调节,无法有效保护自然环境。因此,由政府对宏观经济进行调节控制、弥补市场调节不足、克服市场调节缺陷就显得至关重要,是市场经济高效健康运转的有力保证。

2.宏观经济调控是社会分工加深、社会化大生产的要求

随着社会分工的不断深化,生产社会化和专业化程度不断提高,各市场部门之间的联系越来越紧密,共同联结成一个国民经济有机整体。最终一项产品的完成依赖于各部门的协调和合作,是一系列的社会过程。社会化大生产的顺利开展依赖两项内容:一是调节生产结构,避免由单一的价值调节造成社会资源浪费;二是协调经济活动,在产品生产过程中各部门之间的联系、交换和分配涉及细致的分工和密切的联系,国家有必要对相关环节进行宏观调控。

3.宏观经济调控是解决"三农"问题、实现乡村振兴的保障

新中国成立初期,由于国家采取优先发展重工业的战略,通过工农产品价格剪刀差形成的农业剩余支持工业的发展,加上户籍管理等制度层面的因素,最终形成了城乡分割的二元经济结构,"三农"问题逐渐凸显。1978 年党的十一届三中全会召开后,城乡关系进入了一个新的历史阶段。1982—1986 年党中央连续发布了五个中央一号文件,对当时农村体制改革和农业发展作出了重要部署。2004 年,中央一号文件又重新聚焦"三农",指出农民增收对解决"三农"问题的重要性,并提出加大财政对农业的支持力度。党的十八大以来,以习近平同志为核心的党中央在农业发展实践中形成一系列新理念、新战略和新思想。习近平总书记在党的十九大报告中发出实施乡村振兴战略号召后,在构建新型工农城乡关系、质量兴农、绿色兴农、实现小农户和现代农业发展有机衔接、脱贫攻坚等方面发表了一系列重要论述,为农业经济发展提供了战略方针。

(二)宏观经济调控的目标

宏观经济调控的主要目标是通过调节经济总量,维持社会总供给和社会总需求的基本平衡,进而推动国家经济增长。[①]

1.社会总供给和社会总需求

社会总供给是一个国家在一定时期内向社会提供的最终产品和劳务总量,由国内和国外两部分供给组成。社会总供给主要受到资金、劳动力等生产要素的供给量和组织方式、社会科技和生产力发展水平以及政府政策的影响。社会总需求是整个社会对消费和投资的总需求,指社会对所提供的最终产品和劳务需求的总和,分为投资需求、消费需求和国外需求等三部分。城乡居民的收入水平、社会集团对公用品的购买力、利率水平、物价水平以及国际市场波动等因素都会对社会总需求造成影响。

2.供需平衡

供需平衡指社会总供给和社会总需求双方达到一种基本相等,宏观经济得以稳定运行的状态。总的社会供需平衡是动态的,社会经济在平衡和失衡交替中螺旋式前进。供需均衡包括总量均衡和结构均衡两个方面,社会总供给与总需求之间达到的均衡既应该包括社会生产资料和消费资料所形成的总量上的均衡,也应包括结构上的均衡,以避免经济秩序紊乱。

3.供需失衡

若只依靠市场调节,其本身的盲目性、信息的滞后性和不对称性等特性可能导致社会总供给和总需求的失衡。供需失衡表现为总量上的不平衡、结构上的不平衡或者二者均不平衡。总量不均衡存在着总量过剩和总量短缺两种情况。社会经济总量过剩可能导致后期经济发展增速减缓、企业经济效益下降、对劳动力的需求减少等后果;而社会经济总量短缺则可能导致社会经济发展势

---

① 宋涛.政治经济学教程:社会主义部分[M].12版.北京:中国人民大学出版社,2018:134.

头过热,造成物价水平上涨、通货膨胀、人们的实际生活水平下降等严重后果。结构不均衡即社会经济部门短缺与过剩同时存在,有些部门的供给量大于需求量,而有些部门供给量小于需求量。

(三)宏观经济调控的手段

宏观经济调控的手段主要分为经济手段、法律手段和行政手段。其中,宏观经济调控的经济手段是指在价值规律的运作下,政府运用经济杠杆和经济政策引导市场主体从事经济活动、调节市场经济运行,以达到调控目标的手段。[1]

经济杠杆是政府通过物质利益引导各市场主体调整生产经营活动,进而达到调控整体经济运行的目的。经济杠杆主要包括税率、利率、汇率、工资、价格、财政等手段。经济杠杆的分配调节和控制激励等功能,起着对社会资源重新配置的作用。农业支持保护相关的调控包括价格支持和直接补贴等经济手段。经济杠杆发挥作用需要有经济政策的支持,如财政政策、货币政策、产业政策等。不同的经济杠杆与经济政策都有其作用范围和特征,政府应灵活运用、统筹协调,使经济杠杆与经济政策配套发挥作用。

二、农业支持保护的政治经济学

(一)基本模型

农业政策可以分为剥夺性农业政策和反哺性农业政策两大类型。剥夺性农业政策主要采取以农补工的形式,使农业部门剩余流向工业部门,具体政策措施包括征收农业税、工农产品价格剪刀差等。而反哺性农业政策即采取直接支持、价格补贴等政策,使工业部门剩余流向农业部门,实现以工补农的成效。

根据梁睿(2007)的农业政策学模型,可设置农业生产者补贴等值(PSE)的指标,即以政府取消目前采取的农业政策后农业生产者需承受的损失额度来衡量政府对农业的支持程度:当 PSE 为负值时,表明政府在取消政策后农业生产

---

① 洪功翔.政治经济学[M].4 版.合肥:中国科学技术大学出版社,2019:379-380.

者反而受益,则政府采取的是剥夺性农业政策,数值的绝对值越大,剥夺程度越高;反之,当 *PSE* 为正值时,表明政府采取的是反哺性农业政策,数值越大,反哺程度越高。基于微观经济学成本收益理论,政府对农业的支持程度,即农业政策的供给由该政策实施所带来的政治成本和收益确定。[①] 根据边际成本等于边际收益的最大化原则来决定 *PSE* 代表的农业政策支持水平,具体情况如图 10.1 所示。

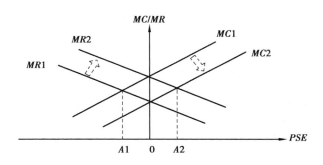

图 10.1　农业支持保护政策模型

(二)农业支持保护制度选择

在工业化发展的前期阶段,农业地区发展水平落后,信息不发达,组织化程度不高,农民受教育水平低,缺乏民主意识和参政意识,不能凝聚成较强的政治力量。在这一阶段即使政府采取 *PSE* 较高的政策,也不能增加其在政治上可获得的支持,即政府面临着较低的边际政治收益。并且相对于农村地区,城市地区政治化程度更高,支持工业优先发展的力量也更强大,因此采取农业优先政策将会面临较大的阻力,即 *PSE* 较高的农业政策实施成本很高。综合考虑工业化发展前期阶段的边际政治成本和边际政治收益,可以发现最终政府会采取 *PSE* 为负值的剥夺性农业政策。

而随着工业化的发展,农民的平均受教育水平不断提高,其参与民主政治的意识也逐步增强。此时,实施农业政策的边际政策收益处于较高水平。相对

---

① 　梁赛.农业政策演变规律的政治经济学解析[J].理论前沿,2007(13):23-24.

地,由于人们乡土情怀逐渐浓厚,增加农业支持保护的政治力量越来越强,因此实施保护性农业政策的边际政治成本水平下降,最终达到新的平衡点。此时政府选择采取 *PSE* 为正值的反哺性农业政策。

第二节　中国农业支持保护制度：沿革与构成

改革开放以来,我国出台了税收减免、价格支持、直接补贴等多方面的农业支持保护政策。经过四十余年的发展,农业支持保护制度体系逐渐完善。根据 2020 年农业农村部发布的强农惠农政策,目前的农业支持保护政策主要分为农业生产发展与流通、农业绿色生产与农业资源保护利用、新型经营主体培育、农业防灾减灾、农田建设、乡村建设几大类别,具体各类别包括的项目如图 10.2 所示。

一、农业生产发展与流通

改革开放前,农业生产发展与流通主要采取国家管控、统购统销的政策,农业剩余通过工农产品价格剪刀差转移到工业部门,推动了我国工业化和现代化的发展。而改革开放以来,在社会主义市场经济制度下,农产品市场逐步得到开放,国家也采取了相应的粮食等主要农产品价格支持、补贴、收储等政策以稳定重要农产品的供给。具体政策文件见表 10.1。

（一）农村税费制度改革

1985 年,《中共中央 国务院关于制止向农民乱派款、乱收费的通知》指出,对乱摊派、乱集资、乱收费、乱罚款等问题进行检查,致力于切实减轻农民负担。2000 年中共中央、国务院发布《关于进行农村税费改革试点工作的通知》,主要以安徽省为试点取消对农民的各种乱收费政策,保护农民利益。2005 年 12 月,十届全国人大常委会第十九次会议通过决定于 2006 年 1 月 1 日起废止《中华人民

农业防灾减灾：
农业生产救灾
动物疫病防控
农业保险保费补贴

农田建设：
高标准农田建设
东北黑土地保护利用和保护性耕作
耕地质量保护与提升

乡村建设：
农村人居环境整治先进县激励
农村厕所革命整村推进

农业绿色生产与农业资源保护利用：
草原生态保护补助奖励
长江流域重点水域禁捕补偿
渔业发展与船舶报废拆解更新补助
渔业增殖放流
农作物秸秆综合利用试点
畜禽粪污资源化处理
地膜回收利用
耕地轮作休耕制度试点

新型经营主体培育：
高素质农民培育
新型农业经营主体高质量发展
农业信贷担保服务
基层农技推广体系改革与建设

农业生产发展与流通：
耕地地力保护补贴
农机购置补贴
优势特色产业集群
国家现代农业产业园
农业产业强镇
农产品地理标志保护工程
推进信息进村入户
奶业振兴和畜牧业转型升级
重点作物绿色高质高效行动
推广旱作节水农业技术
有机肥替代化肥行动
农业生产社会化服务
农机深松整地
产粮大县奖励
生猪（牛羊）、大豆生产调出大县奖励
玉米、大豆生产者补贴和稻谷补贴

图10.2 2020年强农惠农政策类别

共和国农业税条例》,全面取消了包括农业税在内的三类十二种①向农民征收的税费,这意味着在中国延续两千多年的"皇粮国税"成为历史。

表 10.1　改革开放以来我国农业生产发展与流通支持保护相关政策

时间	文件名称	相关内容
1985 年	关于进一步活跃农村经济的十项政策	除个别品种外,国家不再向农民下达农产品统购派购任务,按照不同情况,分别实行合同定购和市场收购。粮食、棉花取消统购,改为合同定购。生猪、水产品和大中城市、工矿区的蔬菜,也要逐步取消派购,自由上市,自由交易,随行就市、按质论价,放开的时间和步骤由各地自定
2000 年	关于进行农村税费改革试点工作的通知	农村税费改革试点的主要内容是:取消乡统筹费、农村教育集资等专门面向农民征收的行政事业性收费和政府性基金、集资;取消屠宰税;取消统一规定的劳动积累工和义务工;调整农业税和农业特产税政策;改革村提留征收使用办法
2001 年	国务院关于进一步做好农村税费改革试点工作的通知	进一步完善农村税费改革的有关政策:合理确定农业税计税土地面积、常年产量和计税价格;采取有效措施均衡农村不同从业人员的税费负担;调整完善农业特产税政策,减轻生产环节税收负担;在不增加农民负担的前提下,妥善解决村级三项费用开支;妥善解决取消统一规定的"两工"后出现的问题;保障农村义务教育经费投入
2003 年	优势农产品区域布局规划(2003—2007 年)	在总结完善东北高油大豆种子补贴办法的基础上,从 2003 年开始,扩大到对优势产区的优质专用小麦种子进行补贴,再逐步推广到对其他优势农产品的优质种子补贴,以及与推广重大技术有关的农业机械设备购置和生产投入品的补贴

---

① 具体包括农业税、牧业税、屠宰税、农业特产税和乡村办学、乡村道路建设、拥军优抚、计划生育、民兵训练以及公积金、公益金、管理费。

续表

时间	文件名称	相关内容
2004 年	中共中央 国务院关于促进农民增加收入若干政策的意见	2004 年要增加资金规模,在小麦、大豆等粮食优势产区扩大良种补贴范围。为保护种粮农民利益,要建立对农民的直接补贴制度。2004 年,国家从粮食风险基金中拿出部分资金,用于主产区种粮农民的直接补贴。其他地区也要对本省(区、市)粮食主产县(市)的种粮农民实行直接补贴。要本着调动农民种粮积极性的原则,制定便于操作和监督的实施办法,确保补贴资金真正落实到农民手中
2004 年	关于进一步深化粮食流通体制改革的意见	提出自 2004 年起全面实行对种粮农民的直接补贴,规定了补贴对象、标准以及原则等多项内容,致力于保护粮食主产区和种粮农民的利益,加强粮食综合生产能力建设
2008 年	全国优势农产品区域布局规划（2008—2015 年）	继续加大对农民的直接补贴力度,逐步增加粮食直补、良种补贴、农机具购置补贴和农资综合直补,全面落实对粮食、油料、生猪、奶牛等生产的各项扶持政策,加大对生产大县的奖励补助,逐步形成稳定规范的制度。完善水稻、小麦、玉米、大豆、棉花、油菜、生猪、奶牛等现有农产品补贴政策,地方政府也要根据当地实际情况,确定地方性补贴品种,增加补贴额度。巩固完善农民收入补贴政策,加大技术应用补贴和生产性服务补贴力度
2015 年	财政部 农业部关于调整完善农业三项补贴政策的指导意见	在全国范围内调整 20% 的农资综合补贴资金用于支持粮食适度规模经营;选择部分地区开展农业"三项补贴"改革试点,试点的主要内容是将农作物良种补贴、种粮农民直接补贴和农资综合补贴等农业"三项补贴"合并为"农业支持保护补贴",政策目标调整为支持耕地地力保护和粮食适度规模经营
2016 年	财政部 农业部关于全面推开农业"三项补贴"改革工作的通知	在总结试点经验的基础上,2016 年在全国全面推开农业"三项补贴"改革,政策目标调整为支持耕地地力保护和粮食适度规模经营,对种粮大户、家庭农场、农民合作社和农业社会化服务组织等新型经营主体给予重点支持

续表

时间	文件名称	相关内容
2017 年	中共中央 国务院关于深入推进农业供给侧结构性改革加快培育农业农村发展新动能的若干意见	深化粮食等重要农产品价格形成机制和收储制度改革;完善农业"三项补贴"制度、农机购置补贴、新一轮草原生态保护补助奖励政策、林业补贴政策等农业补贴制度
2021 年	中共中央 国务院关于全面推进乡村振兴加快农业农村现代化的意见	稳定种粮农民补贴,让种粮有合理收益。坚持并完善稻谷、小麦最低收购价政策,完善玉米、大豆生产者补贴政策。提高农机装备自主研制能力,支持高端智能、丘陵山区农机装备研发制造,加大购置补贴力度,开展农机作业补贴

资料来源:根据相关政策文件整理。

　　农村税费制度改革意味着国家、集体与农民分配关系发生了根本性的变化,[1]政策不再设置专门针对农业、农民的税种,避免了向农民搭便车收费、变相剥削农民等不合法现象。同时,这意味着党中央执政理念的转变以及农业政策实现从"取"到"予"的根本性转变,奠定了我国城乡关系调整和改善的基础。[2]

(二)价格支持政策

　　改革开放初期,国家采取了补贴粮食购销企业经营费用以提高粮食收购价格的政策。这导致了之后粮食生产过剩、农民卖粮难的局面。因此,1985 年中央一号文件决定不再向农民下达农产品统购派购任务,改为实行合同定购和市场收购。

　　1990 年国务院发布《关于建立国家专项粮食储备制度的决定》,文件规定各地不得以低于国家规定的保护价格向农民收购议价粮,避免出现谷贱伤农的

---

① 张天佐,郭永田,杨洁梅.我国农业支持保护政策改革 40 年回顾与展望(上)[J].农村工作通讯,2018(20):16-23,2.
② 孔祥智.新中国成立 70 年来城乡关系的演变[J].教学与研究,2019(8):5-14.

现象;提出了建立国家专项粮食储备制度,并决定成立国家粮食储备局,由商业部代管,以开展国家粮食储备相关的管理工作。

为了进一步推进调整农业和粮食生产结构,引导粮食市场的供求平衡工作,深化粮食流通体制改革,2000 年国务院办公厅发布《关于部分粮食品种退出保护价收购范围有关问题的通知》。该通知作出了从 2000 年新粮上市起,长江流域及其以南地区的玉米退出保护价收购范围的指示,并且提出了拓宽粮食收购渠道、提供收购贷款和相应的财政支持等政策措施。

（三）直接补贴政策

2015 年,财政部、农业部发布《关于调整完善农业三项补贴政策的指导意见》,提出开展“三补合一”试点,并将耕地地力保护列为其政策目标。“三补”即中央对种粮农民的直接补贴,包括良种推广补贴、种粮农民直接补贴和农资综合补贴三种补贴政策。

三种直接补贴政策源于 21 世纪初。2002 年起,为提高农民种粮积极性、稳定粮食生产,我国开始了以价格支持形式“暗补”向对农民收入“直补”的政策的初步探索,开始实施良种补贴,由国家财政对农民购买使用良种进行直接补贴,以推进良种的推广应用。2004 年起,以粮食主产区为重点,对从事粮食生产的农民按照种粮面积实施直接补贴政策。农资综合补贴则从 2006 年开始实施,对种粮农民因化肥、农药、农用柴油等农资价格上涨带来的损失进行补偿。2016 年起,“三补合一”政策全面实施,这对我国提高农业补贴政策效率,适应WTO 规则具有重要意义。2021 年中央一号文件进一步提出了“稳定种粮农民补贴,让种粮有合理收益”“坚持并完善稻谷、小麦最低收购价政策,完善玉米、大豆生产者补贴政策”以及“加大购置补贴力度,开展农机作业补贴”。

二、农业绿色生产与农业资源保护利用

1998 年长江特大洪水使政府对经济发展方式有所反思,并开始实施生态建

设与保护相关工程,逐步形成农业绿色生产与农业资源保护利用政策体系。①该政策体系可分为生态补偿、农业面源污染治理和废弃物综合利用以及可持续发展等多个方面。

生态补偿主要包括退耕还林还草等措施。退耕还林工程首先于 1999 年在四川、陕西、甘肃三个省份开展试点,并于 2002 年通过国务院西部地区开发领导小组办公室、国家林业局召开的全国退耕还林电视电话会议宣布全面启动。党的十八大以来,党中央、国务院高度重视退耕还林还草工作。2014 年,国家发展和改革委员会等部门联合发布《关于印发新一轮退耕还林还草总体方案的通知》,提出到 2020 年退耕还林还草的目标。2014—2019 年,我国新一轮退耕还林还草达 6 783.8 万亩(其中还林 6 150.6 万亩、还草 533.2 万亩、宜林荒山荒地造林 100 万亩),中央已投入 749.2 亿元。②

农业面源污染治理和废弃物综合利用主要包括畜禽粪污资源化处理、农作物秸秆综合利用、地膜回收利用等措施。农业农村部《畜禽粪污资源化利用行动方案(2017—2020 年)》为加快推进畜禽粪污资源化利用工作,因地制宜确定畜禽粪污利用主推技术模式,根据区域特征、饲养工艺和环境承载力的不同,确定了不同的推广模式。农业农村部办公厅《关于全面做好秸秆综合利用工作的通知》提出整县推进秸秆综合利用,通过培育秸秆收储运服务主体、推广秸秆深翻还田、免耕还田、堆沤还田等技术,不断提高秸秆综合利用水平。农业农村部、国家发展和改革委员会等部门印发的《关于加快推进农用地膜污染防治的意见》提出了到 2025 年,农膜基本实现全回收,全国地膜残留量实现负增长,农田白色污染得到有效防控的目标。

可持续发展主要包括轮作休耕等制度。2016 年起,我国开始探索轮作休耕

---

① 方言.中国特色农业支持保护之路:70 年中国农业支持保护政策的轨迹与实践(上)[J].中国粮食经济,2019(11):47-53.

② 国家林业和草原局.中国退耕还林还草二十年(1999—2019)[R/OL].(2020-06-30)[2020-10-07].国家林业和草原局 国家公园管理局.

制度,农业部等部门印发《探索实行耕地轮作休耕制度试点方案》。该方案提出重点在东北冷凉区、北方农牧交错区进行轮作试点,在地下水漏斗区、重金属污染区和生态严重退化地区开展休耕试点,并制定了轮作休耕补贴标准。农业农村部和财政部印发的《关于做好 2019 年耕地轮作休耕制度试点工作的通知》中增加了黄淮海地区和长江流域的轮作区和黑龙江寒地井灌稻地下水超采区、新疆塔里木河流域地下水超采区的休耕区,并指明各轮作和休耕区具体的技术路径。

三、农田建设

农田建设主要包括高标准农田建设、东北黑土地保护利用和保护性耕作等项目。开展农田建设相关项目对保障国家粮食安全,落实"藏粮于地、藏粮于技"战略,推动农业供给侧结构性改革,实现农业节本增效具有重要意义。

2019 年,国务院办公厅《关于切实加强高标准农田建设 提升国家粮食安全保障能力的意见》指出,建设高标准农田,是巩固和提高粮食生产能力、保障国家粮食安全的关键举措。该意见指出高标准农田应"集中连片、旱涝保收、节水高效、稳产高产、生态友好",并提出到 2020 年全国建成 8 亿亩的高标准农田,到 2022 年建成 10 亿亩高标准农田的宏大目标。

对于高标准农田的建设,该意见提出了通过统一规划布局、统一建设标准、统一组织实施、统一验收考核、统一上图入库,构建集中统一高效的管理新体制以及通过加强财政投入保障、创新投融资模式、完善新增耕地指标调剂收益使用机制等方式,强化资金投入和机制创新。

保护性耕作是以农作物秸秆覆盖还田、免(少)耕播种为主要内容的现代耕作技术体系。实施保护性耕作对于减轻土壤风蚀水蚀、增加土壤肥力、提升保墒抗旱能力具有重要作用,有利于提高农业生态经济效益。农业农村部、财政部印发的《东北黑土地保护性耕作行动计划(2020—2025 年)》提出,到 2025

年,东北地区保护性耕作实施面积达到 1.4 亿亩,占东北地区适宜区域耕地总面积的 70% 左右。该计划明确提出开展东北黑土地保护性耕作需要分配组织开展整县推进、强化技术支撑、提升装备能力、壮大实施主体等四个重点任务。

为推动该计划顺利规范实施,农业农村部办公厅和财政部办公厅印发了《东北黑土地保护性耕作行动计划实施指导意见》,提出以秸秆覆盖还田免耕和秸秆覆盖还田少耕两种保护性耕作技术类型为重点开展推广,并提出了实施保护性耕作的具体技术要求以及提供保护性耕作补助等配套政策支持的要求。

四、新型经营主体培育

新型经营主体培育主要包括高素质农民培育、新型农业经营主体高质量发展等项目。我国政府高度重视高素质农民的培育和新型农业经营主体的发展,这两方面的政策互相影响、相辅相成,使农业支持保护政策体系更加完善。

自 21 世纪第一个关注"三农"问题的中央一号文件发布以来,新型农业经营主体与高素质农民融合发展政策主要经历了三个阶段:第一阶段以新型经营主体带动为特征,2004—2011 年政策重点在于培育新型农业经营主体,尤其是建立龙头企业与农户之间的利益联结机制,强调新型农业经营主体对提高农民整体素质的带动作用;第二阶段以两"新"融合发展为特征,2012—2018 年期间政策提出了"新型职业农民"的概念,要求利用合作社、龙头企业等资源提供新型职业农民培训场所、承担相关培训任务;并强调培育"新型农业经营主体带头人",统筹制订实施新型农业经营主体带头人的各类培养计划,促进新型职业农民和新型农业经营主体的"两新"融合发展;第三阶段以高素质农民培养为特征,即 2019 年以来政策重点在于农民素质的提高,要求利用高职院校、新型农业经营主体等资源完善对高素质农民的培养体系,强化新型农业经营主体高质量发展的人才支撑(表 10.2)。

表 10.2　新型农业经营主体培育政策梳理

时间	文献名称	相关内容
2004 年	中共中央 国务院关于促进农民增加收入若干政策的意见	对龙头企业为农户提供培训、营销服务可给予财政补助。要调动社会各方面参与农民职业技能培训的积极性，鼓励各类教育培训机构、用人单位开展对农民的职业技能培训。各级财政都要安排专门用于农民职业技能培训的资金。为提高培训资金的使用效率和培训效果，应由农民自主选择培训机构、培训内容和培训时间，政府对接受培训的农民给予一定的补贴和资助。从 2004 年起，中央和地方要安排专门资金，支持农民专业合作组织开展信息、技术、培训、质量标准与认证、市场营销等服务
2007 年	高举中国特色社会主义伟大旗帜 为夺取全面建设小康社会新胜利而奋斗	坚持把发展现代农业、繁荣农村经济作为首要任务，加强农村基础设施建设，健全农村市场和农业服务体系。加大支农惠农政策力度，严格保护耕地，增加农业投入，促进农业科技进步，探索集体经济有效实现形式，发展农民专业合作组织，支持农业产业化经营和龙头企业发展。培育有文化、懂技术、会经营的新型农民，发挥亿万农民建设新农村主体作用
2012 年	全国现代农业发展规划（2011—2015 年）	加强对农民专业合作社、农业龙头企业、农产品加工企业中的经营和管理骨干……的经营管理培训，加强对种养能手、农机手、农民信息员和涉农企业从业人员的技术培训
2018 年	乡村振兴战略规划（2018—2022 年）	创新培训组织形式，探索田间课堂、网络教室等培训方式，支持农民专业合作社、专业技术协会、龙头企业等主体承担培训
2019 年	关于做好高职扩招培养高素质农民有关工作的通知	重点培养……新型农业经营主体、乡村社会服务组织带头人……；引导毕业生发挥作用，鼓励领办兴办各类新型农业经营主体和乡村社会化服务组织，发挥其在乡村振兴中的骨干带头辐射作用
2020 年	中共中央 国务院关于抓好"三农"领域重点工作 确保如期实现全面小康的意见	整合利用农业广播学校、农业科研院所、涉农院校、农业龙头企业等各类资源，加快构建高素质农民教育培训体系

续表

时间	文献名称	相关内容
2020 年	新型农业经营主体和服务主体高质量发展规划（2020—2022 年）	加大新型农业经营主体和服务主体经营者培训力度……积极探索高素质农民培育衔接学历提升教育；加快改革农科专业体系、课程体系、教材体系，科学设计教学模式、考试评价模式；加强农村科普……加强农技推广和公共服务人才队伍建设；鼓励返乡下乡人员领办创办新型农业经营主体和服务主体，鼓励支持各类人才到新型农业经营主体和服务主体工作
2021 年	中共中央 国务院关于全面推进乡村振兴加快农业农村现代化的意见	推进现代农业经营体系建设。突出抓好家庭农场和农民合作社两类经营主体，鼓励发展多种形式适度规模经营。实施家庭农场培育计划，把农业规模经营户培育成有活力的家庭农场。推进农民合作社质量提升，加大对运行规范的农民合作社扶持力度。发展壮大农业专业化社会化服务组织，将先进适用的品种、投入品、技术、装备导入小农户。支持市场主体建设区域性农业全产业链综合服务中心。支持农业产业化龙头企业创新发展、做大做强。深化供销合作社综合改革，开展生产、供销、信用"三位一体"综合合作试点，健全服务农民生产生活综合平台。培育高素质农民，组织参加技能评价、学历教育，设立专门面向农民的技能大赛。吸引城市各方面人才到农村创业创新，参与乡村振兴和现代农业建设

资料来源：根据相关政策文件整理。

五、农业防灾减灾

农业防灾减灾主要包括农业生产救灾、动物疫病防控、农业保险保费补贴等项目。

农业生产救灾支持措施主要包括灾害预防、控制灾害和灾后救助。支持范围包括：一是农业重大自然灾害预防及生物灾害防控所需的物资材料补助，如购买化肥、农膜、植物生长调节剂、农机检修费、渔船应急管理费等费用；二是恢复农业生产措施所需的物资材料补助,如购买种子种苗、农业渔业生产设施及进排水渠等;三是灾后死亡动物无害化处理费;四是牧区抗灾保畜所需的储草棚(库)、牲畜暖棚和应急调运饲草料补助等。①

动物疫病防控资金主要用于免费为农民进行疫病防治和畜禽宰杀。2016年农业部和财政部印发的《关于调整完善动物疫病防控支持政策的通知》提出了调整国家强制免疫和扑杀病种,建立强制免疫和扑杀病种进入退出机制,优化完善强制免疫和扑杀补助政策。2017年《动物疫病防控财政支持政策实施指导意见》进一步对强制免疫和扑杀补助的畜禽种类、疫病范围以及养殖环节无害化处理补助作出了详细规定。

政策性农业保险是政府组织推动并参与经营,投保人可获得一定比例补贴的公益性保险产品。且在2002年修订的《中华人民共和国农业法》第四十六条:国家逐步建立和完善政策性农业保险制度;鼓励和扶持农民和农业生产经营组织建立为农业生产经营活动服务的互助合作保险组织,鼓励商业性保险公司开展农业保险业务。2006年,我国采取成立专业性农业保险公司、由商业保险公司与政府联办或为政府代办等多种形式,试点开办政策性农业保险。② 在这之后,农业保险快速发展,覆盖面明显扩大,发挥了较为显著的作用。2019年财政部等部门印发的《关于加快农业保险高质量发展的指导意见》中指出应扩大农业保险覆盖面,推进政策性农业保险改革试点,在增强农业保险产品内在吸引力的基础上,结合实施重要农产品保障战略,稳步扩大关系国计民生和国家粮食安全的大宗农产品保险覆盖面,提高小农户农业保险投保率,实现愿保尽保。2019年,农业保险保费达672.48亿元,提供风险保障3.8万亿元。③

---

① 财政部,农业部,水利部,国土资源部.财政部 农业部 水利部 国土资源部关于印发《中央财政农业生产救灾及特大防汛抗旱补助资金管理办法》的通知[EB/OL].(2017-07-19)[2020-10-07].中华人民共和国中央人民政府网站.

② 国务院办公厅.开展政策性农业保险试点[EB/OL].(2007-03-19)[2020-10-07].中华人民共和国中央人民政府网站.

③ 农业农村部.关于政协十三届全国委员会第三次会议第0069号(农业水利类014号)提案答复的函[EB/OL].(2020-09-23)[2020-10-07].中华人民共和国农业农村部网站.

六、乡村建设

乡村建设主要包括农村人居环境整治、农村厕所革命等项目。

农村人居环境整治是一项涉及面广、较为复杂的系统性工程,需要因地制宜地提供政策保障支持,全面调动各部门积极性、主动性和创造性。2014 年国务院办公厅发布的《关于改善农村人居环境的指导意见》就提出了合理编制规划、突出发展重点、完善组织投入机制的工作指导意见。为加快推进农村人居环境整治、进一步提升农村人居环境水平,2018 年 2 月,中共中央办公厅、国务院办公厅印发了《农村人居环境整治三年行动方案》。该方案提出了统筹考虑生活垃圾和农业生产废弃物利用处理,根据农村发展实际,建立健全生活垃圾收运处置体系;开展厕所粪污治理,合理选择改厕模式,推进厕所革命;有序推进农村生活污水治理,根据农村区位条件和人口聚集程度等,因地制宜采用适宜的工艺模式;通过完善基础设施、发展乡村特色建筑风格和文化等方式提升村容村貌;鼓励推行多规合一,推进县域乡村建设规划、县乡土地利用总体规划、土地整治规划、村土地利用规划、农村社区建设规划等规划的充分衔接;建立完善相应的农村人居环境建设和管护制度。

厕所革命势在必行。在农村,厕所环境亟待优化,这不仅关系到农户的生活品质,也关系到乡村休闲旅游业的发展,在一定程度上反映了农业农村发展的文明程度。2019 年,中央农办、农业农村部、国家卫生健康委员会、住房和城乡建设部、文化和旅游部、国家发展和改革委员会、财政部、生态环境部等 8 部委联合印发了《关于推进农村"厕所革命"专项行动的指导意见》。该意见提出到 2020 年,东部地区、中西部城市近郊区等有基础、有条件的地区,应基本完成农村户用厕所的无害化改造。为如期完成该目标,该意见提出了七个重点任务:一是以县域为单位全面摸清农村各类厕所底数;二是因地制宜地科学编制改厕实施方案,明确年度任务、资金安排、保障措施;三是合理选择改厕标准和模式,积极推广简单实用、成本适中、农民群众能够接受的卫生改厕模式、技术和产品；四是整村推进农村"厕所革命"示范建设；五是鼓励企业、科研院校研发适合农村实际、经济实惠、老百姓乐见乐用的卫生厕所新技术、新产品，强化技术支撑，严格质量把关；六是完善建设管护运行机制；七是统筹推进农村厕所粪污治理与农村生活污水治理，积极推动农村厕所粪污资源化利用。

第三节　中国农业支持保护制度演化的方向

中共中央、国务院高度重视"三农"问题，党的十九大报告坚持问题导向，明确提出要坚持农业农村优先发展，实施乡村振兴战略。为保护农民种粮积极性，促进农民增收、农业增效、农村发展，应按照总量增加，存量优化，效能提升的原则，强化绿色生态导向，完善农业支持保护制度，推进我国农业农村现代化发展。

一、继续加大支农力度，坚持农业农村优先发展

解决"三农"问题是财政支持的重中之重。政府政策应致力于加大对农业的投入力度，拓宽投入渠道，健全政策体系，进而推动农业农村经济发展，完成"实施乡村振兴战略"目标任务。

首先，应增加农业财政投入。根据《中华人民共和国农业法》第三十八条，国家应逐步提高农业投入的总体水平，中央和县级以上地方财政每年对农业总投入的增长幅度应当高于其财政经常性收入的增长幅度。因此，应通过直接补贴等方式，增加对农民和优势农产品的财政投入，调动农民的种粮积极性。

其次，应扩大农业投入来源。充分发挥政府政策导向作用，建立各类市场主体对农业投入的激励机制。通过降低农业投资项目利率、增加对农业基础设施建设的信贷投入等措施，提高农业对市场主体投资的吸引力。

再次，应优化支农资金结构。一方面应加强对农业科技和人才的投入，广

泛开展农业科技研究、引进和推广,同时加强对高素质农民的培训,提高农产品市场竞争力,促进农民增收;另一方面加强对农业基础设施和生态工程建设,推动农业生产和农民生活环境的改善,提高农业可持续发展能力。

最后,应提高财政投入效率。一方面,优化财政支农资金管理部门结构,改善多部门分散化现状,整合各类支农资金,共同合理规划资金使用;另一方面,明确中央和地方的层级责任,提高中央对财政支农资金的统筹协调能力,同时对地方性投资项目,应给予地方政府充分的投资、建设和管理权限。

二、完善价格支持政策,实现农业质量效益提升

在对农产品价格开展支持保护时,应发挥市场配置资源的作用和政府的引导作用。一方面,利用市场解决农产品供需平衡问题,降低农业价格支持政策所造成的市场扭曲程度。通过降低粮食等农产品最低收购价格,解决国家粮食库存负担,推动市场合理的购销、储藏、加工产业链的形成。另一方面,由政府给予农民收入的保障。在降低农产品最低收购价格后,通过给予农民适当定额补贴的方式,保障种粮农民收入,避免产生农民因收入大幅度降低而弃耕等后果。

为使价格真正体现供求关系并发挥政府的宏观调控作用,应以"市场定价、价补分离"为原则深化重要农产品收储制度改革。首先,应完善粮食补贴政策,发挥农民的种粮积极性。坚持"藏粮于地、藏粮于技"战略。在农业生产上,应加快研究推广粮食优质高产技术,如良种良法配套、测土配方施肥等新技术的应用,促进粮食单产和品质的提升。在农业保障上,应完善粮食生产保险政策,把粮食作物作为政策性农业保险的重点对象,不断提高粮食保险的参保率,实现种粮农民的"愿保尽保";扩大保险范畴,考虑农户实际经营中人工、土地等各方面的成本,提升农业保险保障水平。

其次,应推动多元主体收购,促进粮食的产业链发展。最基本的方法是发挥国有粮食企业的主导作用,一方面维持市场秩序,避免出现农民卖粮难的现

象；另一方面向市场保障粮食供应，确保粮食安全。在此基础上，鼓励粮食加工企业采用订单收购等模式进入市场，延伸粮食产业链，提高农产品附加值。

再次，应提供配套支持措施，推进粮食服务体系建设。一方面，提供粮食收购的信贷资金支持，通过创新信贷融资金融产品，降低粮食收购利息率等方式，为粮食收购主体提供金融支持；另一方面，在粮食收购后如何降低损失率也是一个重要问题，维修老旧仓储设施，研究和引进粮情自动监测、机械通风、内环流等先进储粮技术和信息化手段，进一步优化粮食仓储资源。

最后，应健全组织管理机制，实现有效粮食宏观调控。政策层面应明晰相关主体责任，落实粮食安全县长责任制，加强粮食生产流通各个环节的质量安全和统计制度的监督管理。市场层面应尽快完善市场信息体系，建立粮食价格检测预警机制，实现市场信息共享，加强对农民、加工企业等市场主体的信息服务，提高粮食市场交易效率。

三、完善风险保障机制，提高农业抵抗风险能力

农业生产和流通依赖于良好的自然和市场条件，气候等自然条件和价格等市场条件的变化无时无刻不影响着农业生产和农民收入。因此，为完善对农业的支持保护政策，应建立与完善农业保险法规制度，创新政策性农业保险经营模式，提高农业抵抗风险的能力。

首先，应设计多样化、可选择的农业保险产品。一方面，广大农民和不断发展壮大的新型农业经营主体保险意识逐渐提高，应推进各市场主体积极开发适应农业需求和发展的保险品种，如探索开展水稻、小麦、玉米三大主粮作物完全成本保险和收入保险；另一方面，加大对农业保险的补贴力度，扩大补贴保险品种范围，进一步激励各类农业经营主体积极购买农业保险产品。

其次，应发展农产品期权期货市场。一方面，扩大"保险+期货"试点，探索"订单农业+保险+期货（权）"试点，优化期货期权市场的交易结构，提高其套期保值功能；另一方面，对农民和新型农业经营主体开展期货期权市场相关讲座

和培训,完善期货价格信息共享渠道,帮助农民利用期权期货市场提高效益。

再次,应强化国门生物安全查验机制。随着生物技术的不断发展和新资源的开发利用,外来物种入侵、转基因风险等各类生物安全问题对我国生态环境、经济发展和人民身体健康产生了严重威胁。因此,健全国门生物安全查验机制、加强进出境动植物检验检疫、坚决打击走私行为尤其是涉及生物安全的走私行为具有重要意义。

最后,应健全农业风险管理体系。目前,我国的农业风险管理仍处于起步阶段,存在着理念落后、缺乏有效的顶层设计和市场工具、研究能力不足等问题。① 因此,应在新时代发展背景下变革农业风险管理理念,建立有效的以农产品分类为基础的风险管理体系,加强对农业风险管理的科技支撑,提高农业风险管理保障能力。

---

① 张峭,庹国柱,王克,等.中国农业风险管理体系的历史、现状和未来[J].保险理论与实践,2020(7):1-17.

11

农村财政金融体制：
乡村振兴之手

党的十八大以来，在以习近平同志为核心的党中央坚强领导下，全面深化农村改革，农业农村发展取得了历史性成就，为党和国家事业全面开创新局面提供了重要支撑。党的十九大报告首次提出乡村振兴战略，指出农业农村农民问题是关系国计民生的根本性问题，必须始终把解决好"三农"问题作为全党工作的重中之重，实施乡村振兴战略。2018 年中央一号文件对实施乡村振兴战略进行了全面部署，实施乡村振兴战略，是解决人民日益增长的美好生活需要和不平衡不充分的发展之间矛盾的必然要求，是实现"两个一百年"奋斗目标的必然要求，是实现全体人民共同富裕的必然要求。2021 年中央一号文件也对"十四五"时期全面推进乡村振兴工作进行了指导，并在第二十条"强化农业农村优先发展投入保障"部分强调了要加大财政投入和深化农村金融改革，从推动金融服务切实惠农、优化金融机构治理与内控结构、完善农业信贷担保机制等方面对农村金融改革方向做出了具体指示。资金要素作为经济发展的核心，实施乡村振兴离不开资金要素的作用，也必然离不开农村财政金融体制的促进作用。新中国成立以来，农村的财政金融体制改革逐步推进，为乡村振兴逐渐铺开道路。

第一节　乡村振兴中的资金要素

资金要素作为农村生产三要素之一，对我国农村的良性发展产生了至关重要的影响，农村资金要素的发展特征能够解释大部分的农村发展问题。因此，理清资金要素的发展问题，对于充分理解乡村振兴战略具有重大意义。

一、农村资金要素特征

2018 年国务院印发的《乡村振兴战略规划（2018—2022 年）》中提出："通过完善金融支农组织体系、强化金融服务产品和方式创新、完善金融支农激励政策，把更多金融资源配置到农村经济社会发展的重点领域和薄弱环节，强化乡村振兴投入的普惠金融保障，满足乡村振兴巨额资金需求与多样化金融需求。"可见，资金要素是发展乡村振兴战略的物质保障，资金不足或资金配置效率低将成为农村经济社会发展的制约因素。资金要素和土地、劳动力要素有着本质上的区别，不同于土地和劳动力相对静态的性质，资金能够动态运转实现多次利用，具有更大的创造价值。因此，可以说资金对于农村经济发展的贡献更加明显。资金投入对农村发展的作用主要体现在三个方面：其一，农村地区的资金投入有利于农村经济建设，实现农村可持续发展；其二，资金投入有助于推动农业科技创新，提高农业生产率，促进农业增长；其三，资金投入能提高农民收入水平，对于缩小农村居民收入差距和城乡收入差距尤为重要。

　　然而，农村资金不足和资金配置效率低的问题始终贯穿在我国农村经济发展进程中，是农村财政金融体制改革的着力点。在计划经济时期，农业作为发展重工业的资金来源，农业资金通过农业税和农产品价格剪刀差流向城市。在该时期，国家实现了初步工业化，同时形成了城乡二元结构，农业地区因为长期政策压制、劳动力和资金转移而发展滞后。改革开放初期，乡镇企业的突起带动了农村发展，其积累的资金直接用于农村本地发展，实现了生产要素的就地转化。而到了 20 世纪 90 年代，城乡资本收益率差距继续扩大，农村金融机构涉农贷款业务缺失，使得农村地区资金流出严重。此外，农村财政体系在税收和支农财政投入上的失衡加速了农村资金外流。2003 年以来，中央将社会主义新农村建设作为发展方向，以解决农村资金问题为导向的农村财政金融体制改革步入了新的阶段，农业也得到了迅速发展。由此可见，农村地区的资金要素特征能够解释大部分的农业发展问题，深入了解农村资金要素的特点和农村资金投入问题是十分必要的。因此，下文的讨论将围绕农村资金投入问题和农村资金配置问题展开。

二、农村资金投入情况

资金短缺一直是制约农村经济发展的重要因素,资金投入不足和资金外流是两大原因。农村资金外流渠道可以分为从金融体制流出、从财政体制流出以及以农产品价格剪刀差方式流出三种,在不同时期不同渠道的流出资金比例结构也是不同的。①

在农产品统购统销政策执行时期,我国通过牺牲农业快速推进工业化进程,以农产品价格剪刀差的方式把农村部分资金转移到城市。在此机制下,农村资金被直接以价格差的方式抽走,强制压缩了农业的发展空间。情况更糟的是,农村资金的直接流出还导致了资金的间接流出。农产品价格剪刀差使得农村地区的投资收益率显著低于非农村地区,农村金融体系中的资金自然偏向投资非农产业,由此便进一步加速了农村资金流出。有研究表明,在1978—1997年间,国家以农产品剪刀差的方式在农村地区抽离资金90 101.59亿元,平均每年4 505.08亿元。②

金融渠道是农村资金外流最为显著的渠道。新中国成立以来,我国银行业就实行分支行制度,设立在大城市的总行负责对各行以及分支行的资金进行统一管理。在这样的制度安排下,各地资金往往通过银行系统转移到大城市,造成了农村地区资金的流失。按照目前的金融机构设置情况,农村信用社、中国农业银行和邮政储蓄银行是在农村地区吸收资金的正规金融机构。中国农业银行经历了改革开放后的再建,到乡镇地区的网点撤并,商业化改革方向使其对农村资金的流出产生了深刻影响。而邮政储蓄银行自从1989年发展农村地区储蓄业务以来,长期保持着"只存不贷"的特点,是单纯吸收农村资金的"抽水机"。直到2007年,邮政储蓄银行才在农村地区拓展了贷款业务。农村信用社

---

① 周振,伍振军,孔祥智.中国农村资金净流出的机理、规模与趋势:1978—2012年[J].管理世界,2015 (1):63-74.

② 同①。

作为农村地区最主要的金融机构,在产权明晰后大多通过股份制改革转变为农村商业银行。然而,农村信用社在发展中出现了经营目标多元化、管理制度不科学等问题,其吸收的存款并没有完全用于农村地区的发展,也存在着资金外流空间。经研究测算,1978—2012年通过农村信用社、农村商业银行、中国农业银行与中国邮政储蓄银行渠道流出的农村资金规模达到66 256.89亿元,平均每年流出1 893.05亿元。①

农村资金通过财政体系流出的主要渠道是农业税、乡镇企业税金和其他需缴纳费用。改革开放之后,财政支农资金的投入规模不断增大,但需要注意的是,农业税收入也在逐年增长。若考虑通货膨胀的影响,扣除了农业税以后的政府财政投入将大打折扣。发挥着为农村地区积累资金作用的乡镇企业也需要向财政部门上缴税金,这又为资金流出添加了重重一笔。此外,农民上缴的除了农业税之外的其他杂费也是农村资金外流的途径之一。农村税费改革前,农民除了要支付"三提五统"外,还要上缴很多非正式的杂费。"三提五统"中的"三提"是指农户上交给村级行政单位的公积金、公益金和行管费,"五统"是指农民上交给乡镇一级政府的教育附加费、计划生育费、民兵训练费、乡村道路修建费和优抚费。② 其中用于农村公共物品提供的费用本该由政府承担,最后却落在了农民身上,这部分收费也能够看作从农村财政体系中流出的资金。研究数据显示,在1978—2012年通过农村财政体系流出的农村资金达110 269.11亿元,平均每年流出3 150.55亿元。③

综上所述,我国农村资金投入不足或资金流出的问题一直存在,从改革开放后来看,问题的根源在于农村金融体系与财政体系的不合理与不完善。农村财政金融体制的改革滞后于农业经济发展,同时又对农业经济发展和社会进步

① 周振,伍振军,孔祥智.中国农村资金净流出的机理、规模与趋势:1978—2012年[J].管理世界,2015(1):63-74.
② 冼国明,张岸元,白文波."三提五统"与农村新税费体系:以安徽农村税费改革试点为例[J].经济研究,2001(11):76-81.
③ 同①。

产生新的抑制作用。随着乡村振兴战略的大力实施,建立科学规范的现代农村金融和财政体系成为推动中国乡村发展的重要任务之一。只有理清农村财政金融体制的改革历史过程,才能明晰在乡村振兴背景下的改革方向。本章第2、3节将梳理农村财政体制与金融体制的改革历程,总结改革成效与问题,最后为未来的改革方向提供政策建议。

三、资金配置效率现状

资金积累与配置是经济增长的关键,尤其是农村经济的发展,在中国大国小农的农情之下,农村技术相对落后,人力资本相对匮乏,更加需要累积大量资金并进行合理配置。建立科学的资金配置格局,改革支农资金的管理,将现有的支农资金进行整合,提高农村资金的配置效率,集中解决农村最薄弱的问题,是促进乡村振兴的关键环节。

总体而言,我国农村资金配置效率较为平稳,但是地区差异较为明显。曾有学者就我国东、中、西部30个省、自治区和直辖市的相应数据,对其各地农村资金配置效率进行研究,发现西部地区的农村资金配置效率明显低于东部和中部地区,尤其是云南、陕西等地,其农村资金配置相对水平较为落后。此外,西部地区的农村资金配置的规模效益也远不如东部,资金投入规模严重不足,难以实现规模经济,从而进一步造成农村资金的流出。长此以往,中西部地区面临着资金投入不足与资金配置效率低下的双重约束,会陷入贫困恶性循环。[①]洪婧(2009)也得出相似结论,其研究了我国31个省市、自治区和直辖市的农村资金配置效率差异和影响因素,发现中、东部地区的农村资金配置效率明显高于西部地区,农村资金规模的扩大对农村经济发展的促进作用也不明显,提高农村资金的配置效率才是关键。[②]

影响农村资金配置效率的因素有很多,只有深入分析制约资金配置效率的

---

① 温涛,熊德平."十五"期间各地区农村资金配置效率比较[J].统计研究,2008(4):82-89.
② 洪婧.我国农村资金配置效率的评价及其影响因素分析[D].厦门:厦门大学,2009.

因素,才能够为改善农村经济环境提供政策建议。

首先,农村金融市场的规模是影响农村资金配置效率的一个重要因素。当农村金融市场规模较大时,各个金融机构都能够为农业的生产发展提供较多的资金,在一定程度上解除了农村经济发展的资金制约,尤其是农业生产者的信贷问题以及农业基础设施建设的问题。但是,由于农村金融市场规模的扩大,随之而来的农村金融机构的管理混乱和恶性竞争,反而会对农村经济的发展带来消极的影响,进一步降低农村资金的配置效率。

其次,农村的人力资本水平也是制约农村资金配置效率提高的一个关键因素。农业生产者的知识水平和技能水平直接影响着农业经济发展的水平,而农业生产者同时也是农业资金的支配者,其文化程度以及非务农的经历都会对资金分配产生较大影响。具有较高知识水平的农业生产者能够以更加合理的方式来分配资金用途,提高相应生产要素的产出水平,使资金与生产要素的匹配度达到较高的水平,从而产生更高的绩效水平。而文化程度有限的农业生产者则较难达到合理配置资金的水平,仅能够凭借以往的经验进行资金配置,缺乏前瞻性和全局性,在生产效率和生产效益上远不如前者,无形之中降低了农村资金的配置效率,使得资金要素不能发挥其最大价值。

此外,我国长期以来的城乡二元结构也是不容忽视的阻碍因素。随着城乡二元结构的不断加深,二元金融制度也会更加严重,①农村金融环境逐渐恶化,农村资金的配置效率必然会受到更多的消极影响,这对农村经济发展以及进一步的乡村振兴都极为不利。城乡二元经济结构将一部分农村资金吸引到城市,形成农村资金的进一步流出,使得农业生产所需的资金得不到最基本的保障,农村剩余资金的配置必然会受到不同程度的影响,降低资金的配置效率。在此基础上,农民收入受到较大冲击,生活水平难以提升,整体经济陷入恶性循环,成为乡村振兴的巨大障碍。

---

① 朱信凯,刘刚.二元金融体制与农户消费信贷选择:对合会的解释与分析[J].经济研究,2009,44(2):43-55.

第二节　农村财政体制改革与乡村振兴

我国的"三农"问题,其主要根源还在于财政体制方面的问题。由于我国在新中国成立以后走的是一条非协调、非均衡的发展道路,以牺牲"三农"的利益来促进城市的快速发展,因此城乡差别逐渐扩大。乡村振兴战略的提出,将乡村发展提升到一个重要的战略地位。要实现乡村经济的发展,必须辅以必要的财政政策,财政体制作为经济调控的一个重要手段,可以对各级政府间的财政利益进行分配,对乡村经济发展具有重要的调节作用。2021 年中央一号文件也再次提出"发挥财政投入引领作用,支持以市场化方式设立乡村振兴基金,撬动金融资本、社会力量参与,重点支持乡村产业发展"。

一、财政体制改革进程

新中国成立以来,我国的财政分配体制明显偏重城市发展,尤其是计划经济时期,国家的财政支农资金明显少于农业各种税收总额,考虑到工农业产品价格剪刀差、城乡劳动力价格剪刀差、城乡土地价格剪刀差等因素,农业、农村、农民为国家的工业化以及经济发展做出了巨大的贡献,但是乡村自身的发展却被置于较后的位置。

20 世纪 80 年代初,我国开始实行"市管县"体制,即地级市管理县,是指以经济比较发达的中心城市作为一级政权来管辖周边的一部分县、县级市的体制。这种体制的形成是中国城乡经济一体化和政府管理一体化两个过程同步进行的重要结果,是中国由一个典型的农业国逐步转向一个工业国的重要标志。其目的在于,将大中城市周围的农村地区划归城市统一领导,以充分发挥中心城市的作用,加快城乡一体化建设,逐步形成以大、中城市为依托的经济区,并使经济区与行政区的范围基本一致。但是,由于一部分地级市不具备中心城市的实力和功能,对周边地区的辐射带动能力不足,不能真正发挥组织和推动区域经济一体化发展的作用。此外,一部分地区"市管县"体制改革不同步,政府职能没有根本转变,有些地级市依旧用计划经济体制下传统的管理方式管辖下属各县。综上缘由,"市管县"体制只是在资源配置上强化了市一级政府的调控能力,并没有对市一级政府对县级发展的作用作出强制规定,使得部分市与县争利,财富日益向市级集中,财政投放日益集中于市一级的发展,而对县和乡镇的经济发展并未作出足够贡献。

1993 年 12 月,国务院发布《关于实施分税制财政管理体制的决定》,决定于 1994 年起在全国范围内实施分税制改革。根据事权与财权相结合的原则,将税种统一划分为中央税、地方税、中央与地方共享税,建立了中央和地方两套税收管理制度,并分设中央与地方两套税收机构分别征管;在核定地方收支数额的基础上,实行了中央财政对地方财政的税收返还和转移支付制度等。成功地实现了在中央政府与地方政府之间税种、税权、税管的划分,实行了财政"分灶吃饭"。但是,由于改变了中央与地方财政收入的比重,却未改变事权和支出责任的分配,导致地方政府面临财政收入减少,但事权和支出责任不减反增的困境,地方政府对于"土地财政"的依赖加深。此外,当时的分税制只是中央和省级政府分税,乡镇一级并未参与到分税制之中,但乡镇政府却遭遇财权上移、事权下移的境况,导致乡镇财政难以维系,农民负担加重。

为进一步减轻农民负担,规范农村收费行为,中央明确提出了农村税费制度改革,并从 2001 年开始,逐步在部分省市进行试点和推广。其主要内容可以概括为"三取消、两调整、一改革"。"三取消",是指取消乡统筹和农村教育集资等专门向农民征收的行政事业性收费和政府性基金、集资;取消屠宰税;取消统一规定的劳动积累工和义务工。"两调整",是指调整农业税政策和调整农业特产税政策。"一改革",是指改革村提留征收使用办法。村干部报酬、五保户供养、办公经费,除原由集体经营收入开支的仍继续保留外,凡由农民上缴村提留开支的,采用新的农业税附加方式统一收取。2004 年开始,政府开始推行税费改革的第二轮政策,重点是降低农业税,取消农业特产税,并最终于 2006 年彻底取消全部农业税。税费改革降低了农民负担,增加了农民收入。[①] 在绝大部分的中国农村地区,农民不再需要交纳任何税款,只有少数情况下还需要支付费用。

然而,分税制的遗留问题依旧存在,城乡资源争夺依旧是困扰乡村振兴的一个关键问题。在此基础上,我国于 2006 年推出了农村综合改革。其中一项便是改革县乡财政管理方式,具备条件的地方,可推进"省直管县"和"乡财乡用县管"的财政体制。2006 年中央一号文件《中共中央 国务院关于推进社会主义新农村建设的若干意见》就指出,有条件的地方可以加快推进"省直管县"财政体制。所谓"省直管县"体制,指的是省、市、县行政管理关系由"省—市—县"三级管理转变为"省—市、省—县"二级管理,对县的管理由现在的"省管市—市领导县"模式变为由省替代市,实行"省直管县",包括财政意义上的"省管县"和行政意义上的"省管县"。这是借鉴浙江省长期实行的省直接管理县体制、带动城乡发展的成功经验。强省先强县,强县先强镇,强镇依托于农村经济的繁荣,与此同时,还实行强县扩权、强镇扩权。其要义是权力下放,核心是藏富于民。[②] 另外两项政策便是农村投资增长政策和"三奖一补"政策,中央政府以专项资金形式,减少下级政府对上级政府转移的财政资金的截留挪用;用财政资金对实现税收收入增长的贫困县给予奖励。[③]

同时,"营改增"的财税体制改革也同步发展。营业税改增值税,是指以前缴纳营业税的应税项目改成缴纳增值税。"营改增"的最大特点是减少重复征税,可以促使社会形成良性循环,有利于企业降低税负。增值税只对产品或者服务的增值部分纳税,减少了重复纳税的环节,是党中央、国务院根据经济社会

① 刘明兴,徐志刚,陶然,等.农村税费改革前后农民负担及其累退性变化与区域差异[J].中国农村经济,2007(5):41-51.
② 许经勇.实施乡村振兴战略 深化财政体制改革[J].农业经济与管理,2019(6):5-13.
③ 韩玲慧,罗仁福,张林秀,等.中国乡镇财政改革中的激励机制与财政管理[J].经济学报,2014,1(1):1-17.

发展新形势,从深化改革的总体部署出发做出的重要决策。目的是加快财税体制改革、进一步减轻企业赋税,调动各方积极性,促进产业和消费升级,培育新动能,深化供给侧结构性改革。"营改增"的推广,是分税制改革以来,财税体制的又一次深刻变革,对农村企业的流转税负产生了重大影响。

二、财政体制改革成效

当前,"省直管县"和"营改增"两项改革措施对缩减财政层级、化解县乡财政困难、促进县域经济发展发挥了重大作用,对于促进乡村振兴具有重要意义。

(一)规范分配关系,提高资金效率

随着财政体制改革的推进,在"省直管县"的改革模式下,县级财政体制和转移支付由省级直接核定,省级财政直接补贴县一级政府,部分财政权力下放给县级政府,省与县之间直接开展工作,减少了行政上的管理层级,使得县一级政府的资金来源变广,财政自主权增大,进一步推动了县乡的经济发展。同时,"省直管县"的改革模式也在一定程度上避免了市一级政府对省级政府拨付资金的截留,有利于资金及时完整到达县一级政府,提高了财政拨付的效率,充分调动了县一级政府的财政管理积极性,促进了县乡经济的快速发展。以湖南省为例,5 年来,省一级政府的财政支持分为三轮,20 多个县市区发展特色县域经济,每年对每个重点县的资金支持不低于 1 亿元,使得湖南省县乡经济得到较快发展,为乡村振兴铺开道路。①

(二)增加财政收入,均等公共服务

推行财政省直管县之后,大部分县乡财政都得到了基本保障,县域经济发展的动力明显增强。以贵州为例,据贵州统计年鉴基础数据,2009 年推行财政省直管县改革以来,全省一般性公共预算收入县域占比由 2009 年的 43.3% 增长

---

① 朱钇澜.浅谈财政体制改革对农业与农村经济的影响[J].现代农业研究,2020,26(5):32-33.

至 2012 年的 52.2%。2009—2017 年全省地方财政总收入逐年增长,一般公共预算于县、乡两级占比逐年增加,标志着县域经济整体实力不断增强。同时,由于财政收入提高,县乡的自给程度也明显增强,公共产品供给得到明显改善。例如,县级妇幼保健院机构数从 2009 年的 61 个增加至 2017 年的 65 个,农村乡镇卫生院床位数从 2009 年的 25 841 张增加到 2017 年的 41 754 张,农村乡镇卫生院人员从 2009 年的 20 137 人增加至 2017 年的 44 940 人。与此同时,县级政府获得了更多的公共品决策权,能够利用信息优势有针对性地安排资金,为当地提供公共品。以文化艺术类公共品为例,县级艺术表演场所从无到有,从业人员从无增加到 2017 年的 121 人;体育类公共品供给也不断增多,乡镇健身场所从 2013 年的 111 个增加到 2017 年的 1 178 个,5 年间数量翻了 10 倍。①

(三)农村企业总体流转税负下降

在农村税制改革的进程中,流转税由以往的增值税、消费税以及营业税构成,明确在工业以及商业领域内征收增值税,以此为基础选取少量的消费品进行消费税的征收,对劳务和无形资产转让以及不动产的销售进行营业税的征收。② 以往营业税的征税范围较为有限,且较小,重复征税的程度较大,应税项目会在缴税环节被多次征收税费,企业的实际税负远远高于 3%。但是,在全新的流转税机制下,税种的设计、课税范围的约束以及征管的途径都有了一定的完善。在此基础上,农村企业的整体税负下降,尤其是一些小规模纳税企业,将其收取的全部价款作为收入进行征税,在其他条件不变的情况下,该企业的整体税负有所下降。如果农村企业能够将一部分设备进行固定资产投资,那么该企业还可以获得增值税发票,在核算增值税税额时,可以进行进项税抵扣,也能够在一定程度上降低固定资产的入账价值。

① 吴钧,娄义鹏.省直管县财政改革及对市(州)的影响研究:以贵州省为例[J].中共云南省委党校学报,2020,21(3):161-165.
② 高宏太.分析财政体制改革对农业和农村经济的影响及对策[J].科技资讯,2019,17(19):222-223.

（四）农村中小企业工业总产值增加

农村财政体制改革在很大程度上减少了资金审批的环节，尤其是省级政府一系列的"放权让利"措施，使得省级政府对县级财政的支持力度明显增大，这在一定程度上了扩大县级政府的财政自主权，可以有更多的资金用于农村基础设施建设，这也在一定程度上为农村中小型企业的发展提供了良好的环境。在良好的发展环境下，农村中小型企业可以获得更多的发展机会以及发展便利，企业经营、创新的积极性明显提高，也有利于吸引更多的资本下乡，吸引一部分有知识、有文化、有能力的农民自主创业，增加农村中小型企业的数量，提高整体的工业产值。

同时，由于农村税制改革，农村企业的整体税负明显降低。农村企业面对更宽松的经营环境以及更低的税收负担，农村企业发展的劲头更足，经营、创新的成本更低，能够在一定程度上减少自身的发展成本，农村企业可以获得更多的资金，将其用于必要的研究和转型，使得农村企业的工业总产值得到大幅提升。

综上，农村财政体制改革，在县域经济的发展、农村企业的发展等多个方面都产生了积极的作用，使得乡村整体经济发展潜力大幅提升，进一步提高了农民的收入水平和生活水平，也在一定程度上提升了农民的获得感和幸福感，为乡村振兴提供了必备的资金要素，解决了乡村振兴道路上重要的资金问题。

三、财政体制改革留存问题及对策建议

农村财政体制改革的初衷是为了促进农村经济发展，也确实在一定程度上为农村发展提供了资金方面的助力，但依然存在着财政分配与事权责任不匹配、地方财政收入受限、体制调整相对滞后等多方面的问题。对此，下文简要概括农村财政体制改革留存的问题，并提出相应建议。

（一）财力向上集中，县级事权不断扩大

现有的农村财政体制是在分税制的基础上进行的改革创新，但是分税制遗

留的问题依旧较为明显。在改革之后,财政资金不断向上集中,但是县乡政府的基本事权却并没有减少,甚至有扩大的趋势,县乡政府承担着提供义务教育、民生保障、社会治安、基础设施、行政管理等多种公共服务职能,同时还要支持地方经济的发展,这种情况大大加剧了县乡政府的收支矛盾。近年来,国家不断出台公车改革、养老保险改革等多项增资政策,各类民生政策连年提标、扩面,只增不减,各项改革都需要财力支持,使得县乡政府的支出压力不断增大。此外,虽然"省直管县"财政体制改革的初衷是直接加大对县乡政府的财政支持力度,但是受财力限制,尽管省级政府尽力帮扶,一般性转移支付的数额依然有限,县乡的财政收支困难并不能得到根本性解决。同时,近年来经济下行,地方收支矛盾更加严峻,县乡财政不容乐观。缺乏县乡财政支持,对农投资自然相应减少,对于乡村振兴而言,这是一个必须要克服的资金难关。没有足够的资金支持以及财政支持,乡村振兴战略难以顺利实施。

(二)税种分配不合理,县乡增收受制约

就现行的税收体制来看,在收入的划分上,税源比较集中、稳定性比较强的主体税种大多数都划归上级,而那些税源比较分散、征管难度比较大、增收潜力比较小的小税种则属县级收入。具体而言,地方税种除了所得税外,均为小额税种,县乡一级财政没有稳定的税收来源,财政收入很不稳定。地方税种的管理权限高度集中在中央,地方对地方税种的管理权限过小。并且,省级以下的分税制财政管理体制并不完善,地方各级政府间较少实行按事权划分财政收支的分权式财政管理体制,县级财政没有独立的税种收入,财政收入无保障。在共享收入的分配上,上级政府得大部分,而作为培植税源、发展地方经济的主体县级政府只能分得较少部分。[①] 这样的利益分配机制极大地削弱了地方财力,影响了地方政府培植财源的积极性,间接影响了地方政府对农村企业的政策支持,不利于农村企业的长足发展,进一步阻碍了农村经济的振兴。

---

① 胡仕锋.关于财政体制改革对县域经济社会发展的影响分析[J].财经界,2020(24):4-5.

（三）农村企业部分行业流转税负增加

在农村财政体制改革的过程中，不同行业的税负变化存在着一些差异。在落实财政行业总体税负不变的基础上，不同类型的行业、产品等税收负担的变化存在结构上的差异，尤其是增值税。由于税制改革，一部分企业因为"营改增"政策，缴税压力得以减轻，但也存在一部分行业并未因此获得税收便利。例如农村酒店行业，由于生态旅游的兴起，来农村旅游的游客逐步增多，对当地的酒店、餐饮的需求也逐步增加。但是，农村的酒店大多从当地的农民或者农产品批发个体户手中采购食材，这类供货商并未在相关部门登记、注册，无法为酒店提供增值税专用发票，对于一般纳税人而言，在不考虑进项税的前提下，税负可能会有所上升。① 此外，从产品的种类这个角度分析，生产机构直接回收商品却不能抵扣税额，会在一定程度上影响到企业的税负，进一步影响企业的经营。

考虑到以上存在的问题，下文提出几点建议，以期能够对财政体制改革遗留问题以及乡村振兴提供帮助：

划分财政支出事权，增加地方财政农业投入。在农村经济发展的新形势下，应该清楚认识到政府对农业投入的必要性，不仅要对农村经济发展进行投资，更要将农村作为重点投资对象。但是考虑到现有的地方政府财政情况，必须明确划分各级政府的财政支出事权，同时要在此基础上增加地方财政农业投入，尤其是县乡一级政府的农业投入。

首先，应该明确各级政府的农业事权。省级政府和县级政府都有农业投资的责任，但是省级政府的财政支出主要用于省一级的农业投资，县乡政府的财政支出主要用于县乡农业投资，基本事权必须划分清楚，以免互相推诿。其次，省级政府与县乡政府都有必要抓好支农重点。考虑到农业生产的实际情况，以及政府财政收入的具体情况，有必要在农业生产、农业基础设施建设、农业科技发展等方面合理分配财政投入，履行地方农业保护职责，推动农业更好发展。

---

① 朱钇澜.浅谈财政体制改革对农业与农村经济的影响[J].现代农业研究,2020,26(5):32-33.

整合国家税收政策,促进农村企业发展。考虑到农村企业面临的税负压力,我国现有的税费体制虽然在一定程度上为部分企业带来了税负便利,但是并没有照顾到范围更广的农业企业群体,因此有必要对现有的财税体制进行调整完善。

首先,对小型纳税者,要提供较为详尽的税务资料,以确定增值税相应的纳税人,同时按照增值税专用发票开展财政工作。其次,要合理处置增值税的抵扣问题。对于一些农业企业,要合理测定它的真实购买量和使用量,结合增值税抵扣税率计算相应的抵扣金额,一方面客观地进行征税,另一方面合理利用当地的资源。

第三节　农村金融体制改革与乡村振兴

农村金融对我国农村经济发展的影响举足轻重,是解决乡村振兴战略中"钱从哪里来"问题的关键。改革开放以来,农村金融改革进程随着我国农村经济发展需求的变化而演进,中央在对金融体系恢复重建的基础上积极推进制度创新。虽然目前农村金融体制改革无法彻底解决农村金融在长期制度抑制下的滞后发展问题,但改革在一定程度上促进了农村金融的良性发展。乡村振兴战略的提出意味着对农村金融有了新的需求,农村金融体制改革应朝着满足农村现实需求的方向努力,在农村发展的重要领域和薄弱环节上倾斜资源、优化配置。①

一、改革历程

改革开放前,我国农村金融制度是服从于重工业优先发展战略的,是计划经济时期促进国民经济复苏的强制性安排。农村金融体系成为吸收农村社会

---

① 韩俊.以习近平总书记"三农"思想为根本遵循实施好乡村振兴战略[J].管理世界,2018,34(8):1-10.

资金向工业和城市输送发展资源的途径,有着浓烈的计划经济色彩。[①] 1978—1992 年是改革开放初期农村金融体系的恢复重建阶段。该阶段的农村金融改革在由计划经济体制向市场经济体制转轨的背景下进行,以构建适应农村发展需要、农民信贷需求的金融体系为改革方向。我国步入了市场经济时代,以家庭联产承包为主、统分结合的双层经营体制的确立激发了农民对金融服务分散化、多样化的需求。1978 年党的十一届三中全会通过的《中共中央关于加快农业发展若干问题的决定(草案)》中明确提出"恢复中国农业银行,大力发展农村信贷事业",这是农村金融改革匹配农村金融服务需求的第一步。中央恢复中国农业银行后,又把农村信用合作社设置为中国农业银行的基层机构,同时强调了农村信用合作社作为集体所有制合作金融组织的性质。在政府的强制性制度安排下,农村地区形成了以中国农业银行和农村信用合作社为主的金融体系。然而农村正规体制下的金融服务无法覆盖所有的市场需求,尤其是乡镇企业的兴起大大激发了农民对资金的需求,原来的金融服务已经不能满足需要,由此非正规金融组织——农村合作基金会便应运而生了。农村合作基金会的迅速发展,为乡镇企业和农民拓宽了融资渠道,一项调查表明,农村合作基金会贷款给农户和乡镇企业的比例分别是 45% 和 24%。[②] 该阶段农村金融体制改革的特点为:其一,农村金融体系恢复重构,农村存贷业务有了明显改善;其二,民间非正规金融组织迅速发展,对正规农村金融组织的融资服务进行了补充。

1993—2002 年是农村金融的转型改革阶段。自 1992 年党的十四大报告正式提出建立社会主义市场经济体制后,农村金融体系开始向主体多元化、分工明晰化的方向转变。1993 年国务院发布了《关于金融体制改革的决定》,其中提出"致力形成政策性、商业性、合作性三位一体农村金融供给框架",农村金融"三位一体"模式的建立指明了农村金融组织多样化、分工化的发展方向。中国农业发展银行的组建,吸纳了中国农业银行的政策性支农业务;中国农业银行

①　丁志国,张洋,覃朝晖.中国农村金融发展的路径选择与政策效果[J].农业经济问题,2016,37(1):68-75,111.
②　熊德平.农村金融与农村经济协调发展研究[M].北京:社会科学文献出版社,2009:277.

走上自主经营、自负盈亏的道路,向商业化转变;农村信用合作社与中国农业银行脱离隶属关系,着重发挥其作为合作金融组织推进社员入股的功能。在亚洲金融危机的背景下,政府采取严格的金融管制措施,1999年统一撤并了农村合作基金会。该阶段农村金融体制改革的特点为:其一,对农村金融组织网络与内部结构进行分工调整,形成"三位一体"的农村金融体系;其二,在商业化改革背景下,中国农业银行金融业务的重心逐步从农村转向城市;其三,农村信用合作社脱离中国农业银行后,成为农村金融市场上的主力军。

2003年至今是农村金融体系逐步完善的阶段。"三位一体"改革模式下,政策性金融、商业性金融和合作性金融分工协作的农村金融体系初步显现,但农村经济的快速发展对农村金融服务产生了新需求,由此便暴露了农村金融组织运作过程中市场程度低、不规范等问题。为了进一步明晰产权,多数地区对农村信用合作社进行了股份制改革,组建农村商业银行。在管理体制方面,农村信用合作社的管理权下放到了省级政府,设立了省级农村信用社联合社。政府逐渐放宽了农村地区金融机构准入条件,村镇银行、贷款公司和农村资金互助社等新型农村金融机构兴起。新型农村金融机构的发展对农村金融体制创新有着重要意义,能够平衡农村金融市场的供求关系,提高金融服务的运作效率。[①] 2007年邮政储蓄改革启动,邮政储蓄银行正式成立,向农村地区增设贷款业务。2010年5月,"一行三会"联合发布《关于全面推进农村金融产品和服务方式创新的指导意见》,明确了以微观主体为改革重心的发展路线,充分适应供求两方需要,提供多样化的新型信贷金融产品。2013年党的十八届三中全会上提出了健全城乡发展一体化体制机制的目标,在这样的背景下,普惠金融发展理念形成。同时,农村金融创新改革也不断深入,在制度创新的基础上兼顾技术创新。2014年1月,《中共中央 国务院关于全面深化农村改革加快推进农业现代化的若干意见》首次提出发展新型农村合作金融。在此阶段,农村保险体系构建、农村信用环境改善、农村金融基础设施建设等方面的改革也逐步推

---

① 葛永波,周倬君,马云倩.新型农村金融机构可持续发展的影响因素与对策透视[J].农业经济问题,2011,35(12):48-54,111.

进。随着农村经济社会的发展和生产经营方式的转变，农村金融体制改革也在不断适应多变的农村金融需求结构，匹配乡村振兴战略对农村金融提出的新要求。2021年中央一号文件指出要"坚持为农服务宗旨，持续深化农村金融改革"。一是进一步优化金融机构设置与金融产品惠农功能，提出"运用支农支小再贷款、再贴现等政策工具，实施最优惠的存款准备金率，加大对机构法人在县域、业务在县域的金融机构的支持力度""保持农村信用合作社等县域农村金融机构法人地位和数量总体稳定"；二是提升农业信贷担保业务质效，提出"大力开展农户小额信用贷款、保单质押贷款、农机具和大棚设施抵押贷款业务""鼓励开发专属金融产品支持新型农业经营主体和农村新产业新业态，增加首贷、信用贷""加大对农业农村基础设施投融资的中长期信贷支持""加强对农业信贷担保放大倍数的量化考核"；三是对地方政府监管和风险处置责任进行明确，提出"稳妥规范开展农民合作社内部信用合作试点""做好监督管理、风险化解、深化改革工作"；四是强调发展农村数字普惠金融，提出"支持市县构建域内共享的涉农信用信息数据库，用3年时间基本建成比较完善的新型农业经营主体信用体系"。该阶段农村金融体制改革的特点为：其一，改革整体向市场化方向不断深入，农村金融商业化程度不断提高；其二，农村金融组织向规范化、多元化发展，新型金融机构的出现为农村金融注入了活跃的民间资本；其三，农村金融产品和抵押方式不断创新，在保障数量的基础上发展了农村金融服务的多样性。

二、改革成效

（一）涉农金融机构数量稳步增加，推进完善农村金融市场体系

随着农村金融体制改革的不断深入，农村传统金融机构组织结构趋于合理化、规范化，而新型农村金融机构的兴起又为农村金融机构的多元性和稳定性作出了贡献，各种涉农金融机构功能互补、相互协作，形成了政策性、商业性、合作性金融一体共生的农村金融市场体系。据银保监会公布数据，农村金融机构

增长迅速,从 2016 年到 2018 年,农村商业银行由 1 114 家增至 1 427 家,村镇银行从 1 443 家增至 1 616 家。此外,截至 2018 年末,农村金融市场上拥有农村合作银行 30 家、农村信用合作社 812 家。各个农村金融机构的营业网点和从业人数在近十年也有较大幅度的提升。据统计,全国银行业金融机构和保险机构的乡镇机构覆盖率分别达到 96% 和 95%,全国行政村基础金融服务覆盖率为 97%。[①] 因此,从涉农金融机构数量和覆盖面上看,我国农村金融服务体系在改革的推动下正趋于完善。

(二)涉农信贷总量显著提升,推动引导金融资源流向农村

随着农户信贷需求的逐年增加和金融支持"三农"发展的力度不断加大,涉农贷款总量持续提升,对农村发展基础设施建设、规模种养殖业生产、涉农企业运作起到了重要作用。根据中国人民银行发布的《中国农村金融服务报告(2018)》,涉农贷款业务量涨幅十分可观,贷款余额从 2007 年末的 6.1 万亿元增加至 2018 年末的 32.7 万亿元;2007 年以来涉农贷款平均年增速达到了 16.5%;从结构上看,涉农贷款占各项贷款的比重从 22% 提高到了 24%;第一产业贷款和农户贷款也实现了增长(表 11.1)。涉农贷款总量的增加,体现了金融资源流向农村的量不断增加,有助于推进新农村建设及农村城镇化。

表 11.1　2007—2018 年涉农贷款情况

年度	农林牧渔业贷款			农户贷款			全口径涉农贷款		
	余额/亿元	新增/亿元	同比增长/%	余额/亿元	新增/亿元	同比增长/%	余额/亿元	新增/亿元	同比增长/%
2007	15 055			13 399			61 151		
2008	15 559	1 507	10	15 170	2 192	16.4	69 124	12 738	20.8
2009	19 488	4 248	25.2	20 134	4 973	32.7	91 316	23 482	32.1
2010	23 045	3 557	18.3	26 043	5 909	29.4	117 658	26 342	28.9

---

① 普惠金融部.银保监会发布关于做好 2019 年银行业保险业服务乡村振兴和助力脱贫攻坚工作的通知[EB/OL].(2019-07-10)[2020-10-07].中国银行保险监督管理委员会网站.

续表

年度	农林牧渔业贷款			农户贷款			全口径涉农贷款		
	余额/亿元	新增/亿元	同比增长/%	余额/亿元	新增/亿元	同比增长/%	余额/亿元	新增/亿元	同比增长/%
2011	24 436	2 937	13.7	31 023	5 079	19.1	146 016	27 271	24.9
2012	27 261	3 103	11.6	36 193	4 999	15.9	176 227	30 036	20.7
2013	30 429	3 479	11.6	45 027	8 873	24.4	208 794	33 925	18.4
2014	33 394	3 065	9.7	53 587	8 556	19	236 002	29 984	13
2015	35 137	1 897	5.2	61 488	7 823	14.8	263 522	28 803	11.7
2016	36 627	1 793	4.2	70 846	9 494	15.2	282 336	24 147	7.1
2017	38 713	2 187	5.7	81 056	10 374	14.4	309 547	30 829	9.6
2018	39 424	880	1.8	92 322	11 309	13.9	326 806	22 287	5.6
年均增长/%	9.1			19.2			16.5		

资料来源：中国人民银行调查统计司。

（三）农村金融服务功能、方式不断创新，逐渐适应多样化金融需求

面对农村发展的多样化需求，在发展普惠金融理论的同时，创新金融服务方式也变得尤其重要。各类金融工具陆续推出，农村金融市场的直接融资方式在改革中得到极大扩展，金融产品和模式呈现多样化发展。截至 2014 年末，有218 家涉农企业（包括农林牧渔业、农产品加工业）在银行间债券市场发行共7 233.39 亿元的债务融资工具，期末余额达 2 953.58 亿元；股票融资方面，2014年新增上市涉农公司 55 家，还有 66 家涉农非上市公众公司在全国股份转让系统挂牌；期货市场方面，截至 2019 年 8 月底，我国农产品期货上市品种共有 23个，以谷物、林产品、禽畜产品、油脂类为主。此外，林权抵押贷款、抵（质）押贷款创新业务、担保贷款等新型信贷产品和服务创新活动也在农村金融市场上显现，对农民进行农业生产和农业企业经营起着有力的支撑作用。

三、残留问题与未来改革方向

改革开放以来,中央政府对农村金融体系进行了重建与发展,农村金融组织机构和农村金融服务都得到了明显的优化和改善,但还是存在着一些不足与缺陷。乡村产业振兴对资金有着大量的需求,尤其是农村基础设施建设方面更需要银行的长期贷款或资本市场的融资。然而,由于受到长期的制度抑制,我国农村金融发展滞后、农村金融体制创新不足的问题仍旧突出,[①]进而导致在不完善的金融体系下农户的收入增长缓慢、城乡收入差距扩大。[②] 虽然涉农金融机构在数量上稳步增长,但其分工机制并不明晰,推出的新型金融产品与现实农业需求匹配度不高,金融资源往往也偏向流入资本回报率较高的地区和经营规模较大的农户。甚至在新型农村金融机构内也出现了资金不足、服务偏差、经营绩效差等问题。[③]

在未来的农村金融改革中,应该坚持以市场化为总体改革方向,充分发挥市场的自我调节功能,在必要时辅以行政引导;调整好适应农业发展的金融改革步伐,以农村金融市场需求为标尺设计多样化金融产品,充分运用金融科技手段改善金融服务,推动扩大农村金融服务覆盖范围;大力发展普惠金融,优化农村金融资源配置,完善市场监管体系,改善农贷市场中的不公平问题;充分把握政策性、商业性与合作性金融的分工路径,重视正规金融与非正规金融的协作互补性,建立完善分工科学、多功能层次的农村金融体系。

---

① 温涛,王煜宇.改革开放40周年中国农村金融制度的演进逻辑与未来展望[J].农业技术经济,2018(1):24-31.
② 林毅夫.残留的制度扭曲使收入分配恶化[J].农村工作通讯,2012(23):50.
③ 王煜宇,邓怡.农村金融政策异化:问题、根源与法制化破解方案[J].社会科学文摘,2017(5):57-59.

12

农村新型城镇化：
乡村振兴之路

作为决胜全面建成小康社会七大重大战略部署之一,党的十九大报告指出要实施乡村振兴战略。实施乡村振兴战略要按照"产业兴旺、生态宜居、乡风文明、治理有效、生活富裕"的总要求,在习近平新时代中国特色社会主义思想的引领下,按照"三步走"的目标任务,最终在 21 世纪中叶实现乡村全面振兴的战略目标。乡村实现振兴,离不开新型城镇化的带动;新型城镇化的发展,也离不开乡村的振兴。基于此,本章首先分析了乡村振兴与新型城镇化的时代背景,重点探讨了乡村振兴与新型城镇化深度融合背后的逻辑,指出了二者深度融合的实现路径,并据此提出相应的政策建议。

第一节　乡村振兴与新型城镇化的时代背景

党的十九大报告指出,我国社会主要矛盾已经转化为人民日益增长的美好生活需要和不平衡不充分的发展之间的矛盾。城乡之间发展的不平衡是新时代我国社会主要矛盾的一个重要方面,"乡"与"城"二者是难以割裂的,是"你中有我、我中有你"的融合体。城乡融合发展事关国家现代化建设的成败,一端连接着城市、一端连接着乡村。乡村振兴战略的实施,要求建立健全城乡融合发展体制机制和政策体系,为回答在新时期建立什么样的具有中国特色社会主义的新型城乡关系、怎样建立具有中国特色社会主义的新型城乡关系指明了方向。党的十九届五中全会指出,"全面实施乡村振兴战略,强化以工补农、以城带乡,推动形成工农互促、城乡互补、协调发展、共同繁荣的新型工农城乡关系"。

一、乡村振兴战略顺应了经济发展的客观规律

重农固本是安民之基。乡村振兴一子落,经济发展全盘活。乡村振兴战略提出了"产业兴旺、生态宜居、乡风文明、治理有效、生活富裕"的总要求,目标是全方面振兴乡村。一方面,乡村振兴战略顺应了经济高质量发展的客观规律。

经济发展的客观规律是：我国经济迈入新常态，要从原先的追求经济增长速度和数量，向追求经济增长的质量与效益转变。高质量发展是新时代发展的核心要义，乡村振兴战略实现乡村产业、生态、治理、生活的全面振兴，正是高质量发展的现实写照。农业农村一直是建设社会主义现代化强国的短板，实现农业农村现代化，才能实现国家现代化，才能如期实现"两个一百年"奋斗目标。乡村振兴战略的实施，顺应了经济发展的客观规律，是乡村提质增效的重要体现，是向乡村要效益的重大战略。

同时，乡村振兴战略的实施顺应了广大农民的新期待，也是经济发展的客观规律。经济发展的目标是让经济发展的改革红利惠及人民群众，提升人民群众的获得感。依托产业兴旺提升农业竞争力，让人民群众享受到乡村产业发展带来的经济红利。依托生态宜居实现乡村生态环境的改善，让人民群众看得见绿水青山，享受美丽乡村带来的生态红利。依托乡风文明改善农民精神风貌，让人民群众享受到乡村文化内涵带来的人文红利。依托治理实现自治、法治和德治有机结合，让人民群众享受到乡村安定和谐带来的民生红利。实现农村居民的生活富裕既是乡村振兴战略的根本，又是检验"三农"工作的试金石，更是实现共同富裕的根本要求。总的来看，乡村振兴战略"五句话、二十个字"的总体要求充分体现了马克思主义实事求是的基本原则，是党和政府高度认识新时代我国农业发展的特征与趋势、客观分析中国农业所处的发展阶段所作出的总体战略部署。解决好"三农"问题始终是贯穿全党工作的核心内容，是重中之重的工作。

二、乡村振兴是解决乡村发展不充分的重大战略布局

实现社会主义现代化，离不开农业农村的现代化。随着中国特色社会主义进入新时代，我国社会主要矛盾已经转化为人民日益增长的美好生活需要和不平衡不充分的发展之间的矛盾。当前我国社会中最大的发展不平衡是城乡发展不平衡，最大的发展不充分是乡村发展不充分。乡村发展的不充分，严重制

约了农业农村现代化的实现。补齐"三农"短板,解决乡村发展不充分的问题,需要实现乡村全面振兴。党的十八大以来,虽然我国农业农村发展取得了历史性成就、现代农业发展迈向了新阶段,但乡村发展仍面临着诸多发展短板,存在着农业发展的不充分、农村发展的不充分和农民发展的不充分三大问题。

一是农业发展的不充分。首先,当前中国农业的发展仍然是小规模经营为主,规模经营发展仍不充分。尤其是近些年劳动力、土地租金成本不断攀升,市场上不断涌现出"弃耕抛荒"的规模经营主体。根据第三次全国农业普查数据,截至 2016 年底,全国共有 20 743 万农业经营户,其中小农户占农业经营户比重高达 98.1%;小农户经营耕地面积占总耕地面积的 70%,经营耕地 10 亩以下的农户有 2.1 亿户①。其次,中国农业的绿色化发展之路任重道远。虽然化肥折纯使用量近年来呈现下降趋势,从 2015 年的峰值 6 022.6 万吨下降到 2019 年的 5 403.6 万吨,但是单位面积化肥使用量仍远高于世界平均水平,2019 年每公顷化肥折纯使用量仍高达 325.7 千克,远高于世界平均水平。与化肥使用量相似,农药使用量虽有所减少,从 2013 年的峰值 180.77 万吨下降到 2019 年的 145.6 万吨,但是单位面积的农药使用量仍远高于发达国家。此外,化肥、农药的包装物因缺乏合理的回收,加剧了当前农村面源污染。我国畜禽养殖废弃物产生量大,资源化利用率低,废弃物随意丢弃对环境造成严重污染。最后,当前中国农业的数字化仍有很大的上升空间。手机已成为农业生产的"新农具",精准农业带来了高效便捷,大数据、物联网、云计算和人工智能技术未来将应用于农业农村,当前农业数字化发展面临着巨大的调整,网络基础设施的不健全严重制约了农业数字化发展。

二是农村发展的不充分。首先,村庄"空心化"日益严重。随着城镇化进程的加快,越来越多的青壮年劳动力离开农村,许多村庄因人口流失走向凋敝,"空心村"数量急剧攀升。有学者的测算结果表明,2016 年人口净流出行政村

---

① 中国网.新闻办就《关于促进小农户和现代农业发展有机衔接的意见》情况举行发布会[EB/OL].(2019-03-01)[2020-10-07].中华人民共和国中央人民政府.

数量占比为79.01%，空心化率不低于5%的空心村比例为57.50%，人口空心化率为23.98%。[①] 其次，村庄规划存在不合理现象。村庄规划要顺应村庄发展规律和演变趋势，要充分依据村庄的类型和发展实际，分类推进村庄建设。村庄规划不能千篇一律，更不能好高骛远。一些地区的村庄规划编制存在认知不足的问题，导致规划编制不接地气，难以实施。一些地区的村庄规划过于注重"喊口号"，缺乏清晰的路线图和任务书。最后，村庄公共服务较为滞后。当前农村的教育、卫生、医疗、公共文化服务亟待提升，尤其是当前许多地区农村学校教学水平有待提升，农村教师数量紧缺；乡镇卫生院、村卫生室设施条件落后，医务人员水平参差不齐；农村养老服务机构数量少，服务质量不高；农村公共文化设施建设普遍比较落后，文化产品的供给数量少且难以"接地气"。

　　三是农民发展的不充分。首先，农民增收不充分。千方百计增加农民收入一直是"三农"政策的基本出发点。当前农民收入主要依靠家庭经营性收入和工资性收入，财产性收入和转移性收入占比较低。同时工资性收入面临着极大的不确定性，受到宏观经济形势以及自身就业技能的影响，例如突发的新冠肺炎疫情严重影响了农民收入，有学者研究表明，受制于新冠肺炎疫情的影响，2020年农民工人均工资收入名义增长速度可能下降1.45至2.46个百分点。[②] 其次，农民权益保障的不充分。农民作为社会主义现代化建设的主体，其权益难以得到稳定保障。农民权益不仅包括政治权益，也包括经济权益和社会权益。然而，当前农民的政治权益普遍得不到有效保障，农村基层民主选举中时常出现权责不一致的现象。虽然土地确权工作已经全面完成，农民的经济权益仍存在着经济权益保护"缺位"的问题。农民的社会权益包括教育权、就业权、社会保障权、社会尊重权等，遗憾的是当前农民群体仍难以享受到与城市居民相同的社会保障，难以得到社会的普遍尊重。最后，农民的自身能力较低。

① 李玉红，王皓.中国人口空心村与实心村空间分布：来自第三次农业普查行政村抽样的证据[J].中国农村经济，2020（4）：124-144.
② 叶兴庆，程郁，周群力，等.新冠肺炎疫情对2020年农业农村发展的影响评估与应对建议[J].农业经济问题，2020（3）：4-10.

2016 年第三次农业普查数据的资料显示,初中文化及以下程度的农业生产经营人员占比为91.7%,远低于我国城镇居民受教育水平。农民因自身人力资本水平低下,影响其在劳动力市场上的绩效,直观反映的是就业类型和就业权益难以得到保障。

三、新型城镇化顺应了中国结构转型的发展

纵观西方发达国家的历史,结构转型意味着农业部门的份额下降,工业部门和服务业部门的份额上升。新型城镇化正是顺应了我国经济结构转型的发展。当前,我国正处于结构转型的时代(图 12.1)。

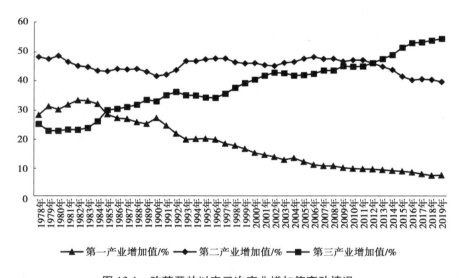

图 12.1　改革开放以来三次产业增加值变动情况

资料来源:历年《中国统计年鉴》。

从图 12.1 可以得出,改革开放以来三次产业增加值的变动呈现出明显的分化趋势。其中,第一产业增加值份额呈现先上升后快速下降的趋势。第一产业增加值份额从 1978 年的 27.7%增加到 1982 年的 32.8%后,便呈现出逐年下降的趋势。2019 年第一产业增加值占国内生产总值的比例仅为 7.1%。第二产业增加值份额呈现出波动中小幅下降的趋势。第二产业增加值份额从 1978 年的

47.7%下降到 2019 年的 39.0%。与此同时,第三产业增加值份额呈现出明显的上升趋势。从 1978 年的 24.6%增长到 2019 年的 53.9%。自 2012 年起,第三产业增加值份额超过第二产业增加值份额,成为国民经济中第一大产业。改革开放以来,三次产业贡献率也呈现出与三次产业增加值相同的变动趋势,即第一产业和第二产业对国内生产总值的贡献率总体上呈现下降趋势,2019 年第一产业和第二产业对国内生产总值的贡献率分别为 3.8%和 36.8%。第三产业对国内生产总值的贡献率呈现快速上升趋势,2019 年第三产业对国内生产总值的贡献率高达 59.4%。以上事实表明,我国正处于结构转型的关键时期。随着 2007 年"新型城镇化"概念的提出,具有中国特色的新型城镇化发展之路逐步形成。新型城镇化的新内涵要求实现生产、生活、生态的一体化,实现城乡融合发展。产业之间的融合发展推动乡村旅游、田园综合体、特色小镇等新业态的发展壮大,第三产业增加值份额与第二产业增加值份额的差距也在 2012 年趋同后逐步拉大。

通过拉动内需的方式发展新型城镇化,进一步加速中国经济结构转型。大量进入城市后的农业转移人口,具有基本住房、子女上学、医疗等基本生活需求,带动了与此相关的产业,增加了消费需求。《国家新型城镇化规划(2014—2020 年)》明确了新型城镇化主要指标,具体包括城镇化水平、基本公共服务、基础设施和资源环境四大方面。其中,基本公共服务涉及农民工随迁子女接受义务教育、农民工职业技能培训、城镇常住人口养老保险、医疗保险、住房等内容。城镇基本公共服务的供给衍生了许多新兴行业,带动了第三产业的发展;基础设施涉及城市公共供水、污水处理、生活垃圾无害化处理、家庭宽带接入能力和社区综合服务设施等内容。基础设施的建设带动了第二产业(如建筑业、制造业)和第三产业(如互联网行业等)的发展。由此可见,新型城镇化顺应了中国结构转型的发展。

四、新型城镇化顺应了人口流动的趋势

随着经济水平的发展,人口流动已成为当前世界主要经济体发展过程中的共同现象。新型城镇化的核心是以人为本,是"人的城镇化"。国家统计局自2008年起公布了每年的农民工数量,表12.1给出了2008年以来城镇化水平以及流动人口与农民工规模的变化情况。

表 12.1　城镇化水平、流动人口和农民工数量的变化

年份	城镇化水平/%	流动人口规模/亿人	农民工数量/万人
2008	46.99	—	22 542
2009	48.34	1.80	22 978
2010	49.95	2.21	24 223
2011	51.27	2.30	25 278
2012	52.57	2.36	26 261
2013	53.70	2.45	26 894
2014	54.77	2.53	27 395
2015	56.10	2.47	27 747
2016	57.35	2.45	28 171
2017	58.52	2.44	28 652
2018	59.58	2.41	28 836
2019	60.60	2.36	29 077

资料来源:历年《国民经济和社会发展统计公报》。

总体看来,我国城镇化水平与人口流动二者之间呈现出明显的正向趋势。我国城镇化水平从2008年的46.99%增加到2019年的60.60%,农民工数量也呈现出逐年上升的趋势,从2008年的22 542万人增加到2019年近3亿人。这

一时期,我国流动人口总体上则呈现出先上升后下降的趋势。从 2015 年开始,流动人口出现了负增长,2019 年流动人口数量为 2.36 亿人,是近五年来最低数量。流动人口数量的减少,可在一定程度上反映出城乡二元结构的优化和新型城镇化的质量提升。

一方面,新型城镇化的发展对人口流动产生了"拉力"。新型城镇化的发展产生了新的就业需求。农村人口向城镇有序转移的动力,很大程度上取决于城镇化发展过程中产生了新的就业岗位。尤其是当前大量农村劳动力从农村向城市转移,农户呈现出明显的分化态势,越来越多的农户由纯农户向非农户演变。[①] 从客观上看,新型城镇化的发展需要增加新的就业岗位。根据历年《农民工监测调查报告》的数据,当前农民工的就业部门主要是第二产业中的制造业和建筑业。随着城市房地产行业的兴起,建筑行业吸纳了大量农业劳动力。

另一方面,农业产业内部结构变化推动着农村劳动力向城镇转移。改革开放以来,中国农业的发展路径以劳动力要素为最核心的变量,其他要素以劳动力价格的变动为中心。[②] 首先,"机械换人"释放了农村大量劳动力。我国农业机械化呈现出快速发展趋势,"耕种收"综合机械化水平不断提升,"机器换人"的过程不断加深,经测算,1998—2012 年农业机械化对劳动力转移的贡献度为21.59%。[③] 其次,土地集中经营释放了一部分农业劳动力。实现农业现代化的重要路径是规模经营,规模经营最直接的表现形式是土地集中。以土地流转、土地托管为标志的土地集中也释放了一部分农村劳动力。

---

① 张琛,彭超,孔祥智.农户分化的演化逻辑、历史演变与未来展望[J].改革,2019(2):5-16.
② 孔祥智,张琛,张效榕.要素禀赋变化与农业资本有机构成提高:对 1978 年以来中国农业发展路径的解释[J].管理世界,2018,34(10):147-160.
③ 周振,马庆超,孔祥智.农业机械化对农村劳动力转移贡献的量化研究[J].农业技术经济,2016(2):52-62.

第二节　乡村振兴与新型城镇化的关系

　　乡村振兴与新型城镇化均是我国经济迈向新常态下事关现代化事业成败的重大战略。乡村振兴离不开新型城镇化建设,新型城镇化建设也离不开乡村振兴的支持。近年来,我国工农关系进入"既予又活"的新阶段,城乡之间人口、要素流动、产业融合日益频繁。可以说,乡村振兴与新型城镇化二者之间是互利共生的命运共同体。

一、乡村振兴的动力机制需要注入优质城市要素

　　长期以来,要素由"乡"到"城"的单向流动,造成了乡村生产要素的数量匮乏和质量低下。首先,作为乡村振兴主体的农户文化程度普遍偏低。笔者根据全国农村固定观察点的数据进行了测算,结果表明,2003—2016 年农户的文化程度普遍不高(表 12.2)。男性劳动力中,虽然近年来文化程度在小学及以下的比例有所降低,但是初中文化程度的比例呈现出逐年上升的趋势。女性劳动力中,学历为小学及以下和初中占到九成以上。无论是男性劳动力还是女性劳动力,具有高中以上学历的占比普遍较低。整体上看,农村人力资本水平仍处于较低的位置。

表 12.2　全国农村固定观察点农户受教育程度情况(单位:%)

年份	男性				女性			
	小学及以下	初中	高中	高中以上	小学及以下	初中	高中	高中以上
2003	44.57	47.64	7.18	0.61	62.60	33.96	3.21	0.24
2004	45.65	46.24	7.39	0.72	63.50	32.94	3.31	0.26
2005	44.25	47.53	7.44	0.78	62.53	33.63	3.53	0.31
2006	44.02	47.37	7.83	0.79	61.98	34.05	3.66	0.32

续表

年份	男性				女性			
	小学及以下	初中	高中	高中以上	小学及以下	初中	高中	高中以上
2007	42.37	48.80	8.02	0.82	60.51	35.41	3.62	0.46
2008	42.25	48.66	8.14	0.95	60.12	35.80	3.66	0.42
2009	41.39	49.22	8.39	0.99	58.42	36.95	4.00	0.62
2010	41.12	49.52	8.34	1.02	58.34	36.93	4.03	0.70
2011	40.08	50.32	8.42	1.17	57.37	38.13	3.80	0.70
2012	38.21	51.84	8.62	1.32	55.68	39.41	4.05	0.86
2013	38.44	51.63	8.58	1.36	55.85	39.36	4.00	0.79
2014	37.97	51.64	8.83	1.56	55.07	39.79	4.13	1.01
2015	37.19	52.40	8.88	1.53	54.43	40.41	4.18	0.97
2016	35.46	53.69	9.19	1.66	52.89	41.63	4.45	1.02

资料来源:根据全国固定观察点数据计算所得。

其次,农村土地要素的配置存在资源错配的状况。当前,部分地区出现了土地撂荒的现象。有调查表明,78.3%的村庄出现耕地撂荒的现象,西部山区和非农就业越方便的地区土地撂荒的比例越高。[①] 虽然,早在1984年中央一号文件就指出"鼓励土地逐步向种田能手集中",但是,当前土地流转比例并没有呈现出快速增长的趋势,农业规模化规模经营户占农业经营户的比例不足2%。[②] 土地要素并没有实现有经营能力的农户种植更多土地的最优要素配置情况。为此,笔者根据全国农村固定观察点微观农户数据,用参数校准的方式测算了当前我国农村土地要素的配置情况。土地要素边际产出的离散程度从2004年的0.768增加到2015年的0.891,说明当前农户土地要素的扭曲配置程度在不

---

① 李升发,李秀彬,辛良杰,等.中国山区耕地撂荒程度及空间分布:基于全国山区抽样调查结果[J].资源科学,2017,39(10):1801-1811.

② 国务院第三次全国农业普查领导小组办公室,国家统计局.第三次全国农业普查主要数据公报(第二号)[EB/OL].(2017-12-15)[2020-10-07].国家统计局网站.

断增加。

最后，农村资金要素呈现出净外流趋势且存量不足。测算表明，1978—2012 年内，通过财政、金融机构以及工农产品价格剪刀差的方式，农村地区向城市地区大约净流入资金 26.66 万亿元。[①] 从 2004 年开始，农业补贴政策和价格支持政策相继出台，国家支持"三农"工作的力度逐渐加大。然而，以农村资产、资源、资金为代表的农村"三资"存量仍严重不足。彭超、张琛根据 2018 年全国农村固定观察点村级数据的测算结果发现，当前全国农村集体经济组织的收入主要依赖于财政扶持，平均资产为 939.13 万元，村集体经济组织的平均资产负债率为 61.6%，盈利能力普遍不高。[②] 发展壮大农村集体经济亟须通过造血的方式积累"家底"，拓宽农村集体经济组织收入渠道。

如何破解乡村要素数量不足且质量低下的"低水平陷阱"的困境呢？为乡村注入优质城市要素是乡村振兴的重要动力机制。具体来说，需要以破除城乡二元体制机制弊端为出发点，以完善产权制度和要素市场化配置为重点，着重解决人、地、钱等关键环节的城乡要素流动不畅的难题。人才方面需要鼓励支持人才下乡，解决当前农村人才素质低下的问题。土地方面鼓励支持集体建设用地跨区域流动，解决当前农村土地要素错配的问题。资本方面要在防范风险的前提下鼓励支持工商资本进入农业农村，解决当前农村资金外流和农村集体经济"造血"内生动力不足的问题。

二、新型城镇化的高质量发展离不开乡村振兴的支撑

乡村振兴战略为新型城镇化开发了新的人口红利、土地红利和资本红利，通过要素流动、产业结构调整和城乡统一布局推动了新型城镇化的发展。

首先，乡村振兴战略为新型城镇化的发展开发了新一轮"人口红利"。新型城镇化的核心是人，新型城镇化的发展更离不开高素质人才的有效供给。当前

---

① 周振，伍振军，孔祥智.中国农村资金净流出的机理、规模与趋势：1978—2012 年[J].管理世界，2015(1)：63-74.

② 彭超，张琛.农村集体经济组织"家底"基线调查及启示[J].农村金融研究，2019(8)：51-55.

我国城市劳动力市场中劳动力供给与需求不匹配的矛盾日益突出，劳动年龄人口自 2013 年到达顶点后开始减少，城市制造业、服务业劳动力成本的上升压缩了利润空间，第一次"人口红利"逐渐褪去。与此同时，近年来城市劳动力参与率的降低也客观上要求农村劳动力进入城市就业市场。2010—2015 年，我国 16~65 岁人口的劳动参与率下降了 4.7 个百分点。① 劳动参与率的下降意味着劳动力市场劳动供给具有稀缺性，亟须挖掘劳动供给的潜力。令人欣慰的是，农村劳动力已成为城镇就业的重要组成部分。有学者的测算结果表明，从 1997 年至 2017 年农村外出进入城市就业的劳动力占城市全部就业人员的三分之一以上。② 乡村人才振兴为新型城镇化开发新一轮"人口红利"提供了机遇。新一轮"人口红利"的开发重在人口质量的开发，逐步实现从原先的"人口红利"向"人才红利"转变。乡村振兴战略的实施通过职业技能培训等措施，极大地提升了农村转移劳动力的素质，有助于增强城市劳动力市场的供给质量，提升劳动参与率。乡村振兴战略正是开发新一轮"人口红利"、跳出"中等收入陷阱"的重要制度创新。

其次，乡村振兴战略为新型城镇化的发展挖掘了"土地红利"。乡村振兴战略通过深化农村土地制度改革，尤其是通过逐步打通"三块地"制度，解决城乡供给不匹配矛盾，将会为新型城镇化的发展提供"土地红利"。2019 年 4 月，《中共中央 国务院关于建立健全城乡融合发展体制机制和政策体系的意见》明确指出："按照国家统一部署，在符合国土空间规划、用途管制和依法取得前提下，允许农村集体经营性建设用地入市，允许就地入市或异地调整入市；允许村集体在农民自愿前提下，依法把有偿收回的闲置宅基地、废弃的集体公益性建设用地转变为集体经营性建设用地入市。"2020 年 4 月，《中共中央 国务院关于构建更加完善的要素市场化配置体制机制的意见》以及《国家发展改革委关于印发〈2020 年新型城镇化建设和城乡融合发展重点任务〉的通知》均进一步明确指出了"出台农村集体经营性建设用地入市的指导意见"。农村集体经营性

---

①　都阳,贾朋.劳动供给与经济增长[J].劳动经济研究,2018,6(3):3-21.

②　蔡昉.农村改革对高速经济增长的贡献[J].东岳论丛,2019,40(1):5-12,191.

建设用地入市优化了城乡土地要素的配置,解决了城市土地资源紧缺的问题,有利于消除城市规模扩张与农村集体土地之间的矛盾,为新型城镇化的发展提供土地要素。未来,随着农村集体经营建设用地入市的不断推进,农村土地制度的深化改革将进一步激发新型城镇化的经济活力。

最后,乡村振兴战略为新型城镇化的发展挖掘了"资本红利"。当前,城市工资上涨速度快于劳动生产率的增速,意味着单位劳动力成本在不断上升,制造业的比较优势在逐步减弱,最直接的表现是 2007 年以来制造业平均利润率长期维持在 2%~3% 的低利润率水平(表 12.3)。乡村振兴战略产生的新产业新业态,如特色小镇、田园综合体、观光农业、体验农业、创意农业、智慧农业等,既是对原先产业链的延伸,又是对原先价值链的扩展,具有较高的投资收益率。城乡资本边际收益率的差异推动着部分原先在城市从事二产业、三产业的企业进入农业农村从事新产业新业态,既实现了农村一二三产业的深度融合,又实现了城市制造业的转型升级,为新型城镇化的发展提供了"资本红利"。此外,乡村振兴战略的整体布局也有助于推进城乡统一规划,有效解决新型城镇化发展进程中城镇空间分布不合理、产业布局与资源承载力不匹配的难题,是新型城镇化建设的重点和难点。实现城乡统一规划,有助于实现城乡之间的产业发展互补互促、基础设施互联互通、公共服务均等共享的良好局面。乡村振兴战略总要求中的产业兴旺、生活富裕和生态宜居分别对应着生产、生活、生态,为实现城市生产、生活、生态三者有机统一提供了基础。乡村和城市实现生产、生活、生态的良性发展,也从侧面反映了新型城镇化的建设质量,是真金白银投入到新型城镇化建设的现实写照。

表 12.3　近年来中国制造业 500 强企业平均利润率情况

年份	2007	2008	2009	2010	2011	2012	2013	2014	2015
利润率/%	5.00	3.21	3.97	4.10	2.90	2.23	2.15	2.10	2.18

资料来源:网络资料来源于与非网文章《中国制造业全景观察,市场这么大为啥利润这么低》。

第三节 促进乡村振兴与新型城镇化的融合发展

乡村振兴与新型城镇化深度融合,是城乡融合发展的题中应有之义。要实现乡村振兴与新型城镇化的深度融合,就要坚持以规划为引领,重点是破除要素自由流动的体制机制障碍和实现城乡基本服务均等化,加快推进县域内城乡融合发展。

一、以科学规划为行动引领

要实现乡村振兴与新型城镇化的深度融合,就要牢牢树立"城乡一盘棋"的发展理念,统筹谋划、科学施策、分类推进,以城乡融合高质量发展为目标,坚持以规划为引领。乡村振兴和新型城镇化都是一项系统工程,既是人、财、物的有机结合,又是人才、资源和战略的统一。2018 年 3 月,习近平总书记在参加十三届全国人大一次会议山东代表团审议时指出"推动乡村振兴健康有序进行,要规划先行、精准施策"。现代化经济体系作为一个有机整体,乡村振兴与新型城镇化正是现代化经济体系的"车之双轮"。乡村振兴与新型城镇化二者深度融合需要双轮驱动、统筹谋划,坚持科学规划引领是城乡融合发展的制度保障,是城乡高质量发展的重要前提。抓住科学规划,就是抓住了乡村振兴和新型城镇化的"牛鼻子"。科学规划要充分考虑到不同地区乡村振兴和新型城镇化二者之间的逻辑关系,通过调查研究了解实情,充分发挥规划的系统性、整体性与协调性,通过规划实现各要素的有机统一和相互协作,防止出现各要素碎片化的现象,为推进城乡融合发展提供驱动力。乡村振兴战略规划要与新型城镇化战略规划相契合,乡村振兴战略的发展目标要与新型城镇化的发展目标相契合,乡村振兴战略的任务书、时间表、路线图要对标新型城镇化的任务书、时间表、路线图。依托规划,优化城乡空间布局,促进生产、生活、生态协调发展,激发城乡产业融合、结构升级、价值延伸产生的新动能,实现产业发展的城乡互补互促。依托规划,重点统筹规划城乡道路、供水、供电、互联网、垃圾、污水等基础设施建设,既要严控城市污染下乡,也要严防乡村污染入城,实现基础设施建设的城乡互联互通。

二、破除要素城乡自由流动的体制机制障碍

要实现乡村振兴与新型城镇化的深度融合,就要破除要素自由流动的体制机制障碍。乡村振兴战略需要注入城市优质要素,新型城镇化的高质量发展也需要乡村振兴提供要素支持。为此,应进一步加快推进城乡要素的双向流动,加快实现城乡要素的融合共生,着力破除"人、地、钱"要素城乡自由流动的体制机制障碍。一是有序推进农业转移人口市民化。推进农业转移人口市民化要以农业转移人口生活质量为依据,确保农业转移人口"进得来、留得下、离得开"。要坚持以人为本的理念,深化户籍制度改革,围绕"人的城镇化"实现由"乡"到"城"的转变。以创新发展、协调发展、绿色发展、开放发展、共享发展理念为引领,优化基本公共服务资源配置方式,建立健全结构合理、均衡配置的基本公共服务体系,促进有能力在城镇稳定就业和生活的常住人口有序实现市民化,稳步实现城镇常住人口和流动人口基本公共服务全覆盖,以基本公共服务均等化推进城乡融合发展。逐步建立城乡一体化失业保险制度,促进城乡居民就近就地享受公共就业创业服务。完善城镇人口就业失业登记管理制度,加强对失业人员的职业技能培训。逐步完善农民工随迁子女教育、医疗、养老等制度。二是深入推进农村土地制度改革。在严守耕地红线和落实农村土地所有权、承包权、经营权的"三权分置"的基础上,深化改革宅基地、设施农用地和农村集体经营性建设用地,以盘活存量资源、提高流动性为切入点,在探索农村宅基地所有权、资格权、使用权"三权分置"的基础上重点研究部署农村闲置宅基地转变为农村集体经营性建设用地的政策,从国家层面出台相关实施办法。落实城乡建设用地增减挂钩跨区交易机制,扩大农村集体建设用地跨区域流动的范围,重点保障农村集体经营性建设用地以同地同权同价的方式入市。三是在

防范风险的前提下鼓励支持工商资本进入农业农村。工商资本进入农业农村的基本前提是保证土地性质不转变，防止可能出现的"非农化"倾向。建立资格审查、动态监管、事后追责的"三位一体"风险防范体系，确保工商资本进入农业农村不出现系统性风险。针对符合准入要求的工商资本，要为其提供人才支撑、信贷优惠、用地扶持、基础设施配套等多元化服务体系。

三、实现基本公共服务均等化

乡村振兴与新型城镇化深度融合的重要标志是基本公共服务均等化。城乡基本公共服务均等化是包容性增长的重要内涵，反映的是城市和乡村居民享受公共服务的机会平等，重点是解决公共服务体系"碎片化"问题。实现城乡基本公共服务均等化，既要实现保障基本民生需求的公共服务均等化，又要实现与民生生活紧密相关的公共服务均等化。按照农村基本公共服务供给县乡村统筹的思路，逐步实现标准统一、制度并轨，最终实现"城乡交通一体化""城乡供水一体化""城乡环卫一体化""城乡公共文化服务体系一体建设"等目标。首先，要逐步实现城乡公共教育服务的均等化。城乡公共教育服务均等化的核心是解决教育资源配置的空间不平衡问题。坚持教育的公益性和公平性，保障城乡居民受教育的平等权利，加大财政对教育的投入，优化师资队伍，重点加强乡村教师队伍建设和保障低收入家庭、农民工子女平等接受义务教育。其次，要逐步实现城乡就业机会的均等化。大力发展农村加工业、农产品物流业、乡村旅游业，拓宽就业容量。积极扶持民营企业，营造良好营商氛围，完善社会服务体系建设，加强指导和监督，规范企业用工行为，支持和鼓励劳资双方建立长期稳定的劳动关系，增加劳动就业岗位。加强技能培训、支持创业就业。提供全程创业指导服务，创新财政税收机制，减轻创业负担。再次，要逐步实现城乡社会保障服务的均等化。加快完善覆盖全民的社会保障体系建设，针对居民养老、医疗健康等民生关切的社会保障领域，要以统筹城乡为出发点、可持续性为落脚点、全国统筹为核心，优化基本养老保险制度和基本医疗保险制度设计。

完善城市低收入群体和农村居民的社会救助工作,健全保障服务体系。最后,要逐步实现城乡基础设施服务的均等化。基础设施是民生工程,影响着千家万户。城乡基础设施服务均等化的短板在农村,乡村基础设施提档升级是落实"新基建"战略的重要内容。实现城乡基础设施服务均等化,需要按照政府主导、市场运作的模式,构建城乡一体化规划机制、城乡一体化建设机制和城乡一体化管护机制,落实"建管一体"的基本要求,努力缩小城乡基础设施的差距。

四、以县域为空间载体加快推进城乡融合发展

在加快构建新型工农城乡关系的新形势下,2021 年中央一号文件明确指出"把县域作为城乡融合发展的重要切入点,强化统筹谋划和顶层设计"。未来,实现乡村振兴与新型城镇化的深度融合,推进以人为核心的新型城镇化,要以县域为基本单元,重点突出"县域"的中心和枢纽功能,促进大中小城市和小城镇协调发展。

以县域为空间载体促进城乡融合发展,正是破解城乡要素双向流动不顺畅的关键。在县域内推进城乡融合发展,既有助于实现城市人才、资本、技术等要素下沉农业农村,又有助于全面推动乡村产业振兴、乡村人才振兴、乡村文化振兴、乡村生态振兴和乡村组织振兴。发挥县城在城乡融合发展的纽带作用,有助于城乡关系最终实现更高质量、更有效率、更加公平、更可持续的发展目标。实现城乡融合发展,需要以实现县城生产、生活、生态协调发展为抓手,重点提升县城聚集人口,增强就业和产业承载能力,强化县域服务功能。一是合理引导县城人口流动,科学确定县域人口合理规模,既要防止部分县城因人口大规模流入产生的"拥挤"问题,又要解决部分地区县城人口大规模流出产生的"空心化"问题。二是增强县域吸纳就业的能力。就业是民生之本。越来越多的农民离土离乡从事非农就业,提高县域对产业和就业的承载能力。承接适宜产业转移,培育支柱产业,加强产业集聚能力,以工业园区、创业园区、孵化实训基地、特色小镇等为载体吸纳就业,在用地指标、人才待遇、金融担保等方面提供

全方位的政策支持。三是要充分发挥小城镇近城近乡的区位优势、进入门槛低的制度优势、要素衔接的平台优势,增强城乡融合发展的后劲。四是强化县城综合服务能力,赋予更多资源处理权力。构建县、乡镇、村"三位一体"的为农服务综合体系,整合各方资源,形成为农服务协同机制服务农民,重点打造乡镇层面的综合性为农服务中心。

参考文献

［1］中共中央文献研究室.新时期经济体制改革重要文献选编［M］.北京：中央文献出版社,1998.

［2］王志刚,于滨铜.农业产业化联合体概念内涵、组织边界与增效机制：安徽案例举证［J］.中国农村经济,2019(2)：60-80.

［3］孔祥智.合作社是三产融合的核心主体［J］.中国农民合作社,2018(5)：38.

［4］柯炳生.如何理解乡村振兴中的人才振兴？［N］.农民日报,2018-9-12.

［5］钟真,孔祥智.新时代乡村创新创业：机理、态势与策略［J］.江海学刊,2020(2)：98-106.

［6］王鹏程,王玉斌.乡村管理服务型人才振兴：困境与选择［J］.农林经济管理学报,2019,18(3)：407-415.

［7］蒲实,孙文营.实施乡村振兴战略背景下乡村人才建设政策研究［J］.中国行政管理,2018(11)：90-93.

［8］高鸣,武昀寰,邱楠.乡村振兴战略下农村人才培养：国际经验视角［J］.世界农业,2018(8)：176-182.

［9］赵秀玲.乡村振兴下的人才发展战略构想［J］.江汉论坛,2018(4)：10-14.

［10］周维.乡村振兴战略视角下乡土文化的传承困境与重构策略研究［D］.重庆：西南大学,2019.

［11］徐苑琳.乡村振兴文化先行［J］.人民论坛,2018(16)：250-251.

［12］于珍彦,武杰.文化构成和文化传承的系统研究［J］.系统科学学报,2007(1)：79-83.

［13］刘金祥.积蓄乡村振兴的文化力量［J］.农村工作通讯,2018(13)：41-43.

［14］ 时子晗.浅谈家风对民风、乡风建设的重要意义［J］.现代化农业,2019
　　　（11）：22-23.

［15］ 韩春秒.乡音　乡情　乡土气：管窥乡村原创短视频传播动向［J］.电视
　　　研究,2019（3）：21-24.

［16］ 范建华,秦会朵.关于乡村文化振兴的若干思考［J］.思想战线,2019,45
　　　（4）：86-96.

［17］ 迈克·费舍斯通.消费文化与后现代主义［M］.刘精明,译.南京：译林出
　　　版社,2000.

［18］ 张永丽,甘露.我国农村文化产业研究综述［J］.经济问题探索,2012
　　　（3）：63-68,128.

［19］ 康雁冰.论家风的实质及发展价值［J］.教育与教学研究,2015,29（12）：
　　　58-61.

［20］ 周春辉.论家风的文化传承与历史嬗变［J］.中州学刊,2014（8）：
　　　144-146.

［21］ 陈延斌.中国古代家训论要［J］.徐州师范学院学报,1995（3）：125-128.

［22］ 吕宾.乡村振兴视域下乡村文化重塑的必要性、困境与路径［J］.求实,
　　　2019（2）：97-108,112.

［23］ 王腾,滕俊磊.乡村振兴中乡风文明建设难点与路径选择［J］.合作经济
　　　与科技,2020（4）：185-187.

［24］ 阳月华.乡村振兴战略背景下的乡风文明建设探析［J］.新西部,2019
　　　（35）：13,15.

［25］ 闵庆文.关于"全球重要农业文化遗产"的中文名称及其他［J］.古今农
　　　业,2007（3）：116-120.

［26］ 华夏经纬网.我国"全球重要农业文化遗产"总数达15项［EB/OL］.
　　　（2018-04-24）［2020-10-07］.华夏经纬网.

［27］ 农业部.重要农业文化遗产管理办法［EB/OL］.（2015-08-28）［2020-10-

07].中华人民共和国中央人民政府网站.

[28] 闵庆文,孙业红.农业文化遗产的概念、特点与保护要求[J].资源科学,2009,31(6):914-918.

[29] 农业部.中国重要农业文化遗产认定标准[EB/OL].(2012-04-20)[2020-10-07].中华人民共和国农业农村部网站.

[30] 农业部.农业部关于开展中国重要农业文化遗产发掘工作的通知[EB/OL].(2012-04-20)[2020-10-07].中华人民共和国农业农村部网站.

[31] 农业部.农业部办公厅关于印发《中国重要农业文化遗产申报书编写导则》和《农业文化遗产保护与发展规划编写导则》的通知[EB/OL].(2013-07-08)[2020-10-07].中华人民共和国农业农村部网站.

[32] 张灿强,龙文军.活态传承农业文化遗产助推脱贫攻坚及乡村振兴[J].自然与文化遗产研究,2019,4(11):30-33.

[33] 闵庆文,曹幸穗.农业文化遗产对乡村振兴的意义[J].中国投资,2018(17):47-53.

[34] 罗俊梅,周明星.新时代中国特色社会主义乡村文化振兴研究:基于"乡风、乡情、乡土、乡贤"视角的思考[J].贵阳市委党校学报,2019(2):48-53.

[35] 杨槿,陈雯,杨柳青,等.乡村生态转型中知识和社区的作用:以江苏句容市陈庄为例[J].资源科学,2020,42(7):1285-1297.

[36] 卢成仁.生态农业与新生产主义乡村的型构:江西垣村的田野调查[J].中国农业大学学报:社会科学版,2020,37(2):15-31.

[37] 胡平波,钟漪萍.政府支持下的农旅融合促进农业生态效率提升机理与实证分析:以全国休闲农业与乡村旅游示范县为例[J].中国农村经济,2019(12):85-104.

[38] 刘崇刚,孙伟,曹玉红,等.乡村地域生态服务功能演化测度:以南京市为例[J].自然资源学报,2020,35(5):1098-1108.

［39］中央组织部组织二局.深入贯彻落实《中国共产党农村工作条例》大力加强新时代农村基层党组织建设［J］.农村工作通讯,2020(15):36-37.

［40］赵兵.坚持和加强党对农村工作的全面领导:中央农办负责人就《中国共产党农村工作条例》答记者问［EB/OL］.(2019-09-02)［2020-10-07］.人民网.

［41］贺国强.大力推进农村基层组织建设为建设社会主义新农村提供坚强组织保证［J］.求是,2006(7):8-17.

［42］广东省委组织部,广东省委农村工作办公室.创新六大举措深入贯彻落实《中国共产党农村工作条例》［J］.农村工作通讯,2020(15):52-54.

［43］新华社.中共中央印发《中国共产党农村基层组织工作条例》［EB/OL］.(2019-01-10)［2020-10-07］.新华网.

［44］唐紫,高小升.试论新时代农村基层党组织功能的提升:基于《中国共产党农村基层组织工作条例》的分析［J］.农村经济与科技,2020,31(5):281-284.

［45］乐明凯."村社合一"模式统一推广值得借鉴［N］.农民日报,2019-06-17(5).

［46］赵家兴,张立昌,刘鑫妮.栖霞市"党支部+"合作社模式促进农村农民双增收分析［J］.南方农业,2019,13(Z1):111-112.

［47］刘燕舞.党支部领办型合作社发展研究:以山东省招远市西沟村为例［J］.西北农林科技大学学报:社会科学版,2020,20(3):76-82.

［48］山东省烟台市委组织部,烟台市农业农村局.山东烟台村党支部领办合作社 抱团发展强村富民［J］.农村工作通讯,2019(6):53-56.

［49］李荣梅.农村党支部领办创办土地股份合作社中的问题及对策浅析［J］.新西部:下旬刊,2020(5):36-37.

［50］孔祥智.怎样认识党支部领办合作社:山东省平原县调研手记［J］.中国农民合作社,2020(7):50.

［51］黄祖辉.准确把握中国乡村振兴战略［J］.中国农村经济,2018(4):2-12.

［52］叶兴庆.新时代中国乡村振兴战略论纲［J］.改革,2018(1):65-73.

［53］孔祥智,刘同山.论我国农村基本经营制度:历史、挑战与选择［J］.政治经济学评论,2013(4):78-133.

［54］国鲁来.农村基本经营制度的演进轨迹与发展评价［J］.改革,2013(2):98-107.

［55］韩俊.中国农村土地制度建设三题［J］.管理世界,1999(3):184-195.

［56］刘守英.直面中国土地问题［M］.北京:中国发展出版社,2014.

［57］温铁军.“三农”问题与制度变迁［M］.北京:中国经济出版社,2009.

［58］米运生,罗必良,徐俊丽.坚持、落实、完善:中国农地集体所有权的变革逻辑——演变、现状与展望［J］.经济学家,2020(1):98-109.

［59］贺雪峰.论农村土地集体所有制的优势［J］.南京农业大学学报:社会科学版,2017(3):1-8,155.

［60］周其仁.家庭经营的再发现:论联产承包制引起的农业经营组织形式的变革［J］.中国社会科学,1985(2):31-47.

［61］ALCHIAN A, DEMSETZ H. Production, Information Costs, and Economic Organization［J］. The American Economic Review,1972,62(5):777-795.

［62］周振,孔祥智.新中国70年农业经营体制的历史变迁与政策启示［J］.管理世界,2019(10):24-38.

［63］姚洋.中国农地制度:一个分析框架［J］.中国社会科学,2000(2):54-65,206.

［64］丰雷,蒋妍,叶剑平,等.中国农村土地调整制度变迁中的农户态度:基于1999—2010年17省份调查的实证分析［J］.管理世界,2013(7):44-58.

［65］钱忠好.农村土地承包经营权产权残缺与市场流转困境:理论与政策分析［J］.管理世界,2002(6):35-45,155-156.

［66］YANG D T. CHINA'S LAND ARRANGEMENTS AND RURAL LABOR MOBILITY［J］. China Economic Review,1997,8(2):101-115.

［67］黄少安,文丰安.中国经济社会转型中的土地问题［J］.改革,2018(11):5-15.

［68］陈锡文.构建新型农业经营体系刻不容缓［J］.求是,2013(22):38-41.

［69］黄祖辉,俞宁.新型农业经营主体:现状、约束与发展思路——以浙江省为例的分析［J］.中国农村经济,2010(10):16-26,56.

［70］楼栋,孔祥智.新型农业经营主体的多维发展形式和现实观照［J］.改革,2013(2):65-77.

［71］中国大百科全书《经济学卷》编委会.中国大百科全书·经济学Ⅲ［M］.北京:中国大百科全书出版社,1998.

［72］西奥多·W.舒尔茨.改造传统农业［M］.梁小民,译.北京:商务印书馆,2006.

［73］徐勇,邓大才.社会化小农:解释当今农户的一种视角［J］.学术月刊,2006(7):5-13.

［74］郭庆海.小农户:属性、类型、经营状态及其与现代农业衔接［J］.农业经济问题,2018(6):25-37.

［75］马克思.资本论:第一卷［M］.中共中央马克思恩格斯列宁斯大林著作编译局,译.2版.北京:人民出版社,2004.

［76］马克思,恩格斯.马克思恩格斯选集:第四卷［M］.中共中央马克思恩格斯列宁斯大林著作编译局,译.北京:人民出版社,2012.

［77］列宁.列宁全集:第35卷［M］.中共中央马克思恩格斯列宁斯大林著作编译局,译.2版.北京:人民出版社,1992.

［78］毛泽东.毛泽东选集:第三卷［M］.2版.北京:人民出版社,1991.

［79］A.恰亚诺夫.农民经济组织［M］.萧正洪,译.北京:中央编译出版社,1996.

[80] 温铁军.八次危机[M].5 版.北京:东方出版社,2013.

[81] 贺雪峰,印子."小农经济"与农业现代化的路径选择:兼评农业现代化激进主义[J].政治经济学评论,2015(2):45-65.

[82] 世界银行.2008 年世界银行发展报告:以农业促发展[M].北京:清华大学出版社,2008.

[83] 韩俊.以习近平总书记"三农"思想为根本遵循实施好乡村振兴战略[J].管理世界,2018(8):1-10.

[84] 罗必良.农地确权、交易含义与农业经营方式转型:科斯定理拓展与案例研究[J].中国农村经济,2016(11):2-16.

[85] 王兴稳,钟甫宁.土地细碎化与农用地流转市场[J].中国农村观察,2008(4):29-34,80.

[86] 姚洋.小农生产过时了吗[N].北京日报,2017-03-06.

[87] 陈义媛.土地托管的实践与组织困境:对农业社会化服务体系构建的思考[J].南京农业大学学报:社会科学版,2017,17(6):120-130,165-166.

[88] 孔祥智,楼栋,何安华.建立新型农业社会化服务体系:必要性、模式选择和对策建议[J].教学与研究,2012(1):39-46.

[89] 胡雪枝,钟甫宁.农村人口老龄化对粮食生产的影响:基于农村固定观察点数据的分析[J].中国农村经济,2012(7):29-39.

[90] 陈超,李寅秋,廖西元.水稻生产环节外包的生产率效应分析:基于江苏省三县的面板数据[J].中国农村经济,2012(2):86-96.

[91] BINAM J N, TONYE J, WANDJI N, et al. Factors affecting the technical efficiency among smallholder farmers in the slash and burn agriculture zone of cameroon[J]. Food Policy,2004,29(5):531-545.

[92] 严瑞珍.农业产业化是我国农村经济现代化的必由之路[J].经济研究,1997(10):74-79.

[93] 郭翔宇,范亚东.发达国家农业社会化服务体系发展的共同特征及其启

示[J].农业经济问题,1999(7):60-63.

[94] 刘凤芹.农业土地规模经营的条件与效果研究:以东北农村为例[J].管理世界,2006(9):71-79,171-172.

[95] 曹阳,胡继亮.中国土地家庭承包制度下的农业机械化:基于中国17省(区、市)的调查数据[J].中国农村经济,2010(10):57-65,76.

[96] 罗必良,李玉勤.农业经营制度:制度底线、性质辨识与创新空间:基于"农村家庭经营制度研讨会"的思考[J].农业经济问题,2014(1):8-18.

[97] 罗必良.论服务规模经营:从纵向分工到横向分工及连片专业化[J].中国农村经济,2017(11):2-16.

[98] 张露,罗必良.小农生产如何融入现代农业发展轨道?——来自中国小麦主产区的经验证据[J].经济研究,2018(12):144-160.

[99] 叶敬忠,豆书龙,张明皓.小农户和现代农业发展:如何有机衔接?[J].中国农村经济,2018(11):64-79.

[100] 李显刚.新型农业经营主体实践研究[M].北京:中国农业出版社,2018.

[101] 钟真.改革开放以来中国新型农业经营主体:成长、演化与走向[J].中国人民大学学报,2018,32(4):43-55.

[102] 叶敬忠,贺聪志.基于小农户生产的扶贫实践与理论探索:以"巢状市场小农扶贫试验"为例[J].中国社会科学,2019(2):137-158,207.

[103] 郭晓鸣,王蔷.深化农村集体产权制度改革的创新经验及突破重点[J].经济纵横,2020(7):52-58.

[104] 孔祥智.产权制度改革与农村集体经济发展:基于"产权清晰+制度激励"理论框架的研究[J].经济纵横,2020(7):2,32-41.

[105] 张红宇.深入推进农村集体产权制度改革[J].农村工作通讯,2020(4):18-20.

[106] 宋洪远,高强.农村集体产权制度改革轨迹及其困境摆脱[J].改革,

2015(2):108-114.

[107] 宋涛.政治经济学教程:社会主义部分[M].12版.北京:中国人民大学出版社,2018.

[108] 洪功翔.政治经济学[M].4版.合肥:中国科学技术大学出版社,2019.

[109] 梁謇.农业政策演变规律的政治经济学解析[J].理论前沿,2007(13):23-24.

[110] 张天佐,郭永田,杨洁梅.我国农业支持保护政策改革40年回顾与展望:上[J].农村工作通讯,2018(20):2,16-23.

[111] 孔祥智.新中国成立70年来城乡关系的演变[J].教学与研究,2019(8):5-14.

[112] 方言.中国特色农业支持保护之路:70年中国农业支持保护政策的轨迹与实践:上[J].中国粮食经济,2019(11):47-53.

[113] 张峭,庹国柱,王克,等.中国农业风险管理体系的历史、现状和未来[J].保险理论与实践,2020(7):1-17.

[114] 周振,伍振军,孔祥智.中国农村资金净流出的机理、规模与趋势:1978—2012年[J].管理世界,2015(1):63-74.

[115] 冼国明,张岸元,白文波."三提五统"与农村新税费体系:以安徽农村税费改革试点为例[J].经济研究,2001(11):76-81.

[116] 温涛,熊德平."十五"期间各地区农村资金配置效率比较[J].统计研究,2008(4):82-89.

[117] 洪婧.我国农村资金配置效率的评价及其影响因素分析[D].厦门:厦门大学,2009.

[118] 朱信凯,刘刚.二元金融体制与农户消费信贷选择:对合会的解释与分析[J].经济研究,2009,44(2):43-55.

[119] 刘明兴,徐志刚,陶然,等.农村税费改革前后农民负担及其累退性变化与区域差异[J].中国农村经济,2007(5):41-51.

[120] 许经勇.实施乡村振兴战略深化财政体制改革[J].农业经济与管理,

2019(6):5-13.

[121] 韩玲慧,罗仁福,张林秀,等.中国乡镇财政改革中的激励机制与财政管理[J].经济学报,2014,1(1):1-17.

[122] 朱钇澜.浅谈财政体制改革对农业与农村经济的影响[J].现代农业研究,2020,26(5):32-33.

[123] 吴钧,娄义鹏.省直管县财政改革及对市(州)的影响研究:以贵州省为例[J].中共云南省委党校学报,2020,21(3):161-165.

[124] 高宏太.分析财政体制改革对农业和农村经济的影响及对策[J].科技资讯,2019,17(19):222-223.

[125] 胡仕锋.关于财政体制改革对县域经济社会发展的影响分析[J].财经界,2020(24):4-5.

[126] 丁志国,张洋,覃朝晖.中国农村金融发展的路径选择与政策效果[J].农业经济问题,2016,37(1):68-75,111.

[127] 熊德平.农村金融与农村经济协调发展研究[M].北京:社会科学文献出版社,2009.

[128] 葛永波,周倬君,马云倩.新型农村金融机构可持续发展的影响因素与对策透视[J].农业经济问题,2011,35(12):48-54,111.

[129] 温涛,王煜宇.改革开放40周年中国农村金融制度的演进逻辑与未来展望[J].农业技术经济,2018(1):24-31.

[130] 林毅夫.残留的制度扭曲使收入分配恶化[J].农村工作通讯,2012(23):50.

[131] 王煜宇,邓怡.农村金融政策异化:问题、根源与法制化破解方案[J].社会科学文摘,2017(5):57-59.

[132] 张琛,彭超,孔祥智.农户分化的演化逻辑、历史演变与未来展望[J].改革,2019(2):5-16.

[133] 李玉红,王皓.中国人口空心村与实心村空间分布:来自第三次农业普查行政村抽样的证据[J].中国农村经济,2020(4):124-144.

[134] 叶兴庆,程郁,周群力,等.新冠肺炎疫情对 2020 年农业农村发展的影响评估与应对建议[J].农业经济问题,2020(3):4-10.

[135] 孔祥智,张琛,张效榕.要素禀赋变化与农业资本有机构成提高:对 1978 年以来中国农业发展路径的解释[J].管理世界,2018,34(10):147-160.

[136] 周振,马庆超,孔祥智.农业机械化对农村劳动力转移贡献的量化研究[J].农业技术经济,2016(2):52-62.

[137] 李升发,李秀彬,辛良杰,等.中国山区耕地撂荒程度及空间分布:基于全国山区抽样调查结果[J].资源科学,2017,39(10):1801-1811.

[138] 国家统计局.第三次全国农业普查主要数据公报(第二号)[EB/OL].(2017-12-15)[2020-10-07].国家统计局网站.

[139] 周振,伍振军,孔祥智.中国农村资金净流出的机理、规模与趋势:1978—2012 年[J].管理世界,2015(1):63-74.

[140] 彭超,张琛.农村集体经济组织"家底"基线调查及启示[J].农村金融研究,2019(8):51-55.

[141] 都阳,贾朋.劳动供给与经济增长[J].劳动经济研究,2018,6(3):3-21.

[142] 蔡昉.农村改革对高速经济增长的贡献[J].东岳论丛,2019,40(1):5-12,191.

[143] 孔祥智,张琛.新中国成立以来农业农村包容性发展:基于机会平等的视角[J].中国人民大学学报,2019,33(5):27-38.